PROPSES
2 47767

24.95
22.45

D1385953

Guide d'identification sur le terrain et
Introduction à la Géologie et à la Chimie des

ROCHES ET
MINÉRAUX

par CHARLES A. SORRELL
Professeur, Université du Missouri

Illustré par GEORGE F. SANDSTRÖM

Directeur du projet, HERBERT S. ZIM

Traduction et
adaptation :
Préface :

IRÈNE et
SERGE GALARNEAU
GUY PERRAULT

**Cinabre
Piute Co., Utah**

ÉDITIONS
marcel broquet
C.P. 310, LaPrairie, Qué. J5R 3Y3 — (514) 659-4819

PRÉFACE

C'est avec grand plaisir que j'ai accepté l'invitation d'écrire une courte préface pour l'édition en langue française de Rocks and Minerals de Charles A. Sorrell et George F. Sandström (collection «Golden field guides»), car je crois que cette traduction occupera une place intéressante parmi les livres français sur le sujet, à mi-chemin entre les textes utilisés pour l'enseignement universitaire du premier cycle en minéralogie et les textes populaires utilisés par les amateurs de la collection des minéraux.

Plusieurs caractères spécifiques à cette édition en feront, j'en suis certain, un livre d'étude et de référence intéressant pour l'étudiant universitaire et pour l'amateur minéralogiste:
— les illustrations sont de très bonne qualité artistique;
— un souci pédagogique de bon aloi anime l'auteur dans la préparation de la première section qui traite de notions fondamentales;
— l'organisation de la section de minéralogie systématique est excellente;
— la traduction est de bonne qualité.

Finalement, si je devais souligner un seul caractère où le livre tranche sur ses semblables, je signalerais l'attention apportée à bien illustrer la structure atomique des minéraux; en cela, Roches et Minéraux offre la clé de la compréhension des propriétés physiques et de la réactivité chimique des minéraux.

Guy PERRAULT, ing., Ph.D., FSRC
professeur titulaire
École Polytechnique de Montréal

Montréal, le 19 mars 1981.

Titre original: Minerals of the World
Copyright © 1973 by Western Publishing Company, Inc.
Library of Congress Catalog Card Number: 72-95509
All rights reserved.

Copyright Ottawa 1981 — ISBN 2-89000-046-X
Éditions Marcel Broquet Inc.
Dépôt légal — Bibliothèque Nationale du Québec
2e trimestre 1981.

Tous droits réservés. La méthode d'identification, toutes les illustrations et le texte de ce livre font partie des droits réservés aux auteurs et éditeurs. L'autorisation expresse de ces derniers doit leur être demandée pour les reproduire sous quelque forme que ce soit.

TABLE DES MATIÈRES

Villiaumite
(p. 122)

Acanthite
Fribourg, RDA
(p. 94)

Stromeyerite
Broken Hills, N.S.W.
Australie
(p. 94)

Berzélianite
avec calcite
Tisnov, Tchécoslovaquie
(p. 94)

LA MINÉRALOGIE, UNE SCIENCE

Un minéral est tout composé cristallin trouvé à l'état naturel; une roche est une association de minéraux. Depuis toujours, on utilise des minéraux et on en extrait des métaux, mais la minéralogie est une science relativement nouvelle. Avec l'avènement du microscope pétrographique (pour étudier les roches) et du goniomètre à réflexion (pour mesurer avec précision les angles entre les faces des cristaux) au siècle dernier, on a pu entamer vraiment l'étude des minéraux. La plupart des minéraux que nous connaissons furent alors décrits, étudiés optiquement et analysés chimiquement. Les méthodes de classification des minéraux découlent, en grande partie, des résultats de ces études. Quant à leur structure cristalline, on ne pouvait que la soupçonner à partir des propriétés optiques et des formes solides.

En 1895, Wilhelm Röntgen découvre les rayons X. En 1912, Max von Laue et ses collaborateurs démontrent que la diffraction des rayons X par un cristal est associée à sa structure. Les minéralogistes pouvaient enfin étudier les structures cristallines. Depuis, les structures de tous les groupes minéralogiques importants ont été analysées. En associant ces données aux propriétés physiques, chimiques, électriques, thermiques et mécaniques des minéraux, on a appris à mieux connaître la nature des forces présentes dans un cristal. Ceci a permis de réaliser des composés synthétiques cristallins possédant des propriétés spéciales pour répondre à des besoins spécifiques. On utilise ces composés dans la fabrication de céramiques, d'isolants électriques, de transistors, etc.

Par l'étude du comportement de cristaux à des températures et pressions élevées, on arrive à mieux comprendre le processus de formation des montagnes, d'irruption des volcans et autres activités géologiques. Les forces responsables de ces activités seront mieux comprises si on les analyse en fonction des variations de structure des minéraux dans les roches.

Les roches, les métaux, le béton, la brique, le plâtre, les pigments, le papier, le caoutchouc et les céramiques contiennent des minéraux ou des cristaux synthétiques. Presque tous les solides, à l'exception du verre ou des matières organiques, sont de nature cristalline. Il faut donc bien connaître la structure et le comportement des cristaux avant d'envisager une application industrielle ou technique. On arrive même à cristalliser des matières organiques à l'état pur. Leur étude aide à mieux comprendre les processus physiologiques.

Toute science comporte des aspects de minéralogie. On retrouve évidemment des minéralogistes et des cristallographes en géologie, mais également en science des matériaux, en physique ou chimie du solide ou en biologie. Les grandes découvertes scientifiques sont souvent le résultat d'une collaboration entre personnes de disciplines différentes.

MINÉRAUX CONSTITUTIFS DES ROCHES

Les roches, qui forment la portion solide inorganique de la terre, sont constituées de minéraux. Les roches et minéraux sont le résultat, à vrai dire, du même processus de formation. Donc, pour connaître les minéraux, il faut connaître les roches. Une roche peut ne contenir qu'un minéral, mais en général, elle en contient deux ou plusieurs. Selon leur processus de formation, on distingue trois grands groupes de roches : les roches ignées, métamorphiques et sédimentaires.

LES ROCHES IGNÉES sont formées par le refroidissement et la solidification d'un matériau en fusion appelé magma. Certains types importants de roches ignées sont illustrés à la page 7. On groupe les roches selon le tableau de la page 9, établi en fonction des principaux constituants minéralogiques de ces roches acides, intermédiaires et basiques.

LES MINÉRAUX IGNÉS : il y en a peu qui jouent un rôle important dans la formation des roches ignées. La raison est que le magma à l'origine des minéraux contient peu d'éléments en grande quantité : silicium, oxygène, aluminium, sodium, potassium, calcium, fer et magnésium. Ces éléments se combinent pour former les silicates (pp. 154–227). Certains silicates — olivines, pyroxènes, amphiboles, micas, feldspaths et quartz — sont les constituants de plus de 90% de toutes les roches ignées.

À mesure que le magma se refroidit, les minéraux cristallisent à diverses températures. L'olivine et le feldspath calcique se forment à haute température et sortent tôt du magma. Les autres minéraux se forment par la suite (voir la série des réactions de Bowen, pp. 82-83). Les derniers à se former sont les principaux constituants du granite, soit le feldspath potassique, la muscovite et le quartz. Enfin, l'eau du magma avec des métaux précieux et du soufre en solution s'échappe par des fissures et laisse des filons de sulfures. L'eau influence aussi la température de cristallisation et les types de minéraux formés durant le refroidissement.

LES ROCHES IGNÉES INTRUSIVES ou roches plutoniques sont formées d'un magma qui se refroidit sous la surface du sol. Étant entouré de roches d'encaissement, il se refroidit très lentement. Il en résulte des roches à gros grain.

Les noyaux des grandes chaînes de montagnes sont de grandes masses de roches plutoniques, surtout de granite, dont l'intrusion est due à l'activité de formation des montagnes. Mis à nu par l'érosion, ces noyaux ou batholites peuvent couvrir des millions de milles carrés de superficie. Reliées aux batholites, on a d'autres formations, comme les laccolites et sills, dont l'appellation dépend des dimensions et de leur emplacement dans la roche d'encaissement. Abyssal décrit la roche à gros grain formée à de grandes profondeurs et hypo-abyssal, celle formée près de la surface.

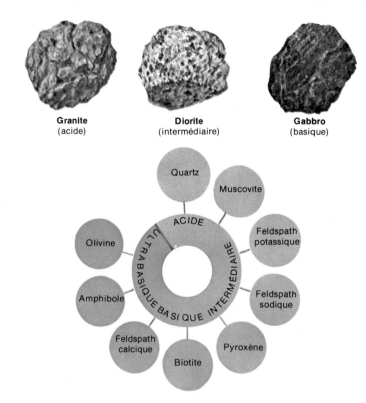

Granite (acide)

Diorite (intermédiaire)

Gabbro (basique)

Quartz

Muscovite

Feldspath potassique

Feldspath sodique

Pyroxène

Biotite

Feldspath calcique

Amphibole

Olivine

ACIDE

ULTRABASIQUE BASIQUE INTERMÉDIAIRE

ACTIVITÉ IGNÉE

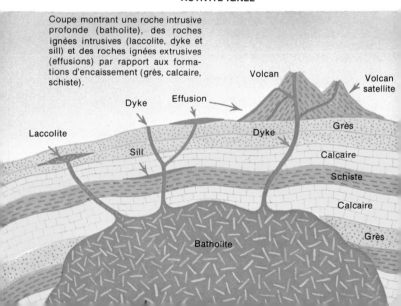

Coupe montrant une roche intrusive profonde (batholite), des roches ignées intrusives (laccolite, dyke et sill) et des roches ignées extrusives (effusions) par rapport aux formations d'encaissement (grès, calcaire, schiste).

Volcan

Volcan satellite

Dyke

Effusion

Dyke

Grès

Laccolite

Calcaire

Sill

Schiste

Calcaire

Batholite

Grès

LES ROCHES IGNÉES EXTRUSIVES ou roches volcaniques sont formées à la surface du sol par suite d'une activité volcanique. Comme pour la formation de batholites (p. 6), cette activité est associée aux forces de formation des montagnes. À quelques milles de profondeur, les températures sont supérieures aux températures de fusion de la plupart des roches à la surface. Toutefois, les roches souterraines ne fondent pas à cause de la pression exercée par les roches supérieures. Si ces roches se fissurent — à cause des forces de formation des montagnes, par exemple — la pression diminuera, permettant la fusion d'un grand volume de roche. Ce magma ira à la surface par les fissures et l'on aura un volcan.

La roche en fusion ou lave s'écoulera du volcan et se répandra sur le sol. La lave se refroidit et cristallise rapidement, d'où la formation d'une roche à grain fin. Le volcan peut projeter la matière magmatique sous forme de blocs, fragments ou poussières ou sous forme d'un liquide qui se solidifie avant de tomber au sol. Ces pyroclastites peuvent tomber à proximité pour grossir le cône ou être dispersés par les vents.

UNE CLASSIFICATION de la très grande variété de roches ignées peut nous aider à retrouver les conditions de formation de ces roches. Comme critères de classification, on peut utiliser la texture, qui est fonction du mécanisme de refroidissement, et la composition, et chimique et minéralogique. Étant les principaux minéraux des roches ignées, les feldspaths, quartz, olivines, pyroxènes, amphiboles et micas sont à la base d'une classification sensée. Tout autre minéral est accessoire.

Dans le tableau de classification rudimentaire de la page 9, les variétés de roches sont réparties en fonction du type de feldspath qu'elles contiennent, de la présence ou l'absence de quartz et, si elles ne contiennent ni feldspath ni quartz, du type de minéraux de fer et de magnésium présents. Les roches contenant des cristaux pouvant être vus à l'œil nu sont dites phanéritiques ; les autres, aphanitiques. De façon générale, phanéritique signifie origine extrusive et aphanitique, origine intrusive. Les porphyres sont des roches qui présentent des cristaux noyés dans un milieu finement grenu. Des systèmes de classification plus détaillés sont donnés dans les textes de géologie et de pétrologie.

LES GRANITES sont d'origine ignée ou métamorphique. De toute évidence, certains granites proviennent d'une matière en fusion ; on y trouve des blocs de roches d'encaissement. Ces roches sont tombées dans le magma avant son refroidissement. D'autres granites ont été formés par métamorphisme (p. 10) ; on y trouve des rubanements ayant une composition différente de celle de roches sédimentaires plus vieilles. La transformation d'une roche sédimentaire en un granite par métamorphisme est appelée granitisation.

Rhyolite
(lave acide)

Andésite
(lave intermédiaire)

Basalte
(lave basique)

Tuf
(cendres cimentées)

Scorie
(Débris pyroclastiques)

Obsidienne
(verre volcanique)

ROCHES IGNÉES EXTRUSIVES

CLASSIFICATION DES ROCHES IGNÉES

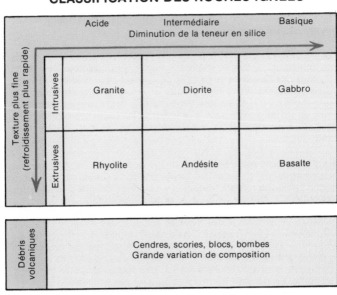

		Acide	Intermédiaire	Basique
			Diminution de la teneur en silice →	
Texture plus fine (refroidissement plus rapide)	Intrusives	Granite	Diorite	Gabbro
	Extrusives	Rhyolite	Andésite	Basalte
Débris volcaniques		Cendres, scories, blocs, bombes Grande variation de composition		

9

ROCHES MÉTAMORPHIQUES

Les roches formées dans des conditions chimiques données, à une certaine pression et une certaine température, peuvent subir, sans fondre, des modifications chimiques et modifications de structure si elles sont ensuite exposées à d'autres conditions. Elles acquièrent alors une texture différente et une nouvelle composition en minéraux. Ce processus est celui du métamorphisme. Les roches métamorphiques sont produites à de grandes profondeurs par l'action des contraintes, pressions et températures énormes associées à la formation des montagnes. L'intrusion d'un magma dans une roche peut produire des roches métamorphiques, surtout aux surfaces de contact où les températures sont élevées. L'étude de ces roches nous permet de mieux connaître les températures et pressions à de grandes profondeurs. En laboratoire, l'étude de la stabilité des minéraux à de telles températures et pressions joue un rôle essentiel.

LES MINÉRAUX MÉTAMORPHIQUES ne se forment qu'aux températures et pressions élevées associées au métamorphisme. Citons la cyanite, la staurotide, la sillimanite, l'andalousite et quelques grenats. On peut trouver d'autres minéraux — olivines, pyroxènes, amphiboles, micas, feldspaths et quartz — dans les roches métamorphiques, mais ils ne sont pas dus nécessairement au métamorphisme. Ils ont été formés durant la cristallisation de roches ignées, sont stables à température et pression élevées et peuvent ne pas être transformés par métamorphisme. Tout minéral n'est stable qu'en deçà d'un seuil de pression et de température ; par la présence de minéraux dans une roche, on peut donc juger des températures et pressions lors de sa formation.

LA RECRISTALLISATION désigne la variation de grosseur de grains de minéraux durant le métamorphisme. Par exemple, les petits cristaux gris de calcite du calcaire deviennent de gros cristaux blancs dans le marbre. Et la température et la pression contribuent à la recristallisation. Les hautes températures déplacent les atomes et ions du cristal solide pour le modifier et les fortes pressions créent des solutions de cristaux aux interfaces pour remplir les interstices entre cristaux.

LA FOLIATION est le processus de division en lamelles d'une roche métamorphique. Elle survient lorsqu'une forte contrainte agit sur la roche lors de sa recristallisation. Il y a alors croissance de plaquettes de minéraux comme le mica et la tourmaline dans une direction perpendiculaire à celle de la contrainte. La roche est enrubannée ou lamellée et la couleur des lamelles est celle des minéraux qu'elles contiennent. Une pression égale dans toutes les directions ou l'absence de minéraux à direction préférentielle de croissance n'entraînera pas de foliation. L'ardoise possède de très fins feuillets. La phyllite a de gros feuillets, les schistes de plus gros et le gneiss de très gros. En général, les marbres ne sont pas feuilletés.

Gneiss
Gros feuillets

Schiste
Fins feuillets

Ardoise
Très fins feuillets

Calcaire (fossilifère)

Chaleur et

pression

Marbre

FOLIATION DES ROCHES

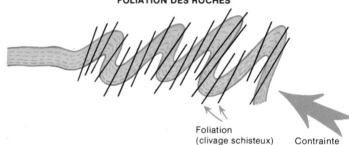

Foliation
(clivage schisteux)   Contrainte

ORIGINE DES ROCHES MÉTAMORPHIQUES

Type de roche	Augmentation de pression et de température			
Argile	Ardoise	Phyllite	Schiste	Gneiss
Grès	Quartzite			
Calcaire	Marbre			
Basalte	Schiste		Amphibolite	
Granite		Granite	Gneiss	
Charbon	Tourbe	Lignite	Bitumineux	Anthracite

LES RÉACTIONS SOLIDE-SOLIDE sont des mécanismes importants de métamorphisme. Ce sont des réactions chimiques entre minéraux sans aucune fusion. Des atomes sont échangés et de nouveaux minéraux sont formés. Prenons le quartz et la calcite. Chacun est stable à haute température. Ensemble dans un calcaire siliceux, ils demeurent inchangés à faible température mais à haute température, ils réagissent et forment le minéral métamorphique wollastonite. L'équation chimique de la réaction est la suivante : SiO_2 (quartz solide) + $CaCO_3$ (calcite solide) $\rightarrow CaSiO_3$ (wollastonite solide) + CO_2 (bioxyde de carbone, gazeux). Plusieurs réactions complexes entre minéraux surviennent à haute température et toute association de minéraux est un indice des pressions et températures qui existaient lors du métamorphisme.

LA MÉTASOMATOSE est un processus qui modifie la composition chimique d'une roche de façon radicale ; elle survient souvent durant le métamorphisme. Des éléments chimiques d'autres roches peuvent être transportés par l'eau sur de grandes distances et apparaître dans la composition d'une roche. À cause du rôle joué par l'eau, les roches métamorphiques acquièrent souvent de nouveaux éléments et perdent de leurs éléments de départ. L'apparition de nouveaux éléments n'est pas nécessaire à la recristallisation ou aux réactions solide-solide mais accélère le métamorphisme.

LE MÉTAMORPHISME DE CONTACT désigne les modifications chimiques qui surviennent lorsqu'un magma est injecté dans des roches d'encaissement. Les roches sont surtout modifiées aux surfaces de contact car la température y est la plus élevée. À la périphérie de la roche ignée formée par le refroidissement du magma, on retrouve une zone métamorphique appelée auréole de métamorphisme de contact. Ces auréoles sont importantes car il est possible, en étudiant un type de roche, de voir les degrés de métamorphisme depuis la région de contact jusqu'à une certaine distance où les roches d'encaissement n'ont pas été métamorphosées. Des formations importantes de minerais peuvent être dues à la métasomatose dans la région de contact ; le calcaire est très sujet à ce genre de minéralisation.

LE MÉTAMORPHISME RÉGIONAL, contrairement au métamorphisme de contact, implique de grandes masses de roche s'étendant sur de grandes distances. Il est causé par les pressions et températures élevées dans la croûte. Lorsque soulevées et exposées par l'érosion, les roches métamorphosées couvrent des milliers de milles carrés. Leur texture et leur minéralogie nous renseignent sur les processus géologiques et sur la formation des montagnes. Toutefois, le métamorphisme détruit les indices associés aux antécédents des roches. La recristallisation détruit les fossiles et les textures de sédimentation ; les réactions solide-solide et la métasomatose modifient les compositions.

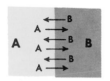 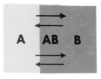 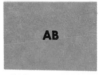

À cause de l'échauf-
fement, diffusion de
A et B à travers l'inter-
face cristalline.

Formation d'un nou-
veau cristal AB entre
les cristaux.

Arrêt de la diffusion
lorsque les cristaux de
départ sont disparus.

RÉACTION SOLIDE-SOLIDE A + B→AB

Gneiss œillé

Cristaux de feldspath potassique créés par l'apport de
potassium.

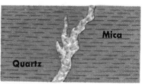

Petit filon de quartz dans un
micaschiste dû à l'apport de
silice.

ZONE DE MÉTAMORPHISME DE CONTACT

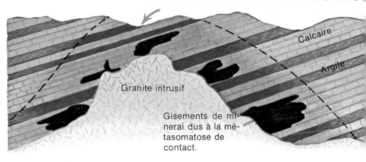

Calcaire

Argile

Granite intrusif

Gisements de mi-
nerai dus à la mé-
tasomatose de
contact.

MÉTAMORPHISME DE CONTACT À PROXIMITÉ
DES PETITES INTRUSIONS

Couches sédimentaires fortement plissées
métamorphosées en schistes et gneiss.

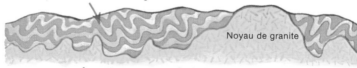

Noyau de granite

MÉTAMORPHISME RÉGIONAL SUR DES
MILLES DE DISTANCE

ROCHES SÉDIMENTAIRES

Toute roche se désagrège lentement sous l'influence d'agents mécaniques et chimiques. Ses fragments — sous forme de glaise, limon, sable et gravier — et éléments en solution sont amenés ailleurs, habituellement en des endroits plus bas, par les agents d'érosion (eau, glace et vent) et déposés en couches. Ces morceaux formeront des roches sédimentaires **clastiques**. Les éléments en solution peuvent précipiter en cristaux qui s'accumuleront en couches dans les océans et lacs pour former, en se cimentant, des roches sédimentaires **chimiques**.

Les roches sédimentaires nous renseignent sur l'évolution du dernier demi-million d'années. On y trouve des fossiles de plantes et d'animaux. La forme des sédiments érodés, le mode de sédimentation, les rapports entre les couches, couleurs et compositions et la présence d'ondulations ou de traces de gouttes de pluie nous permettent de reconstituer des paysages, des conditions climatiques et des successions d'événements géologiques.

LE VIEILLISSEMENT MÉCANIQUE cause l'effritement des roches sans modifier l'identité des minéraux. La glace est le principal agent de vieillissement mécanique. L'eau s'infiltre dans les fissures et pores, gèle et se dilate; les fissures s'élargissent, des morceaux sont arrachés et la roche se désagrège. La chaleur et le froid contribuent également à ce phénomène en dilatant et en contractant la roche. Le vieillissement mécanique est aussi un facteur de vieillissement chimique car il augmente les superficies exposées aux agents chimiques. La progression des acitvités humaines en agriculture et en construction au cours des derniers siècles a contribué à accélérer la fragmentation des roches et l'érosion des fragments.

LE VIEILLISSEMENT CHIMIQUE est causé par l'action d'agents chimiques. Les minéraux sont transformés en produits de très faibles dimensions qui peuvent être facilement entraînés. L'air et l'eau contribuent de façon importante aux réactions chimiques complexes comme l'oxydation, l'hydrolyse, l'hydratation et la dissolution des minéraux. On sait que les minéraux ignés sont instables dans des conditions atmosphériques normales, ceux formés à haute température étant plus vulnérables que les autres. Ils sont également vulnérables à l'eau, plus particulièrement aux solutions alcalines ou acides. Tous les minéraux ignés habituels (sauf le quartz qui est très résistant) des roches peuvent être transformés ainsi en minéraux et éléments chimiques argileux en solution. Les minéraux des silicates sont lessivés et la silice apparaît sous forme de colloïde pour être déposée plus tard en tant qu'opale ou roche cornéenne. L'argile, le quartz, la silice colloïdale et les éléments chimiques en solution — les produits habituels du vieillissement des roches — sont les constituants des roches sédimentaires.

GROSSEUR DES ÉLÉMENTS DANS LES ROCHES SÉDIMENTAIRES

Nom des éléments	Diamètre des éléments 25,4 mm = 1 pouce		Roche sédimentaire
Blocs Pierres Galets Grains	Supérieur à 256 mm 64–256 mm 4–64 mm 2–4 mm		Conglomérats (arrondis) et Brèches (anguleuses)
Sable très grossier Sable grossier Sable moyen Sable fin Sable très fin	1–2 mm ½–1 mm ¼–½ mm ⅛–¼ mm	Sableux	Grès
Silt grossier Silt fin	1/64–1/16 mm 1/256–1/64 mm	Graveleux	Roches de limon et roches de boue
Argile	Inférieur à 1/256 mm	Polis	Argiles schisteuses, Roches argileuses

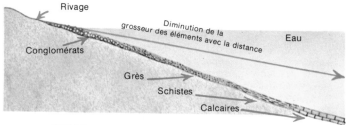

Rivage

Diminution de la grosseur des éléments avec la distance

Eau

Conglomérats

Grès

Schistes

Calcaires

TRIAGE PAR L'ACTION DES VAGUES PRÈS DU RIVAGE

L'action des vagues et courants est plus prononcée près du rivage ; les petits éléments sont entraînés vers les profondeurs.

CONSTITUANTS DES ROCHES SÉDIMENTAIRES

Principaux constituants		Minéraux accessoires	
	En abondance	Moins en abondance	Moins de 1%
Sédimentation mécanique	Quartz Minéraux argileux Micas Calcite	Feldspath potassique Plagioclases Fragments rocheux	Magnétite Tourmaline Grenat Amphibole Hématite Limonite Autres
Sédimentation chimique	Calcite Dolomite	Quartz (cornéen) Gypse, Anhydrite Halite Hématite	

LE TRANSPORT ET LE DÉPÔT des sédiments sont dus à l'eau, le vent et la glace. Ces agents réduisent la grosseur des sédiments et les déposent ailleurs. Les sédiments des cours d'eau forment des cônes de déjection, plaines d'alluvionnement, deltas et dépôts dans les lacs et océans (p. 15). Les vents peuvent transporter de grandes quantités de sable et d'éléments plus petits. Les glaciers transportent et déposent de grandes quantités de roches. La composition des sédiments nous renseigne sur la nature de leurs roches d'origine. Les différences entre les couches successives indiquent des variations d'évolution.

LES SÉDIMENTS PRÉCIPITÉS sont constitués d'ions sodium, potassium, calcium, magnésium, chlorure, fluorure, sulfate, carbonate et phosphate. Étant très solubles dans l'eau, ces sédiments sont extraits des roches en solution. Ils sont ensuite précipités dans les océans et lacs en vertu de processus inorganiques ou sont extraits par des organismes vivants. La calcite ($CaCO_3$) par exemple, précipite dans les eaux chaudes et se dépose au fond pour former une roche calcaire. De plus, les coraux, mollusques et algues peuvent extraire $CaCO_3$ de la solution. La halite et autres sels très solubles ne précipitent habituellement que dans des eaux dormantes par suite d'une évaporation qui produit une solution saturée. Le calcaire est de loin le précipité le plus répandu mais les dépôts de sel, gypse et phosphate ne sont pas rares.

LA CLASSIFICATION des roches sédimentaires est effectuée en les regroupant en roches clastiques et chimiques (p. 14), ce même s'il n'y a pas de distinction nette entre les deux processus de dépôt. Les roches chimiques sont groupées selon la composition comme sel, gypse, calcaire, roche cornéenne, roche phosphatée, lits de nitrate, lits de borate, etc. Les caractéristiques spéciales sont notées par des termes comme fossilifère et nodulaire (à nodules).

La classification des roches clastiques est compliquée par le grand nombre de variables. Il faut tenir compte de la grosseur (moyenne et distribution) des éléments, de leur composition, du ciment et de la matrice (petits éléments entre les gros éléments). L'échelle de Wentworth donne une classification grossière basée sur la grosseur moyenne des éléments. Schiste argileux, silt, grès et conglomérat désignent des roches constituées d'éléments allant de très fins à très grossiers. Les schistes argileux sont constitués surtout d'argiles et de très petits grains de quartz et de feldspath; on les regroupe encore selon la composition et le litage. Les clastiques plus grossières sont classées selon la composition et la grosseur des éléments. L'ortho-quartzite est un grès de quartz très pur; l'arkose, un grès de quartz très feldspathique; le grauwacke, un grès contenant quartz, argile, feldspath et fragments de roches métamorphiques. La classification de la page 17 est générale, sans les noms spéciaux et adjectifs descriptifs habituels.

Conglomérat

Grès

Schiste argileux

ROCHES CLASTIQUES

Calcaire

Roche cornéenne

Gypse
Grand Rapids, Michigan

Sel gemme
Louisiane

Charbon bitumineux
Virginie occidentale

ROCHES CHIMIQUES

CLASSIFICATION DES ROCHES SÉDIMENTAIRES

CLASTIQUES		CHIMIQUES	
Nom	Éléments	Nom	Éléments
Conglomérat	Grains	Sel	Halite (NaCl)
		Gypse	$CaSO_4.2H_2O$
Grès	Sable	Calcaire	$CaCO_3$
Roches de limon	Silt	Dolomite	$CaMg (CO_3)_2$
		Roche cornéenne	SiO_2
Schiste argileux et roches argileuses	Argile	Borates, nitrates, phosphates	Plusieurs minéraux

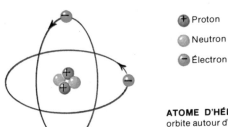

Proton
Neutron
Électron

ATOME D'HÉLIUM: 2 électrons en orbite autour d'un noyau constitué de 2 protons et 2 neutrons.

STRUCTURE ATOMIQUE DES MINÉRAUX

Comme toute matière, les minéraux sont constitués d'atomes. Les types d'atomes et la façon dont ils sont disposés déterminent la composition et les caractéristiques des minéraux. Il est donc important d'avoir certaines notions fondamentales de la structure atomique des minéraux.

LES ATOMES sont les constituants de la matière. Trop petits pour être vus même au microscope électronique, ils sont constitués de trois types de particules plus petites — le proton, le neutron et l'électron. Les protons et neutrons constituent le noyau, au centre de l'atome. Les neutrons sont neutres et les protons portent une charge positive (+1). Les électrons sont en orbite autour du noyau et portent une charge négative (−1) égale en grandeur à celle du proton. Électriquement, les atomes sont neutres: le nombre d'électrons (charges négatives) est égal au nombre de protons (charges positives).

ÉLÉMENT est synonyme de substance pure comme le fer, le carbone et l'oxygène. Il y a plus de 100 éléments, chacun ayant son propre type d'atome. On identifie un élément par le nombre de protons dans le noyau de son atome; ce nombre est appelé numéro atomique. Par exemple, l'atome de carbone comprend 6 protons. Le nombre de neutrons n'est pas fixe; l'atome de carbone peut comprendre de 5 à 10 neutrons, mais quel que soit ce nombre, l'atome demeure chimiquement le même. Le poids atomique d'un élément est la somme du nombre de protons et de neutrons de son atome. Les atomes d'un même élément de poids atomiques différents sont appelés isotopes. L'isotope du carbone le plus répandu comporte 6 neutrons; c'est le $_6C^{12}$ (numéro atomique: 6, poids atomique: 12). $_6C^{14}$ comporte 8 neutrons. Certains isotopes sont instables; le carbone 14 ($_6C^{14}$), par exemple, est radioactif, se désintégrant à un taux constant pour donner un isotope de l'azote ($_7N^{14}$).

LA CONFIGURATION ÉLECTRONIQUE donne la distribution des électrons dans l'atome et nous permet d'expliquer pourquoi les atomes de certains éléments réagissent avec d'autres et d'autres pas. Les électrons se situent à proximité du noyau dans des niveaux d'énergie discrets (représentés par des coquilles concentriques). Les électrons les plus près du noyau ont l'énergie la plus faible, les plus éloignés la plus forte. Chaque niveau ne peut contenir qu'un certain nombre d'électrons. Le niveau d'énergie la plus faible peut contenir 2 électrons, le suivant 8, le troisième 18 et tous les autres 32.

Le nombre de niveaux occupés par des électrons dépend du nombre d'électrons dans l'atome de l'élément. Les niveaux sont remplis à partir du niveau le plus près du noyau. Toutefois, aucun niveau externe ne contient plus de 8 électrons; s'il en contient 8, il demeure non rempli jusqu'à ce que le niveau suivant reçoive des électrons, devenant alors le niveau le plus externe. Les éléments sont très stables si les niveaux externes de leurs atomes contiennent 8 électrons. Les éléments réagissent facilement si les niveaux externes de leurs atomes ne sont pas remplis ou ne contiennent pas 8 électrons. Les atomes de ces éléments réagissent facilement avec d'autres atomes et perdent, gagnent ou partagent le nombre d'électrons nécessaire pour remplir leur niveau externe (niveau stable à 8 électrons).

CONFIGURATION ÉLECTRONIQUE DE TREIZE ÉLÉMENTS

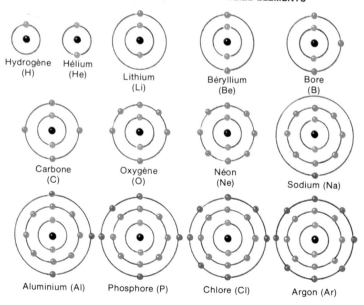

Hydrogène (H)
Hélium (He)
Lithium (Li)
Béryllium (Be)
Bore (B)
Carbone (C)
Oxygène (O)
Néon (Ne)
Sodium (Na)
Aluminium (Al)
Phosphore (P)
Chlore (Cl)
Argon (Ar)

LE TABLEAU PÉRIODIQUE regroupe les éléments de façon à ce que l'on puisse reconnaître certaines relations entre eux. Bien avant que les configurations électroniques des atomes soient connues, le chimiste russe Dimitri Mendeleev nota que certains éléments avaient des comportements chimiques semblables. Le lithium (Li), le sodium (Na), le potassium (K), le rubidium (Rb) et le césium (Cs), par exemple, sont très métalliques et leurs atomes ont tendance à devenir des ions positifs en perdant un électron. Ces éléments, les métaux alcalins, furent donc regroupés. Le fluor (F), le chlore (Cl), le brome (Br) et l'iode (I) ne sont pas du tout métalliques et leurs atomes deviennent des ions négatifs en acquérant un électron. Ces éléments, les halogénures, furent également regroupés. À partir d'observations semblables, une classification périodique des éléments fut élaborée. Ce tableau de départ a grandement aidé à découvrir de nouveaux éléments, éléments qui servirent à compléter le tableau.

Les éléments des colonnes du tableau périodique ont des caractéristiques semblables. Les éléments des rangées ont des caractéristiques qui vont en s'intensifiant de gauche à droite. La similitude chimique des éléments des colonnes (groupes) et la gradation chez les éléments des rangées (périodes) sont dues à la configuration électronique des niveaux externes des atomes (p. 19). Bien que nous ne puissions donner un résumé détaillé des caractéristiques chimiques des groupes et périodes, nous pouvons noter les caractéristiques générales suivantes :

• Les éléments de gauche (métaux) peuvent devenir stables (8 électrons dans le niveau externe) en donnant des électrons pour devenir des ions positifs. Les éléments de droite (métalloïdes) deviennent stables en acquérant des électrons pour devenir des ions négatifs. Les éléments du centre (semi-métaux) deviennent stables en acquérant ou en donnant des électrons.

• Si on réunit un atome métallique et un atome métalloïde, le métal donne un ou plusieurs électrons au métalloïde. Ces ions de polarité différente sont liés par une grande force électrostatique (liaison ionique, p. 22).

• Si on réunit des atomes métalliques, leurs électrons des niveaux externes, n'étant pas liés fortement au noyau, sont libres de se déplacer parmi les atomes. Le résultat est un cristal métallique (liaison métallique, p. 26).

• Si on réunit des atomes métalloïdes, ils attirent fortement les électrons qui sont de trop et «partagent» les électrons des niveaux externes pour former une molécule libre neutre (liaison covalente, p. 24).

• Si on réunit des semi-métaux, les atomes forment un cristal ayant des propriétés qui se situent entre celles des métaux et des métalloïdes (liaisons intermédiaires, p. 28).

• Les métaux de transition (éléments 21–30, 39–48, 57–80 et 89–103) sont semblables chimiquement aux autres éléments des mêmes périodes. Leurs niveaux externes ont sensiblement la même configuration électronique mais non leurs niveaux internes.

TABLEAU PÉRIODIQUE DES ÉLÉMENTS

Les éléments des groupes (colonnes) sont semblables chimiquement. Dans chaque période (rangée), les propriétés chimiques varient de façon systématique.

1																	8
1 H	2											3	4	5	6	7	2 He
3 Li	4 Be											5 B	6 C	7 N	8 O	9 F	10 Ne
11 Na	12 Mg		Éléments de transition									13 Al	14 Si	15 P	16 S	17 Cl	18 Ar
19 K	20 Ca	21 Sc	22 Ti	23 V	24 Cr	25 Mn	26 Fe	27 Co	28 Ni	29 Cu	30 Zn	31 Ga	32 Ge	33 As	34 Se	35 Br	36 Kr
37 Rb	38 Sr	39 Y	40 Zr	41 Nb	42 Mo	43 Tc	44 Ru	45 Rh	46 Pd	47 Ag	48 Cd	49 In	50 Sn	51 Sb	52 Te	53 I	54 Xe
55 Cs	56 Ba	57 La	72 Hf	73 Ta	74 W	75 Re	76 Os	77 Ir	78 Pt	79 Au	80 Hg	81 Tl	82 Pb	83 Bi	84 Po	85 At	86 Rn
87 Fr	88 Ra	89 Ac															

Les éléments 57–71 sont les lanthaniques ou terres rares; les éléments 89 et plus sont les actiniques. Les lanthaniques, de même que les actiniques, sont semblables chimiquement.

LES STRUCTURES ÉLECTRONIQUES

représentées par des coquilles concentriques avec des électrons en orbite autour du noyau sont utiles pour montrer les niveaux d'énergie des électrons mais peuvent nous donner une mauvaise image de la structure atomique. Si l'on veut établir la structure d'un atome, on fait face à un sérieux problème : toute méthode expérimentale visant à déterminer la position ou le momentum d'un électron modifiera l'un ou l'autre, ou les deux. Le principe selon lequel le momentum et la position d'un électron ne peuvent être déterminés simultanément s'appelle principe d'Heisenberg. Nous devons donc utiliser des méthodes statistiques pour établir la structure des atomes.

LES ORBITALES ÉLECTRONIQUES

servent à définir la position des électrons en termes statistiques. Un électron de la sous-couche de n'importe quelle couche électronique sera fort probablement situé à l'intérieur d'une sphère autour du noyau. L'orbitale sphérique s définit le volume dans lequel il est le plus probable de trouver l'électron. L'orbitale s de n'importe quelle couche électronique ne peut contenir que deux électrons de spins différents. L'électron de la sous-couche suivante sera situé dans l'orbitale p, en forme d'haltères. L'orbitale d a la forme de deux haltères à angle droit et les électrons f sont dans des orbitales encore plus compliquées.

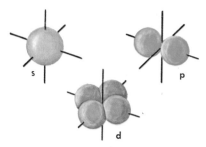

ORBITALES ÉLECTRONIQUES

LA LIAISON IONIQUE est la force qui lie un atome d'un élément nettement métallique à un atome d'un élément nettement métalloïde. Les atomes des éléments les plus métalliques ont un niveau externe à 1, 2 ou 3 électrons au-dessus d'un niveau rempli à 8 électrons. Les électrons externes sont faiblement liés au noyau et peuvent être facilement enlevés par l'énergie disponible dans les réactions chimiques. L'atome de sodium (Na), par exemple, possède 11 électrons, 2 dans la première couche, 8 dans la seconde et 1 dans la dernière. L'atome devient stable en perdant son dernier électron; la couche à 8 électrons devient alors la dernière couche. Ayant perdu une charge négative, l'atome devient un ion positif ou cation. On le représente par le symbole Na^{+1}.

Les atomes des éléments nettement métalloïdes possèdent 5, 6 ou 7 électrons dans leur dernier niveau. Ces atomes deviennent stables en acquérant des électrons d'autres atomes. L'atome de fluor (F) possède 9 électrons, 2 dans la première couche et 7 dans la seconde; en acquérant un électron, il devient un ion négatif ou anion. On le représente par le symbole F^{-1}.

Si on réunit un atome de sodium (métal) et un atome de fluor (métalloïde), l'atome de fluor s'accapare de l'électron faiblement lié de la dernière couche de l'atome de sodium. Comme résultat, on a deux ions de signes opposés (cation Na^{+1} et anion F^{-1}) qui s'attirent (les charges de signes contraires s'attirent) c'est-à-dire une liaison ionique.

Certains ions possèdent plus d'une charge. Pour en arriver à une configuration stable, l'atome de magnésium (Mg) doit perdre 2 électrons et l'atome d'oxygène (O) doit en acquérir 2; le cation Mg^{+2} et l'anion O^{-2} sont doublement chargés. La force de liaison entre ces deux ions est pratiquement le double de celle que l'on a entre deux ions à charge simple. De façon analogue, l'atome d'aluminium devient Al^{+3} et l'atome d'azote N^{-3}.

Les forces d'attraction des liaisons ioniques s'exercent dans toutes les directions ce qui veut dire que chaque cation est entouré d'anions et vice versa. Le résultat est une structure périodique dans les trois directions, un cristal. Les ions sont entassés dans une structure cristalline et les liaisons sont non directionnelles. Il y a deux critères à satisfaire: (1) les cations sont entourés du plus grand nombre d'anions possible, et (2) le nombre total de charges positives dans le cristal est égal au nombre total de charges négatives.

Les ions chargés de façon différente peuvent constituer des cristaux. Par exemple, 2 ions Fe^{+3} peuvent se combiner à 3 ions O^{-2} pour former un cristal neutre Fe_2O_3 (hématite). Certains éléments peuvent produire plusieurs types d'ions; on rencontre souvent les ions ferreux Fe^{+2} et les ions ferriques Fe^{+3} dans les minéraux. Le comportement chimique des deux ions est celui de deux éléments différents. La formule de la magnétite, Fe_3O_4, s'écrit $Fe^{+2}Fe_2^{+3}O^{-2}$. L'ion Fe^{+2} est entouré par 6 ions O^{-2} et l'ion Fe^{+3} par 4 ions O^{-2}.

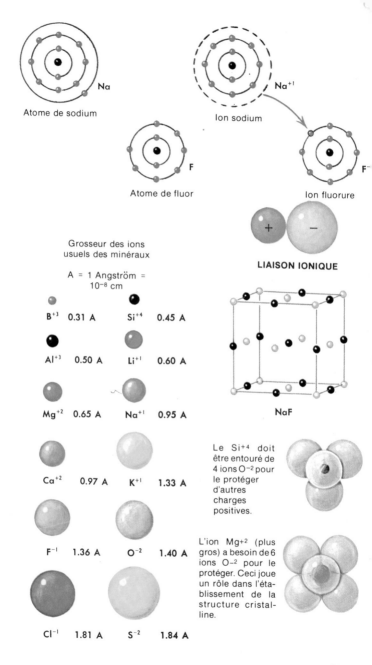

Atome de sodium

Ion sodium

Atome de fluor

Ion fluorure

LIAISON IONIQUE

Grosseur des ions
usuels des minéraux

A = 1 Angström =
10^{-8} cm

B^{+3} 0.31 A Si^{+4} 0.45 A

Al^{+3} 0.50 A Li^{+1} 0.60 A

Mg^{+2} 0.65 A Na^{+1} 0.95 A

NaF

Ca^{+2} 0.97 A K^{+1} 1.33 A

Le Si^{+4} doit
être entouré de
4 ions O^{-2} pour
le protéger
d'autres
charges
positives.

F^{-1} 1.36 A O^{-2} 1.40 A

L'ion Mg^{+2} (plus
gros) a besoin de 6
ions O^{-2} pour le
protéger. Ceci joue
un rôle dans l'éta-
blissement de la
structure cristal-
line.

Cl^{-1} 1.81 A S^{-2} 1.84 A

23

LA LIAISON COVALENTE est la force qui lie deux atomes métalloïdes. Si on réunit deux de ces atomes, ils n'auront pas tendance à s'ioniser car ils ont tous deux une forte affinité pour les électrons. Un atome de chlore (Cl), par exemple, possède 17 électrons, 2 dans sa couche interne, 8 dans la suivante et 7 dans la dernière. Il pourra devenir stable s'il peut acquérir 1 électron d'un atome métallique. L'énergie requise pour enlever 7 électrons étant très grande, l'atome ne peut devenir stable facilement en donnant des électrons. Néanmoins, deux atomes de chlore peuvent atteindre une configuration stable si chacun partage un de ses électrons avec l'autre. Le résultat est une molécule Cl_2 stable qui n'aura pas tendance à former des cristaux à température normale. La liaison covalente est le résultat du partage d'une paire d'électrons. L'énergie de liaison provient de la réduction des énergies des deux atomes. Cette liaison est la plus forte de toutes les liaisons chimiques.

Les atomes qui forment des liaisons covalentes avec d'autres pourront former 5 types de cristaux, selon le nombre de liaisons covalentes qui peuvent être formées :

1. Les cristaux moléculaires sont constitués de molécules distinctes à liaisons covalentes liées entre elles par des forces de Van der Waals (forces très faibles dues aux faibles charges résiduelles à la surface des molécules). Les gaz solides, comme le bioxyde de carbone (glace sèche) et le chlore, et plusieurs composés organiques forment des cristaux de ce genre.

2. Les cristaux ioniques sont constitués d'ions complexes à liaisons covalentes. L'ion ammonium $(NH_4)^{+1}$ et l'ion carbonate $(CO_3)^{-2}$, existant en vertu de liaisons covalentes, sont liés aux ions Cl^{-1} et Ca^{+2} par des liaisons ioniques pour former NH_4Cl (salmiac) et $CaCO_3$ (calcite).

3. Les cristaux à structure en chaine, comme pour les semi-métaux sélénium et tellure, sont constitués d'atomes liés par des liaisons covalentes en chaînes de longueur infinie. Les chaînes sont liées entre elles par les forces de Van der Waals et les forces des liaisons métalliques.

4. Les cristaux à structure en feuillets sont constitués d'atomes liés par des liaisons covalentes en feuillets de dimensions infinies. Les feuillets sont liés entre eux par des forces de Van der Waals. Le graphite en est l'exemple le plus frappant.

5. Les cristaux à structure en charpente, comme pour le diamant, sont possibles si un atome peut partager 4 électrons avec 4 atomes adjacents. Le cristal a des dimensions infinies dans les trois directions et peut être considéré comme une molécule aux dimensions infinies.

Les liaisons covalentes étant très fortes, leur distribution détermine les caractéristiques des cristaux. Ceci explique le clivage du graphite en couches écailleuses, la dureté du diamant, le faible point de fusion de la glace sèche et la formation d'ions complexes, $(HCO_3)^{-1}$ et $(NH_4)^{+1}$ par exemple.

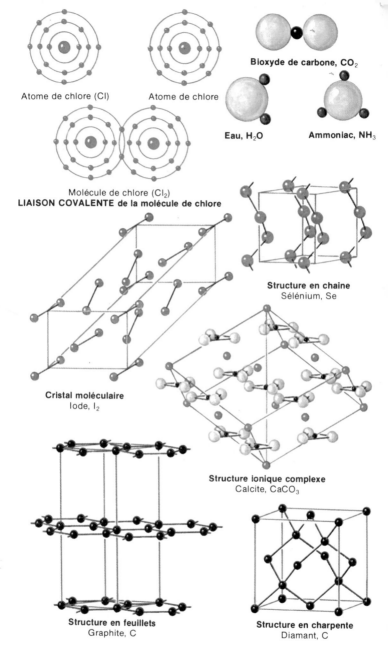

Atome de chlore (Cl)

Atome de chlore

Bioxyde de carbone, CO$_2$

Eau, H$_2$O

Ammoniac, NH$_3$

Molécule de chlore (Cl$_2$)

LIAISON COVALENTE de la molécule de chlore

Structure en chaine
Sélénium, Se

Cristal moléculaire
Iode, I$_2$

Structure ionique complexe
Calcite, CaCO$_3$

Structure en feuillets
Graphite, C

Structure en charpente
Diamant, C

25

LA LIAISON MÉTALLIQUE est la force qui lie des atomes d'éléments métalliques. Ceci signifie les premier, deuxième et troisième groupes du tableau périodique et les éléments de transition (p. 20). Chacun a ceci en commun : il possède un, deux ou trois électrons dans leur dernière couche. Si deux de ces atomes sont réunis, les liaisons covalentes (p. 24) ou ioniques (p. 22) ne seront pas créées. Il se forme plutôt un cristal dans lequel les atomes sont bien serrés les uns contre les autres. Les électrons des couches externes n'appartiennent à aucun atome mais sont libres de se déplacer dans la structure. La force de liaison peut être considérée comme étant la force d'attraction entre les noyaux des atomes et les électrons en mouvement. La liaison métallique entraîne certaines caractéristiques bien spécifiques pour les cristaux.

Les atomes des cristaux métalliques sont bien entassés de façon à occuper le plus d'espace possible. Il y a trois structures métalliques de base : la structure cubique à faces centrées et la structure hexagonale compacte, dans lesquelles la densité d'atomes est la plus grande possible, et la structure cubique à volume centré, avec une densité d'atomes quelque peu inférieure. Des structures plus complexes découlent de liaisons quelque peu ioniques ou covalentes. Les électrons étant libres de se déplacer, l'application d'une tension sur le cristal entraînera un fort courant électrique. L'application de chaleur sur un côté du cristal agitera les électrons qui transmettront leur énergie à d'autres électrons, d'où la transmission rapide de chaleur dans le cristal. Les forces de cisaillement peuvent facilement faire glisser les plans atomiques sans brisure fragile ; les métaux sont ductiles et malléables. L'aspect métallique et l'opacité sont dus à l'interaction de la lumière avec les électrons libres.

Les liaisons métalliques peuvent jouer un rôle important dans les cristaux non métalliques, surtout les sulfures. On peut facilement décrire les sulfures en termes de liaisons covalentes. Mais plusieurs sulfures contiennent des atomes métalliques qui ne sont pas protégés les uns des autres, ce qui entraîne une certaine liaison métallique entre eux. Comme résultat, certains, comme la galène (PbS), ont un éclat métallique (la galène ressemble au plomb (Pb)). Les propriétés mécaniques des sulfures étant contrôlées par les liaisons covalentes, ils sont fragiles.

Dans la croûte terrestre, il y a peu de cristaux formés de métaux liés par des liaisons métalliques. Les métaux pouvant facilement perdre leurs électrons externes et les métalloïdes pouvant les accepter étant très répandus — par exemple, l'oxygène (O) et le soufre (S) — la plupart des métaux font partie de composés chimiques. Les minerais les plus usuels sont les oxydes et sulfures métalliques. Les métaux à l'état natif (pp. 70-75) sont ceux qui, comme l'or (Au), l'argent (Ag) et le platine (Pt), ne forment pas d'oxydes ou de sulfures bien stables ou qui, comme le cuivre (Cu) et le fer (Fe), ont été formés dans un milieu pauvre en oxygène. Toutefois, le noyau de la terre est probablement composé de fer (Fe) et de nickel (Ni) presque purs, avec son cœur en fusion. Plusieurs météorites ont une composition semblable.

Cubique à volume
centré
(comme pour Fe)

Cubique à faces
centrées
(comme pour Cu)

Hexagonal compact
(comme pour Zn)

MODÈLES POUR LES MÉTAUX LES PLUS USUELS

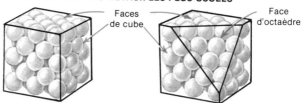

Faces de cube

Face d'octaèdre

**MODÈLES D'EMPILEMENT POUR UNE STRUCTURE MÉTALLIQUE
CUBIQUE À FACES CENTRÉES**

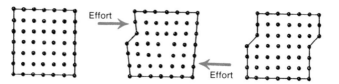

Effort

Effort

Les efforts de cisaillement déforment le cristal métallique; les liaisons métalliques peuvent être rompues et se reformer sans briser le cristal. Cette caractéristique porte le nom de malléabilité.

Chaleur

barre
métallique

Les électrons libres pouvant transmettre de l'énergie lors de collisions, la chaleur se transmet rapidement dans les métaux. À cause des électrons libres également, les métaux sont de bons conducteurs d'électricité.

La **galène** montre un éclat métallique mais est fragile.

Le **plomb** est malléable car ses liaisons sont métalliques.

27

LA LIAISON INTERMÉDIAIRE se situe entre les trois extrêmes constitués des liaisons métallique, covalente et ionique: (1) les éléments nettement métalliques (faible affinité électronique) sont liés entre eux par des liaisons métalliques; (2) les éléments nettement métalloïdes (forte affinité électronique) sont liés entre eux par des liaisons covalentes; (3) les éléments nettement métalliques et nettement métalloïdes sont liés entre eux par des liaisons ioniques. Si tous les éléments étaient très métalliques ou métalloïdes, les cristaux comporteraient ces types de liaisons. Mais ce n'est pas le cas car les éléments vont du groupe I (très métalliques) au groupe VII (très métalloïdes).

Les éléments de la partie centrale du tableau ne sont ni métalliques ni métalloïdes. Avec le silicium, par exemple, l'énergie pour enlever ou ajouter 4 électrons et le rendre stable est très grande. Donc, le silicium forme un cristal à liaisons covalentes, semblable au cristal du diamant, mais il a un éclat métallique et est opaque indiquant que les électrons de liaison sont moins fortement liés qu'ils ne le sont dans le diamant. Les liaisons sont covalentes tout en étant quelque peu métalliques. Si le silicium est combiné à l'oxygène, il est possible d'avoir une liaison covalente, ses 4 électrons étant partagés avec ceux de l'oxygène. Il est aussi possible d'avoir une liaison ionique avec Si^{+4} lié aux ions O^{-2}. Le silicium n'est ni vraiment métallique ni vraiment métalloïde; la liaison n'est donc ni vraiment ionique ni vraiment covalente. La liaison Si-O semble impliquer et une ionisation et un partage d'électrons; elle est plus forte que la liaison ionique mais plus faible que la liaison covalente. De plus, Si et O peuvent former des ions complexes de dimensions finies ou infinies (pp. 154-157).

De façon générale, les éléments voisins de la gauche du tableau (métaux) forment des cristaux métalliques (avec liaisons métalliques). Les éléments voisins de la droite du tableau (métalloïdes) forment des molécules à liaisons covalentes. Les éléments voisins du centre forment des cristaux covalents avec des caractéristiques métalliques ou des cristaux métalliques avec des caractéristiques de covalence.

Les éléments de part et d'autre du tableau forment entre eux des cristaux ioniques. Plus ils sont séparés, plus la liaison est ionique. La liaison sodium-oxygène Na-O, par exemple, est très ionique. La liaison magnésium-oxygène Mg-O est ionique mais quelque peu covalente. La liaison aluminium-oxygène Al-O est moins ionique et la liaison silicium-oxygène Si-O semble être autant covalente qu'ionique.

Les cristaux à liaisons intermédiaires sont importants en électronique. Le silicium, par exemple, est un semi-conducteur; il est utilisé dans la fabrication des diodes et des transistors. Il est important de bien comprendre ce concept de liaison intermédiaire car le comportement chimique et physique des cristaux est directement associé au type de liaisons dans le cristal.

CARACTÉRISTIQUES DES LIAISONS ET DES CRISTAUX

Composés	Caractéristiques de liaison	Caractéristiques cristallines
Li, Na, K, Rb, Cs, Ca, Sr, Ba	presque 100% métallique	métallique, ductile, très conducteur
Be, Mg, Al, Ga, In, Tl, Ge, Sn, Pb, Sb, Bi, Po	métallique et quelque peu covalente	métallique, quelque peu fragile, conducteur
B, C, Si, P, As, Se, Te, I, At	covalente et quelque peu métallique	semi-métallique, fragile, peu conducteur
N, O, S, F, Cl, Br	covalente	molécules, faible point de fusion, très peu conducteur
KCl, NaF, etc.	ionique	ionique, peu conducteur, se dissout en ions en H_2O
Al_2O_3, SiO_2, SnO_2	ionique-covalente	caractéristiques intermédiaires
As_2S_3, Sb_2S_3, etc.	covalente-métallique	caractéristiques intermédiaires

CARACTÉRISTIQUES MÉTALLIQUES DES ÉLÉMENTS

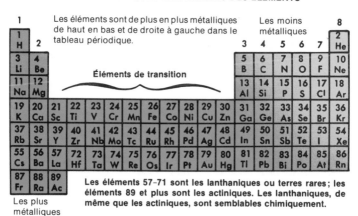

Les éléments sont de plus en plus métalliques de haut en bas et de droite à gauche dans le tableau périodique.

Les moins métalliques

Éléments de transition

Les plus métalliques

Les éléments 57-71 sont les lanthaniques ou terres rares; les éléments 89 et plus sont les actiniques. Les lanthaniques, de même que les actiniques, sont semblables chimiquement.

29

LA LIAISON HYDROGÈNE est une liaison spéciale qui ne se forme qu'entre l'atome d'hydrogène et d'autres atomes. C'est une liaison polaire faible. Dans les minéraux, cette liaison ne joue pratiquement un rôle que dans les composés contenant des molécules d'eau H_2O (composés hydratés) ou l'ion hydroxyle $(OH)^{-1}$ (composés hydreux). Les effets de l'eau et de l'hydroxyle sur la structure minéralogique sont prononcés. Leur présence ou leur absence dans un minéral dépend des conditions de formation du minéral et nous renseigne sur l'environnement géologique.

L'ATOME D'HYDROGÈNE comporte un électron en orbite autour d'un noyau à un proton. L'atome d'oxygène a 8 protons dans son noyau et 8 électrons — 2 dans la première couche et 6 dans la couche externe. Il a besoin de 2 autres électrons pour être stable. Un mélange d'oxygène et d'hydrogène à haute température entraînera une forte réaction et la production d'eau, H_2O, dans laquelle une paire d'électrons est formée entre 1 atome d'oxygène et 2 atomes d'hydrogène. Ainsi, chaque hydrogène possède une paire stable d'électrons. Toutefois, certaines mesures expérimentales ont démontré que cette liaison covalente est modifiée par une répulsion entre les atomes d'hydrogène. Ils doivent donc être chargés positivement ou ionisés.

Dans la molécule d'eau, à cause des faibles dimensions de l'atome d'hydrogène, ces atomes sont « enfouis » dans le nuage d'électrons de l'oxygène. La molécule d'eau est donc essentiellement sphérique et sensiblement de la même grosseur que l'atome d'oxygène.

L'ION HYDROXYLE est constitué d'un atome d'hydrogène et d'un atome d'oxygène qui partagent un électron. Pour atteindre une configuration stable, l'oxygène accepte un autre électron d'un atome métallique et s'y lie par liaison ionique. Comme pour la molécule d'eau, l'atome d'hydrogène est enfoui dans l'atome d'oxygène et l'ion hydroxyle a sensiblement la même grosseur que l'ion oxygène (1,40 A).

Même si l'ion hydroxyle lié à un ion métallique et la molécule d'eau sont neutres, ils sont polaires. Au site de l'atome d'hydrogène, on a une faible charge positive (à cause du proton) ; l'autre partie de la molécule d'eau ou de l'ion hydroxyle possède une faible charge négative. Le pôle positif peut donc attirer les électrons d'autres atomes. Ceci constitue la liaison hydrogène. Cette liaison lie les molécules d'eau dans la glace et participe aux liaisons dans tout minéral hydraté ou hydreux. Dans les minéraux, la liaison hydrogène entre les ions hydroxyle et les ions oxygène voisins joue un rôle important.

Les liaisons hydrogène entre molécules organiques complexes sont responsables de plusieurs processus chimiques dans les organismes vivants. Citons le contrôle du métabolisme, de la reproduction, des traits héréditaires, etc. Il est évident toutefois que ces processus sont beaucoup plus complexes que les processus de cristallisation des minéraux.

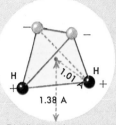

Distribution tétraédrique de
charge dans la molécule d'eau,
H_2O.

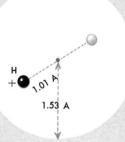

Distribution linéaire de charge
dans l'ion hydroxyle, $(OH)^{-1}$.

La molécule d'eau et l'ion hydroxyle jouent le rôle d'aimants ; leur pôle
positif est attiré par les pôles négatifs dans les structures cristallines.

Configuration tétraédrique des
liaisons hydrogène autour de la
molécule d'eau.

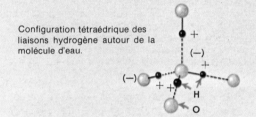

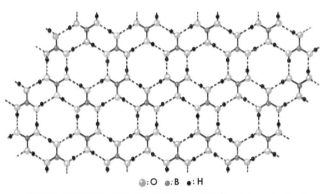

:O   :B   :H

Plan de la structure de l'acide borique montrant les liaisons hydrogène
entre les molécules $B(OH)_3$.

SOLUTIONS SOLIDES

On associe toujours aux minéraux une formule chimique simple qui est fixe et immuable. La forstérite, par exemple, est Mg_2SiO_4; l'anhydrite, $CaSO_4$. Mais ces formules correspondent rarement aux compositions chimiques exactes; ce sont des approximations. La composition de la plupart des minéraux n'est pas fixe et varie plutôt entre certaines limites. On fait état de cette variation en parlant de solution solide ou diadochie.

Dans un cristal, un élément sera situé en un endroit à cause de ses caractéristiques, en particulier la grosseur de son ion ou le type de liaison chimique. Plusieurs éléments ont des atomes avec une configuration électronique semblable à celle d'autres éléments; ils sont semblables chimiquement et chacun peut être stable au même endroit de la structure. Dans les silicates, par exemple, la position occupée par l'ion silicium peut également être occupée par l'ion aluminium car celui-ci est sensiblement de la même grosseur et a la même configuration électronique. Il faut se rappeler que la proportion de silicium et d'aluminium occupant cette position n'est pas fixe; elle dépend des quantités de chaque élément présentes lors de la formation du minéral.

De la même façon, le magnésium (Mg) et le fer (Fe) peuvent occuper la même position dans plusieurs minéraux différents et le rapport Mg : Fe peut prendre n'importe quelle valeur. Quel que soit ce rapport, les structures cristallines de ces minéraux sont essentiellement les mêmes. On dit que les éléments Mg et Fe sont des éléments de substitution. Les minéraux de structure identique mais de compositions chimiques différentes sont dits isomorphes.

LA SOLUTION SOLIDE TOTALE est atteinte lorsque deux éléments peuvent se substituer complètement l'un à l'autre dans un minéral. Les olivines en sont d'excellents exemples. La forstérite Mg_2SiO_4 et la fayalite Fe_2SiO_4 ont la même structure car les ions Mg^{+2} et Fe^{+2} sont pratiquement de même grosseur et semblables chimiquement. Si les deux éléments sont présents dans le milieu de cristallisation, il se formera un seul minéral ayant une composition intermédiaire entre celles de la forstérite et de la fayalite. On considère ce minéral comme étant une solution de fayalite dans la forstérite. Pouvant avoir des minéraux avec toutes sortes de compositions intermédiaires, la formule est $(Mg, Fe)_2SiO_4$ et on leur donne le nom d'olivine quel que soit Mg : Fe.

Les olivines sont membres d'une série de solutions solides totales allant de la forstérite, le membre au magnésium, jusqu'à la fayalite, le membre au fer. Les olivines riches en Mg sont de couleur vert pâle et les olivines riches en Fe sont de couleur vert foncé ou noire. Les olivines de composition intermédiaire ont une couleur située entre ces extrêmes. Leurs autres caractéristiques physiques varient également entre des extrêmes. Dans ces minéraux, on trouve rarement l'un ou l'autre des membres purs des extrêmes mais on peut les fabriquer en laboratoire.

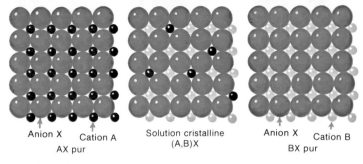

Anion X   Cation A
AX pur

Solution cristalline
(A,B)X

Anion X   Cation B
BX pur

La solution solide peut être totale si les ions de substitution ont presque la même grosseur et les mêmes propriétés chimiques.

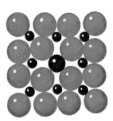

Si les ions de substitution sont beaucoup plus petits ou plus gros, la structure est dérangée et affaiblie. Il n'y a que la substitution partielle qui soit possible.

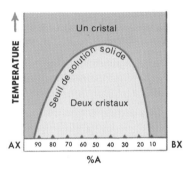

Le seuil de solution solide augmente avec la température.

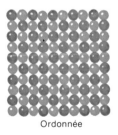

Ordonnée

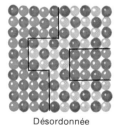

Désordonnée

Les solutions solides ayant une certaine composition, comme 50-50, ont tendance à être ordonnées. Ces cristaux ordonnés ont des propriétés semblables à celles de composés plutôt qu'à celles des solutions intermédiaires. Les solutions solides désordonnées ont des propriétés intermédiaires entre celles des membres des extrêmes.

33

LES SOLUTIONS SOLIDES PARTIELLES surviennent lorsque deux éléments ne peuvent se substituer l'un à l'autre pour atteindre n'importe quelle proportion possible dans un minéral. Les solutions solides des olivines sont totales car les ions de magnésium et de fer sont sensiblement de la même grosseur. Mais dans plusieurs autres minéraux, si les ions sont de grosseur différente, ils ne peuvent se substituer complètement l'un à l'autre. L'anhydrite $CaSO_4$ et la barite $BaSO_4$ sont semblables chimiquement mais ont des structures différentes car l'ion Ba^{+2} est beaucoup plus gros que l'ion Ca^{+2}. On a trouvé des anhydrites qui contenaient jusqu'à 8% de barite et des barites jusqu'à 6% d'anhydrite. Il est impossible d'avoir une plus grande substitution d'ions sans vraiment déformer la structure des deux extrêmes de la série; la solution solide est donc limitée à des gammes étroites de composition à chaque extrême. De la même façon, le feldspath potassique ($KAlSi_3O_8$) et le feldspath sodique ($NaAlSi_3O_8$) ne forment pas de solution totale sauf à haute température. En résumé, la grosseur et similitude chimique des éléments de substitution et la température contribuent à établir le seuil de solution solide.

SUBSTITUTION JUMELÉE signifie substitutions simultanées qui se compensent. Le résultat est une solution solide, partielle ou totale, plus complexe dans certains minéraux. Prenons les feldspaths par exemple. Le feldspath calcique (anorthite, $CaAl_2Si_2O_8$) et le feldspath sodique (albite $NaAlSi_3O_8$) ont la même structure de base. Les ions calcium (Ca^{+2}) du feldspath calcique occupent les mêmes positions que les ions sodium (Na^{+1}) du feldspath sodique; les ions aluminium (Al^{+3}) et ions silicium (Si^{+4}) occupent également des positions identiques mais leurs proportions sont différentes. Les ions Ca^{+2} et Na^{+1} étant pratiquement de la même grosseur et pouvant se substituer l'un à l'autre, il est possible d'avoir une série de solutions solides totales entre ces deux minéraux. Mais les charges de Ca^{+2} et Na^{+1} étant différentes, la substitution d'un pour l'autre peut déranger la neutralité de la structure et ne pas se faire. Elle est toutefois possible car Al^{+3} et Si^{+4} peuvent également se substituer l'un à l'autre. Si les deux substitutions sont simultanées, la neutralité est respectée. L'échange peut s'exprimer ainsi: $Ca^{+2} + Al^{+3}$: $Na^{+1} + Si^{+4}$, une substitution de 5 charges par 5 charges. On trouve des feldspaths avec toutes les combinaisons Ca et Na possibles, Al et Si variant en conséquence. Les membres de cette série de solutions solides totales se ressemblent et sont appelés plagioclases.

L'IMPORTANCE DES SOLUTIONS SOLIDES n'est pas à dédaigner car la plupart des minéraux en contiennent. Les variations de composition nous renseignent sur les températures et milieux chimiques de formation. Grâce aux solutions solides, on peut expliquer pourquoi certains éléments ne sont trouvés qu'en quantités infimes dans des minéraux et sont «camouflés». L'analyse de ces éléments dans des roches peut entraîner la découverte de concentrations d'éléments de valeur dans des roches voisines.

SOLUTIONS SOLIDES IMPORTANTES DANS LES MINÉRAUX

OLIVINES — Substitution de Mg^{+2}, Fe^{+2} et Mn^{+2} (pp. 164-165)
Forstérite — Fayalite: Mg_2SiO_4 – Fe_2SiO_4, totale
Forstérite - Téphrite: Mg_2SiO_4 - Mn_2SiO_4, totale

CORDIÉRITES — Substitution de Fe^{+2} pour Mg^{+2} (pp. 172-173)
Cordiérite - cordiérite de fer: $Mg_2Al_3(Si_5Al)O_{18}$ – $Fe_2Al_3(Si_5Al)O_{18}$ totale

MÉLILITES — Substitution jumelée de Si^{+4} + Mn^{+2} pour $2Al^{+3}$ (pp. 168-169)
Gehlenite - Akermanite: $Ca_2Al(SiAl)O_7$ – $Ca_2MgSi_2O_7$, totale

PYROXÈNES — Substitution de Mg^{+2} et Fe^{+2} (pp. 174-181)
Diopside – Hédenbergite: $CaMg(SiO_3)_2$ - $CaFe(SiO_3)_2$, totale
Ca: (Mg, Fe) varie entre certaines limites
Compositions intermédiaires appelées pigeonite
Augite est intermédiaire mais a Al^{+3} dans sa composition

AMPHIBOLES — Substitution de Mg^{+2} et Fe^{+2} (pp. 182-185), totale
Trémolite - ferroactinote: $Ca_2Mg_5(Si_8O_{12})(OH)_2$ - $Ca_2Fe_5(Si_8O_{12})(OH)_2$, totale
Compositions intermédiaires appelées ferrotrémolite, trémolite-actinote, ou simplement actinote

MICAS — Substitution jumelée de $3Fe^{+2}$ pour $2Al^{+3}$ + lacune (pp. 194-197)
Muscovite - Annite: $KAl_2(Si_3Al)O_{10}(OH)_2$ – $KFe_3(Si_3Al)O_{10}(OH)_2$
Biotite est $K(Mg,Fe)_3(Si_3Al)O_{10}(OH)_2$ avec Mg: Fe inférieur à 2:1
Phlogopite est $K(MgFe)_3(Si_3Al)O_{10}(OH)_2$ avec Mg: Fe supérieur à 2:1

PLAGIOCLASES — Substitution jumelée de Ca^{+2} + Al^{+3} pour Na^{+1} + Si^{+4} (pp. 218-219)
Albite - Anorthite: $NaAlSi_3O_8$ - $CaAl_2Si_2O_8$, totale, compositions intermédiaires appelées plagioclases

FELDSPATHS ALCALINS — Substitution de K^{+1} et Na^{+1} (pp. 214-217)
Microcline (Sanidine) - Albite: $KAlSi_3O_8$ – $NaAlSi_3O_8$, totale au-delà d'environ 670° C
Aux températures ordinaires, environ 20% de substitution de Na^{+1} dans microcline et environ 5% de substitution de K^{+1} dans albite

CRISTAUX

La beauté intrinsèque des cristaux les a toujours rendus attrayants. Ils sont utiles aux minéralogistes car ils les renseignent sur la disposition des atomes d'un minéral et servent à identifier les minéraux. Quelques minéraux seulement, comme l'opale et le verre de silice, n'ont pas de structure cristalline.

UN CRISTAL est un solide dont les atomes sont ordonnés de façon régulière. À cause de cet arrangement régulier, un cristal peut avoir des surfaces planes appelées faces. Les faces correspondent à des plans cristallins; ces plans contiennent des atomes rapprochés les uns des autres et sont propices à la croissance cristalline. L'orientation des faces donne des indications sur la symétrie interne de la structure et sur la nature des liaisons chimiques (p. 20).

Même si l'on associe toujours faces à cristal, il ne faut pas croire que ces surfaces planes sont toujours présentes. La majorité des minéraux sont constitués d'agrégats de cristaux qui n'ont pu former des faces, s'étant nui lors de leur formation (cristaux xénomorphes). Les cristaux auront des faces bien développées (cristaux idiomorphes) s'ils croissent librement, comme sur les murs d'une cavité ouverte, sur une surface, au début de la cristallisation d'un magma, etc.

LES RÈGLES DE SYMÉTRIE font que tous les cristaux appartiennent à 1 de 7 catégories appelées systèmes. Ces 7 systèmes peuvent être divisés en 32 classes de symétrie et en 230 groupes basés sur l'arrangement interne des cristaux. L'étude de ces groupes, classes et systèmes relève de la cristallographie, un sujet qui sort du contexte du présent ouvrage. Nous traiterons brièvement des 7 systèmes cristallins en les illustrant par des cristaux représentatifs.

LES FACES d'un cristal peuvent être décrites en termes de polyèdres réguliers — par exemple, des cubes et octaèdres. Les faces d'un polyèdre ont la même forme et les mêmes dimensions et leur ensemble constitue ce que l'on appelle la forme cristallographique. Certains cristaux n'ont qu'une forme, d'autres deux ou plusieurs formes et d'autres de grandes faces ou des petites.

Dans la réalité, les diverses faces d'une forme n'ont pas nécessairement les mêmes dimensions et la même forme. Une croissance du cristal plus rapide dans une direction que dans les autres donne un polyèdre mal formé et des formes qu'il est souvent difficile de reconnaître. Néanmoins, les angles entre les faces d'une forme sont les mêmes, quelle que soit la distorsion. Toutefois, il arrive que les faces des cristaux ne soient pas parfaitement lisses et planes; elles peuvent être ondulées et irrégulières, le cristal ayant crû de façon irrégulière ou ayant été soumis à des contraintes lors de sa croissance. On peut voir ces distorsions et irrégularités en comparant des illustrations de cristaux idéaux (pp. 38-43) et de cristaux réels (pp. 70-257).

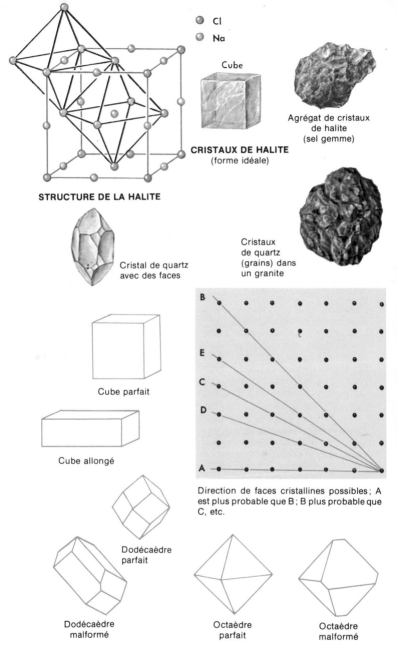

Cl

Na

Cube

CRISTAUX DE HALITE
(forme idéale)

Agrégat de cristaux
de halite
(sel gemme)

STRUCTURE DE LA HALITE

Cristal de quartz
avec des faces

Cristaux
de quartz
(grains) dans
un granite

Cube parfait

Cube allongé

B

E

C

D

A

Direction de faces cristallines possibles ; A
est plus probable que B ; B plus probable que
C, etc.

Dodécaèdre
parfait

Dodécaèdre
malformé

Octaèdre
parfait

Octaèdre
malformé

37

SYSTÈMES CRISTALLINS

Les sept systèmes cristallins peuvent être définis à l'aide de trois ou quatre axes imaginaires de longueurs égales ou inégales qui se rencontrent au centre de n'importe quelle forme cristalline parfaite. La forme des cristaux est définie par la longueur des axes et les angles qu'ils font entre eux. Les cristaux pouvant atteindre différentes grosseurs, on note habituellement les longueurs relatives des axes. Les longueurs absolues sont établies par rayons X et sont exprimées en termes de «cellules unitaires», la plus petite unité possédant la symétrie du cristal. Les axes d'une cellule unitaire ont une longueur de quelque 10^{-8} centimètres ($2,54$ cm = 1 po). Les cellules unitaires de quelques minéraux et leurs atomes sont illustrées aux pages 70–257.

LE SYSTÈME CUBIQUE comprend les cristaux à trois axes de même longueur, perpendiculaires entre eux. Par convention, les axes sont tracés perpendiculairement aux trois paires de faces d'un cube ou par les trois paires de coins d'un octaèdre. Les formes usuelles de cristaux cubiques comprennent le tétraèdre (4 faces), le cube (6 faces), l'octaèdre (8 faces), le dodécaèdre et le pyritoèdre (12 faces), le trapézoèdre cubique (24 faces) et l'hexoctaèdre (48 faces). Un cristal cubique peut avoir n'importe quelle de ces formes ou n'importe quelle combinaison de ces formes. Certaines de ces combinaisons sont illustrées à la page suivante. Pour que l'on puisse plus facilement reconnaître les formes, nous avons utilisé des couleurs différentes pour chaque forme. Il est important de noter les apparences différentes causées par les différents degrés de développement de deux formes.

Les cristaux contenant plusieurs formes peuvent sembler compliqués. Pour reconnaître les formes impliquées, il faut noter les angles entre les faces individuelles d'une forme ; ceux-ci ne changent pas quel que soit le nombre de formes ou le degré de malformation. Certains minéraux développent certaines formes et d'autres pas ; l'identification des formes joue donc un rôle important dans l'identification des minéraux. Les formes caractéristiques et les genres de malformations constituent ce qu'il est convenu d'appeler le facies du minéral. (Voir les facies, p. 46).

Plusieurs composés chimiques, y compris des minéraux, forment des cristaux cubiques. Les composés simples (à 1, 2 ou 3 éléments) ont tendance à se cristalliser dans le système cubique ou le système hexagonal (p. 40). Dans cette catégorie, on retrouve certains éléments, des sulfures simples, des oxydes et des halogénures. Les composés plus complexes — les silicates par exemple — ont tendance à former des cristaux avec des axes de longueurs différentes, appartenant donc à d'autres systèmes. Les grenats et certains feldspathoïdes, entre autres, font exception et forment des cristaux cubiques.

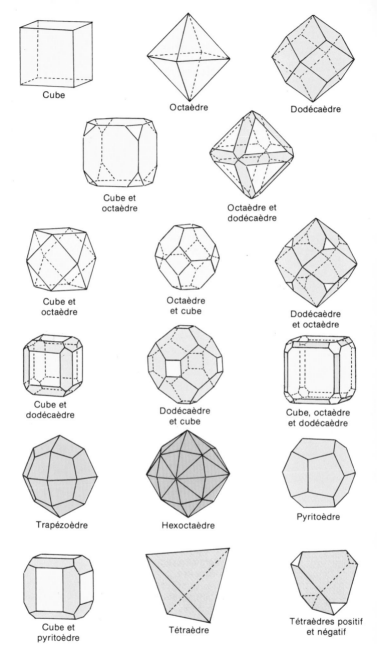

Cube

Octaèdre

Dodécaèdre

Cube et octaèdre

Octaèdre et dodécaèdre

Cube et octaèdre

Octaèdre et cube

Dodécaèdre et octaèdre

Cube et dodécaèdre

Dodécaèdre et cube

Cube, octaèdre et dodécaèdre

Trapézoèdre

Hexoctaèdre

Pyritoèdre

Cube et pyritoèdre

Tétraèdre

Tétraèdres positif et négatif

CRISTAUX CUBIQUES

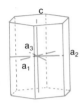

LE SYSTÈME HEXAGONAL comprend les cristaux à 4 axes dont 3 sont de longueurs égales et coplanaires, avec des angles de 120° entre eux. Le quatrième, l'axe principal ou hexagonal (c), est perpendiculaire au plan des trois autres et de longueur variable.

Une des formes usuelles du système est le prisme hexagonal constitué de 6 faces parallèles à l'axe principal. Les bouts du cristal peuvent être des faces parallèles (pinacoïde ou base), deux pyramides (bi-pyramide) ou une combinaison d'une face plane et d'une pyramide. Il y a plusieurs formes pyramidales et bipyramidales; leur différence réside dans l'angle de leurs faces avec l'axe principal. Les prismes dihexagonaux et les bipyramides sont fréquents; ce sont des formes doubles à 12 faces. On retrouve souvent des cristaux hexagonaux chez les minéraux constitués de composés simples; on en retrouve moins chez les minéraux plus complexes. Les diverses formes hexagonales sont illustrées, chacune avec sa couleur, à la page 41. Certains cristaux hexagonaux ne présentent qu'une symétrie ternaire (trigonaux) mais ne sont pas rhomboédriques.

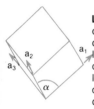

LE SYSTÈME RHOMBOÉDRIQUE, considéré parfois comme partie du système hexagonal, comprend les cristaux à 3 axes de longueurs égales, comme pour le cubique, mais ayant entre eux des angles α différents de 90°. Ses formes les plus usuelles sont le rhomboèdre, le trapézoèdre et le scalénoèdre. On retrouve souvent des prismes hexagonaux combinés à ces formes; ceci confirme la relation entre ces deux systèmes.

Si on regarde le long de l'axe principal (c) des cristaux du système rhomboédrique, on ne voit que 3 faces égales (symétrie ternaire); on en verrait 6 ou 12 (symétrie d'ordre 6) dans les cristaux du système hexagonal. La calcite et le quartz sont deux des minéraux qui cristallisent dans le système rhomboédrique. Les formes du système sont illustrées à la page suivante. Même si on retrouve des formes hexagonales comme le prisme et la bipyramide, sur le quartz par exemple (page suivante), la symétrie globale est rhomboédrique.

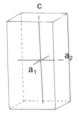

LE SYSTÈME QUADRATIQUE comprend les cristaux à 3 axes perpendiculaires, deux d'entre eux ayant la même longueur. Les formes comprennent des prismes, pyramides et bipyramides à 4 faces au lieu des 6 faces du système hexagonal. Comme autres formes, on a le trapézoèdre quadratique, le sphénoèdre et le scalénoèdre quadratique. On rencontre souvent des formes diquadratiques (à 8 faces). Plusieurs minéraux constitutifs de roches cristallisent dans le système quadratique; les plus communs sont les scapolites, le rutile et le zircon.

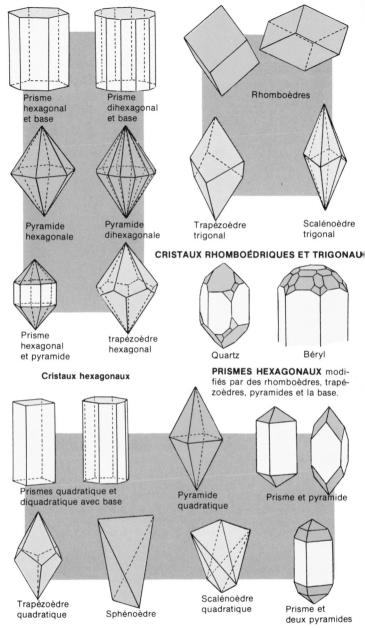

Prisme
hexagonal
et base

Prisme
dihexagonal
et base

Rhomboèdres

Pyramide
hexagonale

Pyramide
dihexagonale

Trapézoèdre
trigonal

Scalénoèdre
trigonal

CRISTAUX RHOMBOÉDRIQUES ET TRIGONAU

Prisme
hexagonal
et pyramide

trapézoèdre
hexagonal

Quartz

Béryl

Cristaux hexagonaux

PRISMES HEXAGONAUX modifiés par des rhomboèdres, trapézoèdres, pyramides et la base.

Prismes quadratique et
diquadratique avec base

Pyramide
quadratique

Prisme et pyramide

Trapézoèdre
quadratique

Sphénoèdre

Scalénoèdre
quadratique

Prisme et
deux pyramides

CRISTAUX QUADRATIQUES

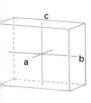

LE SYSTÈME ORTHORHOMBIQUE comprend les cristaux à 3 axes perpendiculaires entre eux, tous de longueurs différentes. Les formes les plus usuelles sont les pinacoïdes (2 faces parallèles), la bipyramide, le prisme et les dômes, toutes illustrées à la page suivante. Il n'y a aucun axe de symétrie d'ordre 3, 4 ou 6. Toutefois, il y a des axes de symétrie d'ordre 2 et les cristaux orthorhombiques ressemblent souvent à des blocs.

Si une des dimensions de la cellule unitaire est beaucoup plus grande que les deux autres, le cristal peut avoir la forme d'une aiguille ; si une des dimensions est beaucoup plus faible que les deux autres, on pourra avoir une plaque. La forme des cristaux étant reliée également au taux de croissance dans les diverses directions, elle ne dépend pas que des dimensions relatives de la cellule unitaire. Les composés chimiques complexes et composés à liaisons complexes cristallisent souvent dans le système orthorhombique.

LE SYSTÈME MONOCLINIQUE comprend les cristaux à 3 axes de longueurs différentes, 2 étant perpendiculaires entre eux. Le troisième n'est pas perpendiculaire au plan des deux autres mais plutôt incliné à β degrés par rapport à un de ces axes ; ces cristaux ressemblent donc à des cristaux orthorhombiques déformés dans une direction. Les formes sont celles des orthorhombiques mais la forme de la cellule unitaire est différente. Les formes usuelles sont des prismes, orientés selon un des axes, et des pinacoïdes, parallèles à n'importe quel plan de deux axes. Comme pour les orthorhombiques, les composés complexes et composés à liaisons complexes sont souvent monocliniques ; c'est le cas de plusieurs micas, pyroxènes et sulfures. Le gypse, quelques borates et plusieurs minéraux plus rares sont également monocliniques.

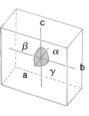

LE SYSTÈME TRICLINIQUE comprend les cristaux à 3 axes de longueurs différentes, faisant entre eux des angles aigus. Ces angles sont notés α, β et γ. Le manque de symétrie limite les formes cristallines à (1) le pinacoïde, constitué de 2 plans parallèles, et (2) le pédion, constitué d'un plan sans plan parallèle. Les pinacoïdes et pédions peuvent prendre n'importe quelle orientation par rapport aux axes choisis. À cause de leur faible symétrie, les structures des cristaux tricliniques sont difficiles à déterminer et à décrire en termes de formes cristallines. Comme pour les monocliniques, les composés complexes cristallisent souvent dans le système triclinique. Chez les quelques minéraux tricliniques, il y a les groupes de minéraux constitutifs des roches les plus communs — les feldspaths et quelques micas, les argiles et la cyanite. Plusieurs minéraux peuvent prendre la forme soit monoclinique soit triclinique, selon leur composition et température de formation.

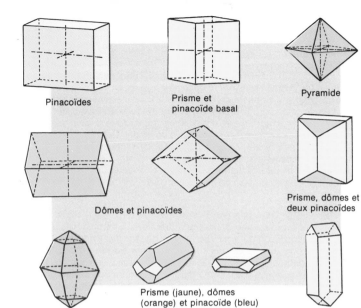

Pinacoïdes

Prisme et
pinacoïde basal

Pyramide

Dômes et pinacoïdes

Prisme, dômes et
deux pinacoïdes

Deux pyramides

Prisme (jaune), dômes
(orange) et pinacoïde (bleu)

Sphénoèdre ortho-
rhombique et prisme

CRISTAUX ORTHORHOMBIQUES

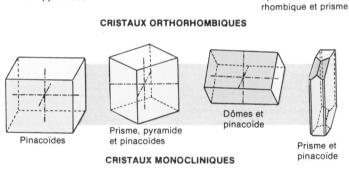

Pinacoïdes

Prisme, pyramide
et pinacoïdes

Dômes et
pinacoïde

Prisme et
pinacoïde

CRISTAUX MONOCLINIQUES

Pinacoïdes et pédions

CRISTAUX TRICLINIQUES

CRISTAUX MACLÉS

Un cristal maclé est un monocristal qui semble être constitué de deux ou plusieurs cristaux qui ont crû ensemble suivant un plan. Ce plan de contact entre individus ne doit pas être confondu avec une interface entre deux cristaux individuels qui peuvent être séparés facilement. Plus souvent qu'autrement, les macles sont dues à une légère déviation de la direction de croissance d'un cristal. Ces changements de direction de croissance sont le résultat de séparations parmi les atomes de certains plans atomiques dans le cristal. Les macles sont fréquentes et on peut facilement les observer chez les cristaux à faces bien développées; on les voit moins bien dans les grains des roches.

LES MACLES DE CONTACT sont composées d'individus qui montrent une croissance dans deux directions à partir d'un même plan. Le plan de contact est facilement observable et correspond toujours à une des faces cristallines possible. En plus d'une telle macle de contact simple, il y a les macles de contact en roue où l'on retrouve des contacts à intervalle régulier, la croissance s'effectuant le long d'un «cercle», comme pour le chrysobéryl. Même s'il y a plusieurs plans de contact possibles pour un cristal donné, les plans de contact sont habituellement des plans possédant des distances interatomiques appropriées. On dit que la formation des macles est régie par certaines «lois» exprimées en termes de l'orientation cristallographique des plans de contact.

LES MACLES D'INTERPÉNÉTRATION sont composées d'individus qui semblent s'interpénétrer. Elles se forment pour les mêmes raisons que toute autre macle mais on arrive à mieux les décrire en termes d'axes au lieu de plans de formation. Le nombre total de ces axes pour un composé donné est faible. La fluorite se présente souvent sous forme de cubes interpénétrants; la pyrite forme des «croix de fer» de pyritoèdres maclés. On retrouve souvent la staurotite et l'arsénopyrite sous forme de macles en croix, constituées de prismes interpénétrants. Il y a diverses macles de l'orthose; une d'elles est la macle de Carlsbad illustrée à la page suivante. Les prismes de quartz peuvent également constituer des macles d'interpénétration. Il arrive souvent que l'un des individus soit beaucoup plus petit que l'autre.

LES MACLES POLYSYNTHÉTIQUES sont des macles de contact répétées à très courte distance suivant un même plan sur toute la longueur du cristal. Certains minéraux, en particulier les feldspaths plagioclases, sont ainsi maclés. L'épaisseur des individus est sensiblement constante pour un cristal donné mais peut varier d'un cristal à un autre. Les très petites macles polysynthétiques (même microscopiques) ont souvent l'apparence de stries; c'est le cas de la plupart des labrador. La diffraction lumineuse par les plans très denses des macles polysynthétiques produit une lueur étrange qualifiée de chatoyante.

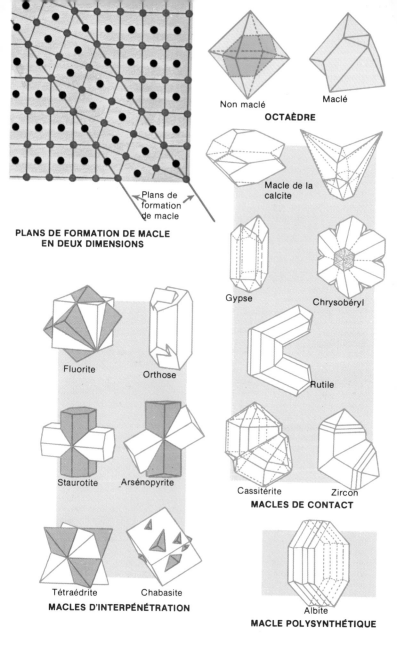

PLANS DE FORMATION DE MACLE EN DEUX DIMENSIONS

Plans de formation de macle

OCTAÈDRE

Non maclé

Maclé

Macle de la calcite

Gypse

Chrysobéryl

Rutile

Cassitérite

Zircon

MACLES DE CONTACT

Fluorite

Orthose

Staurotite

Arsénopyrite

Tétraédrite

Chabasite

MACLES D'INTERPÉNÉTRATION

Albite

MACLE POLYSYNTHÉTIQUE

45

FACIES CRISTALLIN

La forme et la grosseur d'un cristal ou agrégat de cristaux constituent ce que l'on convient d'appeler le facies. Dans un certain sens, le facies est représenté par les faces d'un cristal parfaitement constitué mais les malformations caractéristiques des cristaux, les variations dans la grosseur des grains des agrégats et plusieurs autres caractéristiques spécifiques contribuent également au facies. Ce facies est influencé par plusieurs facteurs. La structure interne, donc le taux de croissance en diverses directions, joue un rôle important. D'autres facteurs seraient les conditions de formation du cristal: espace disponible, température, environnement chimique et type de solution. Les divers facies portent des noms bien descriptifs. Pour apprendre à bien connaître les minéraux, il faut apprendre à reconnaître les variantes de caractéristiques observées. Une des plus importantes est le facies.

FACIES PRISMATIQUE signifie un cristal beaucoup plus long dans une direction que dans les autres. Parmi les cristaux prismatiques les plus connus, on a ceux de la stibine, l'asbeste, le spath satiné (gypse fibreux), des pyroxènes et amphiboles. On utilise également des appellations plus spécifiques pour décrire ce facies: colonnes, fer de lance, aciculaires (en aiguilles) et fibreux. Les minéraux à cristaux prismatiques sont souvent trouvés dans des agrégats de plusieurs minéraux.

FACIES GRANULAIRE se rapporte habituellement à des agrégats de grains de minéraux cimentés les uns aux autres, quel que soit le facies des cristaux. La terminologie comprend grenu, finement grenu et poudreux.

FACIES LAMELLAIRE signifie un cristal beaucoup plus court dans une direction que dans les autres. Il y en a plusieurs types. Les cristaux tabulaires sont épais. Les cristaux micacés sont très minces et les lamelles peuvent être pelées le long des plans de clivage. Les cristaux foliés possèdent de minces lamelles qui peuvent être pliées et déformées, comme dans le talc. Les plumoses ont la forme de plumes. Les agrégats lamellaires sont constitués de groupes de cristaux lamellaires cimentés ensemble.

LES FACIES D'AGRÉGATS de minéraux peuvent différer des facies des minéraux constitutifs. Les appellations utilisées sont descriptives: globulaire, massif, mamelonné, etc. Certaines appellations spécifiques sont utilisées pour les structures spéciales.

Les agrégats composés de groupes de minéraux, en général prismatiques et formant une surface sphérique à partir d'un même centre, peuvent porter divers noms selon la grosseur des groupes. Si les groupes sont petits (inférieurs à $1/8''$ chacun), la structure est appelée oolithique; s'ils sont plus gros ($1/8-1/2''$), elle est pisolithique; s'ils sont encore plus gros, elle est botryoïdale ou mamillaire. Si les groupes sont gros et en forme de rein, la structure est réniforme. Les agrégats stellaires sont des groupes ayant la forme d'une étoile. Les agrégats dendritiques sont constitués de cristaux individuels à facies quelconque qui croissent en forme d'arbre. Les géodes sont des groupes de cristaux, en bandes ou radiés, qui croissent à l'intérieur d'une cavité dans une roche. Ultérieurement, ces groupes pourront être dissous et devenir des masses rondes; ces masses, lorsque fracturées, révèlent les cristaux internes. Les druses sont des agrégats de petits cristaux bien formés qui croissent sur la surface des roches ou dans les fractures de roches.

EN COLONNES
Rhodonite

EN LAMELLES
GROSSIÈRES
Actinolite

FIBREUX
Serpentine

FACIES PRISMATIQUES

ACICULAIRE
Rutile

TABULAIRE
Zoïsite

MICACÉ
Muscovite

FACIES LAMELLAIRES

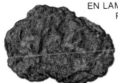

EN LAMELLES RADIÉES
Pyrophyllite

MASSE TERREUSE
Hématite

BOTRYOÏDE
Minerai réniforme
d'hématite

AGRÉGATS DE MINÉRAUX

DENDRITIQUE
Argent

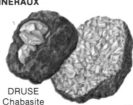

DRUSE
Chabasite

47

DÉFAUTS CRISTALLINS

Pour bien comprendre les cristaux, il faut considérer des spécimens parfaits, avec toutes les faces de leur forme et avec chaque face bien formée et bien plane. On considère également une structure interne idéale dans laquelle les atomes sont bien ordonnés. Toutefois, dans la réalité, il n'y a pas de cristaux parfaits. Les faces peuvent être mal formées, encavées, incurvées ou irrégulières. Ces imperfections sont utiles pour identifier les minéraux et nous renseignent sur leur mode de formation. Les imperfections de structure interne sont à la source de plusieurs des propriétés mécaniques et électriques des cristaux et sont donc également très importantes.

LES IRRÉGULARITÉS DES SURFACES sont des défauts qui apparaissent à la surface du cristal et que l'on peut observer à l'œil nu ou au microscope. Elles peuvent être apparues lors de la formation du cristal ou subséquemment. Les surfaces striées, telles qu'observées sur les cristaux de quartz et plusieurs autres cristaux minéralogiques, sont causées par des changements de direction de croissance durant la cristallisation. Les stries sont pourvues de plusieurs petites faces parallèles. Les faces incurvées, comme celles de la dolomite et de la calcite, sont le résultat d'une action similaire. Les faces sont souvent piquées ; ceci est habituellement le résultat d'une activité chimique sur une face plane mais ces piqûres peuvent apparaître durant la cristallisation. Sur la surface, on peut avoir des dépressions pourvues de faces et de petites élévations (protubérances vicinales), également pourvues de faces. Elles sont dues à des variations de taux de croissance.

DÉFAUT DE STRUCTURE signifie toute anomalie dans la structure idéale d'un cristal. Les cristaux de taille normale contiennent plusieurs millions de défauts de ce genre. Ces « erreurs » de la nature jouent un rôle important dans le comportement du cristal car elles affectent sa croissance. Les défauts ponctuels sont bien localisés à un endroit de la structure ; leur effet ne se fait sentir que sur quelques atomes voisins. Les lacunes sont des sites atomiques où il n'y a pas d'atome. Ce genre de défaut affecte les propriétés optiques, électriques et mécaniques des cristaux. Ces propriétés sont également affectées par les impuretés, des atomes étrangers situés aux positions de réseau ou à des positions interstitielles (entre les positions de réseau). Les défauts linéaires impliquent plusieurs atomes, en général dans une seule direction, et sont le résultat de l'absence de rangées ou de plans d'atomes. Un défaut important est la dislocation hélicoïdale. Elle est le résultat d'une croissance cristalline continue autour d'une dislocation de coin. Les cristaux sont habituellement beaucoup plus fragiles que ce à quoi l'on peut s'attendre. La présence inévitable de défauts de structure entraîne des concentrations d'efforts qui aident à rompre ou à déformer le cristal. Grâce aux dislocations, il est possible de faire glisser un cristal sans le fracturer (malléabilité des métaux).

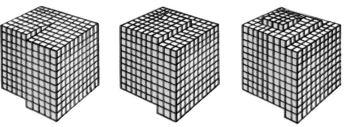

Plans de glissement

Tension ← → Tension

Les monocristaux peuvent être soumis à une tension et étirés à cause de la formation de dislocations (plans de glissement).

Formation d'une dislocation hélicoïdale durant la croissance d'un cristal.

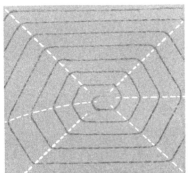

Dislocation hélicoïdale à la surface d'un cristal, vue au microscope électronique.

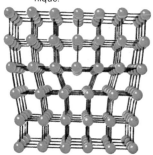

Dislocation de coin

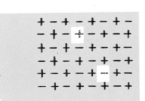

Défaut de Schottky
Absence d'un cation et d'un anion voisins.

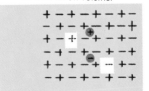

Défaut de Frenkel
Ion déplacé de sa position de réseau à une position interstitielle.

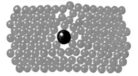

Les grosses impuretés entraînent des distorsions dans le cristal.

INCLUSIONS CRISTALLINES

Durant ou après sa cristallisation, il arrive qu'un minéral soit exposé à de fortes températures et mis en présence de solutions étrangères durant de très longues périodes. Comme résultat, certains atomes étrangers peuvent être piégés dans le cristal ou certaines parties du minéral peuvent se dissoudre et être remplacées par un autre minéral ou même par un matériau de nature différente. Ces inclusions sont fréquentes dans les minéraux. Il est souvent difficile d'établir quel minéral s'est formé le premier. S'il est possible de l'établir, la séquence de cristallisation et les étapes de formation de la roche peuvent être connues. De plus, certains types d'inclusions peuvent être associés à certains minéraux et servir à des fins d'identification. Dans ce qui suit, nous nous contenterons de discuter de certains types d'inclusions.

LES INCLUSIONS POLYMORPHES sont celles dont la forme et l'orientation n'ont aucun rapport direct avec les directions cristallographiques, ou la symétrie, du cristal. Elles peuvent être tout simplement des bulles contenant un gaz ou un liquide. En étudiant leur contenu, on peut arriver à mieux connaître le milieu chimique dans lequel le cristal s'est formé.

Les inclusions polymorphes peuvent également posséder une structure cristalline. Les cristaux de quartz, par exemple, contiennent souvent des aiguilles de rutile, d'hématite, d'asbeste, de tourmaline, ou d'autres minéraux. Le feldspath aventurine contient de très petits grains d'hématite qui lui donnent sa couleur rougeâtre typique. Les cristaux de sable, des gros cristaux de calcite trouvés dans le grès, contiennent beaucoup de grains de sable (quartz). On a des inclusions dans presque tous les cristaux. Certaines, comme les inclusions de quartz dans la staurotide, sont caractéristiques. Quelquefois, les inclusions forment des agrégats.

LES INCLUSIONS ORIENTÉES se situent le long de plans cristallographiques définis du minéral et forment des patrons de symétrie. Elles peuvent résulter de la cristallisation simultanée du minéral même et de la solution étrangère (intercroissance eutectique). Il arrive que ces intercroissances découlent de la migration d'atomes le long de certains plans cristallographiques lorsque certains éléments se séparent du minéral de départ à haute température. On parle alors de dissolution.

Le granite graphique offre un bon exemple d'intercroissance eutectique ; le microcline contient des inclusions de quartz le long de certaines directions cristallographiques. Dans la Perthite, on retrouve des inclusions causées par dissolution. À haute température, l'albite ($NaAlSi_3O_8$) est entièrement soluble dans le microcline ($KAlSi_3O_8$). Toutefois, si on abaisse la température, l'albite s'éloigne le long des plans cristallographiques du microcline et produit des rubans. Les inclusions de carbone dans la chiastolite sont orientées mais ne sont pas cristallines.

INCLUSIONS CRISTALLINES POLYMORPHES

Aiguilles de
tourmaline
dans le quartz

Quartz à rutile
(aiguilles de rutile)

Cristaux de sable,
Grains de quartz
incorporés dans de
la calcite durant la
croissance cristal-
line

INCLUSIONS ORIENTÉES

Granite graphique
(quartz et feldspath
potassique)

Inclusions de
chiastolite dans
de l'andalousite

Perthite
Feldspath
sodique dans
du feldspath
potassique

INCLUSIONS DE FLUIDES

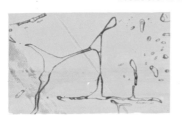

Inclusions dans la sphalérite :
Les inclusions circulaires sont
des bulles de gaz ; les autres
sont remplies d'eau salée (x 14).

Inclusion de mercure
liquide dans la calcite (x 10).

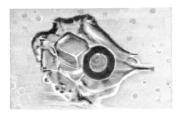

Cristal de sel cubique et bulle
de bioxyde de carbone dans
l'émeraude (x 195).

Divers cristaux et bulle de gaz
(en forme de poire) dans la
magnésite (x 120).

PROPRIÉTÉ DES MINÉRAUX

Les propriétés dont il sera question sont très utiles pour identifier les minéraux et peuvent être évaluées assez facilement, du moins de façon approximative. Il y a bien plusieurs autres propriétés intéressantes, mais nous n'en parlerons pas car elles sont trop spécifiques et doivent être évaluées en laboratoire.

LE CLIVAGE est la tendance que possèdent certains minéraux à se briser en suivant certains plans lorsqu'on les frappe d'un coup sec. Les faces planes de clivage nous aident à identifier la structure cristalline car elles sont parallèles à des faces cristallines possibles. Les bris surviennent suivant ces plans car ils contiennent beaucoup d'atomes liés entre eux par des forces plus grandes que les forces les liant aux atomes dans d'autres directions.

Selon la facilité de cliver et l'éclat de la surface, on distingue le clivage très parfait, parfait, bon et imparfait. On le caractérise également par le nombre de directions de clivage et l'angle entre ces directions ou par la forme résultante. Le mica, par exemple, ne clive que dans une direction; un «livre» de mica possède deux plans de clivage parallèles mais ceci ne représente qu'une direction. La galène peut cliver selon trois directions perpendiculaires entre elles (clivage cubique) et possède donc six plans de clivage (trois paires en trois directions). D'autres types usuels de clivage sont illustrés à la page suivante.

Certains minéraux — la halite et la calcite, par exemple — possèdent d'excellentes directions de clivage, tellement qu'il est impossible de les briser dans d'autres directions. D'autres, comme les pyroxènes et les amphiboles, ont de bonnes directions de clivage mais cassent de façon irrégulière dans d'autres directions.

LA CASSURE est la rupture de façon irrégulière d'un minéral. Le quartz et le béryl par exemple se cassent ainsi dans toutes les directions. On n'observe aucun plan de clivage. Les minéraux à structure complexe où il n'y a pas de direction à liaison faible cassent.

On distingue les cassures à l'aide de qualificatifs descriptifs. On parle de séparation (corindon et grenat) lorsque le clivage est imparfait, c'est-à-dire lorsque les surfaces ne sont pas planes et sont irrégulières. Les matériaux amorphes, comme l'opale et l'obsidienne, ont souvent des cassures conchoïdales. Certains minéraux à facies inhabituel ont des cassures reliées à leur facies. Le gypse spath satiné et la serpentine d'asbeste, par exemple, ont un facies fibreux et une cassure fibreuse. On parle également de cassure irrégulière, rugueuse, esquilleuse, terreuse et prismatique. Il est important d'être familier avec ces noms de cassures et d'en voir des exemples sur de vrais spécimens. Les caractéristiques des cassures peuvent sembler différentes d'un spécimen à l'autre de même minéral.

Face de clivage

Surface de cassure

Clivage en une direction
comme dans les micas

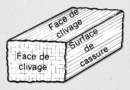

Face de clivage

Surface de cassure

Face de clivage

Clivage selon deux
directions à angle droit,
comme dans le pyroxène.

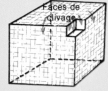

Faces de clivage

Clivage selon trois directions
à angles droits (cubique),
comme dans la halite.

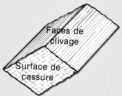

Faces de clivage

Surface de cassure

Clivage selon deux
directions non à angle droit,
comme dans les amphiboles.

Clivage selon trois directions
non à angles droits, comme
dans la calcite.

Clivage octaédrique
comme dans la fluorite

assure conchoïdale
Obsidienne

Cassure fibreuse
Goethite

Cassure irrégulière
Quartz

LA DURETÉ est une propriété des plus utiles pour caractériser un minéral. On peut la définir de plusieurs façons mais elle représente toujours la résistance qu'offre un minéral à une force. On peut établir des échelles de résistance à la raclure (Mohs), à l'indentation (Knoop), à l'abrasion (Pfaff) et à l'abrasion sous eau (Rosiwal).

La dureté selon la résistance à la raclure est une méthode populaire car elle ne nécessite pas d'équipement spécial. L'échelle de dureté de Mohs (page suivante) comporte 10 minéraux de dureté différente. On assigne à chacun un degré de dureté allant de 1 (le talc, le plus tendre) à 10 (le diamant, le plus dur). Un minéral qui peut être rayé par le quartz (7) mais non par le microcline (6) a une dureté entre 6 et 7. Ce même minéral pourra évidemment rayer le microcline mais non le quartz.

On peut utiliser des objets de la vie courante pour faire l'essai : un ongle (2½), un sou (3½), un canif ou du verre (5½) et une lime à métal (6½). Pour tester le minéral, on tente de rayer une de ses surfaces planes en la frottant fermement avec une arête vive de l'objet utilisé. Après avoir enlevé la poudre avec son doigt mouillé, on peut voir si la surface a bel et bien été rayée.

Cette mesure de résistance à la raclure ne donne qu'une valeur grossière de la dureté. Un minéral altéré peut avoir ramolli en surface et certains minéraux sont plus durs selon certaines directions.

LA DENSITÉ est une mesure du poids par unité de volume d'un minéral. Les densités sont données par rapport à la densité de l'eau qui est 1 (1 gramme par cc). En supposant qu'il ne contient pas de cavités, un fragment de minéral qui pèse 2,1 fois plus qu'un même volume d'eau a une densité de 2,1. En utilisant la balance hydrostatique à ressort ou à fléau, on peut avoir une mesure assez précise de la densité. On pèse le fragment dans l'air et ensuite dans l'eau. La différence de poids est le poids du volume d'eau déplacé. En divisant le poids dans l'air par ce poids d'eau, on obtient la densité. Cette relation est indiquée à la page suivante.

Avec un peu de pratique, on peut arriver à avoir une assez bonne valeur de la densité en tenant un fragment de minéral dans la main. Un morceau de plomb est certainement plus lourd qu'un morceau de verre de volume égal ; il est ainsi possible de distinguer les valeurs relatives des poids de minéraux de densités voisines. Il est évident que cette méthode ne nous permet pas d'assigner des valeurs numériques aux densités.

Il est important de se familiariser avec cette méthode avec des minéraux de densités connues. Il suffit souvent d'une évaluation grossière pour faire la différence entre des minéraux qui se ressemblent. Il faut faire attention si le minéral est poreux ou s'il contient d'autres minéraux ; la densité peut alors être erronée. Comme pour les solutions solides, la densité d'un minéral dépend de sa composition mais, en général, les différences ne peuvent être décelées qu'à l'aide de mesures très précises.

ÉCHELLE DE DURETÉ DE MOHS

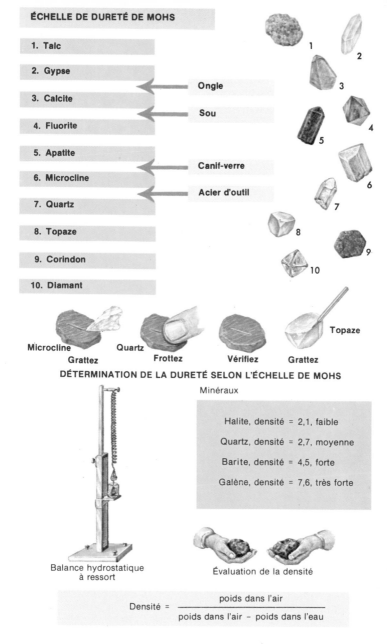

1. Talc

2. Gypse

3. Calcite — Ongle

4. Fluorite — Sou

5. Apatite

6. Microcline — Canif-verre

7. Quartz — Acier d'outil

8. Topaze

9. Corindon

10. Diamant

Microcline   Quartz   Frottez   Vérifiez   Grattez   Topaze

Grattez

DÉTERMINATION DE LA DURETÉ SELON L'ÉCHELLE DE MOHS

Minéraux

Halite, densité = 2,1, faible

Quartz, densité = 2,7, moyenne

Barite, densité = 4,5, forte

Galène, densité = 7,6, très forte

Balance hydrostatique à ressort

Évaluation de la densité

$$\text{Densité} = \frac{\text{poids dans l'air}}{\text{poids dans l'air} - \text{poids dans l'eau}}$$

LA COULEUR peut nous aider à identifier un minéral. Certains minéraux ont toujours la même couleur (idéochromatiques) mais la plupart peuvent revêtir de nombreuses couleurs (allochromatiques). Les diverses couleurs peuvent être dues à de petites inclusions d'autres minéraux, à des impuretés dans la structure ou à des défauts de structure. Toutefois, les minéraux les plus allochromatiques ont souvent une couleur particulière ou une couleur d'une série de couleurs possibles et on peut les utiliser pour interpréter les étapes de formation du minéral. La plupart des sulfures et sulfosels sont idéochromatiques ; certains carbonates le sont également. Les autres classes sont surtout allochromatiques.

La corrosion pouvant affecter les couleurs des surfaces, il faut observer les couleurs de surfaces fraîchement exposées. Toutefois, le type de corrosion ou de changement de couleur peut aider à l'identification du minéral. Les sulfures et sulfosels peuvent être difficiles à identifier mais on peut souvent identifier les produits de leur corrosion, souvent un composé de leurs métaux.

L'ÉCLAT, comme la couleur, est causé par la réflexion de la lumière du minéral. Toutefois, en général, un éclat particulier est une meilleure caractéristique qu'une couleur particulière. L'éclat représente le reflet de la surface. L'apparence générale de la surface, la réflectivité, la dispersion lumineuse par des défauts microscopiques ou inclusions, la profondeur de pénétration de la lumière, voilà des facteurs responsables de l'éclat. On distingue l'éclat terreux (mat), métallique, vitreux, nacré, résineux, gras, soyeux et adamantin (brillant comme un diamant).

LA TRANSPARENCE est reliée de près à l'éclat. Un minéral opaque ne laisse presque pas passer la lumière. Un minéral translucide la laisse passer. Un minéral transparent, en plus d'être translucide, ne cache pas les objets et permet de les voir nettement. Tous les minéraux à éclat métallique sont opaques.

Le degré de transparence peut être difficile à évaluer. Un minéral transparent peut être translucide s'il contient plusieurs petites fractures, des inclusions ou si sa surface a été altérée. Certains minéraux ne sont transparents ou translucides qu'en lames minces et ceci peut varier en fonction de leur composition.

LE TRAIT d'un minéral peut être facilement utilisé pour l'identifier. Les minéraux qui ont une dureté inférieure à celle de la porcelaine non vernie (5½) laisseront un trait de poudre fine lorsqu'on les frotte sur la porcelaine. La couleur du trait est la couleur propre du minéral et en est une caractéristique.

Habituellement, les minéraux colorés laissent un trait de la même couleur (congru). Ce n'est pas toujours le cas. Par exemple, la couleur du trait de l'hématite noire est rouge sang. Les minéraux altérés peuvent laisser un trait qui caractérise le produit d'altération à sa surface plutôt que le minéral lui-même. Certains minéraux ne laissent aucun trait ou un trait incolore.

Azurite et
malachite

CERTAINS MINÉRAUX IDIOCHROMATIQUES

Galène

Pyrite

Chalcopyrite

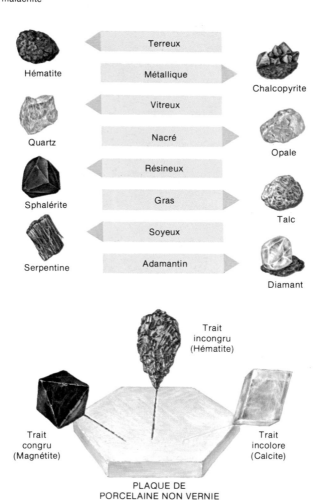

Hématite

Terreux

Métallique

Chalcopyrite

Quartz

Vitreux

Nacré

Opale

Sphalérite

Résineux

Gras

Talc

Serpentine

Soyeux

Adamantin

Diamant

Trait
incongru
(Hématite)

Trait
congru
(Magnétite)

Trait
incolore
(Calcite)

PLAQUE DE
PORCELAINE NON VERNIE

57

LA SAVEUR des minéraux solubles dans l'eau, comme les halogénures et borates, peut nous aider à les identifier. Tous connaissent la saveur de la halite ou sel de table (NaCl). La sylvite (KCl) a une saveur plus amère que la halite mais la différence est tellement faible qu'il est impossible de les distinguer. Heureusement, les minéraux solubles dans l'eau ne sont pas toxiques mais il faut éviter de goûter aux minéraux sauf comme dernier recours. La sueur du bout des doigts est suffisante pour les dissoudre; on peut déceler leur solubilité sans avoir à y goûter.

LA SOLUBILITÉ DANS DES ACIDES peut nous permettre de distinguer les minéraux. Certains minéraux, surtout les carbonates, y sont très solubles. La calcite ($CaCO_3$) se dissout rapidement avec effervescence; la dolomite ($CaMg(CO_3)_2$) se dissout moins rapidement sans effervescence. On peut identifier ces carbonates usuels sur place en apportant avec soi une petite bouteille d'acide et un compte-gouttes.

D'autres minéraux, comme la néphéline, ne se dissolvent presque pas dans l'acide mais sont altérés par celui-ci; il se forme une gelée caractéristique à la surface. D'autres sont insolubles.

La solubilité d'un minéral dépend du genre d'acide, sa force et sa température. Plusieurs sulfates ne sont solubles que dans l'acide sulfurique concentré (H_2SO_4). D'autres minéraux sont insolubles dans l'acide chlorhydrique (HCl) froid mais le sont s'il est chaud. La plupart des silicates ne sont solubles que dans l'acide fluorhydrique (HF); cet acide est très dangereux et il est préférable de ne pas faire ces essais.

LE MAGNÉTISME démontré par trois minéraux usuels est assez fort pour qu'on puisse le déceler par des essais simples. La magnétite (Fe_3O_4) est très magnétique (peut être attirée par un aimant). Elle possède une aimantation permanente et peut attirer d'autres pièces de fer non aimanté. La pyrrhotite ($Fe_{1-x}S$) et l'ilménite ($FeTiO_3$) sont moins magnétiques. Un aimant est utile pour identifier ces minéraux.

LA PYROÉLECTRICITÉ est la propriété qu'ont certains cristaux de devenir polarisés lorsqu'ils sont chauffés; une charge négative s'accumule à un bout du cristal et une charge positive à l'autre bout. La tourmaline est un des cristaux les plus pyroélectriques. Une fois chauffée, elle peut attirer de petits bouts de papier. Plusieurs cristaux ne sont que faiblement pyroélectriques; cette propriété n'est alors pas d'une grande utilité.

LA PIÉZOÉLECTRICITÉ est la propriété qu'ont certains cristaux, notamment le quartz et la tourmaline, de devenir polarisés lorsque soumis à des pressions. Ils exerceront eux-mêmes une pression si on les soumet à une différence de potentiel et vibreront si celle-ci est alternative. On utilise peu cette propriété pour identifier les cristaux mais on l'utilise dans plusieurs dispositifs.

DÉTERMINATION DES STRUCTURES CRISTALLINES

La structure ou la disposition des atomes d'un cristal est directement reliée aux propriétés et au comportement des minéraux. Déjà avant 1900, les chercheurs avaient fait des suppositions quant à la structure des minéraux et avaient conclu que les cristaux étaient tous constitués de petites unités identiques, les cellules unitaires, disposées dans un réseau périodique en trois dimensions. Les rayons X permirent alors de vérifier ceci. LES RAYONS X sont, comme la lumière, des ondes électromagnétiques; leur longueur d'onde est beaucoup plus courte et de l'ordre de 1 Angström ou 10^{-8} cm. Les plans d'atomes étant séparés par des distances de quelques Angströms, ils peuvent diffracter les rayons X comme les réseaux diffractent la lumière. En utilisant l'équation $n\lambda = 2d \sin\Theta$, où n est un entier 1, 2, 3, n, ..., λ la longueur d'onde des rayons X incidents et d la distance entre des plans identiques, les distances interplanaires peuvent être déterminées en mesurant l'intensité des rayons X diffractés selon divers angles. Les rayons X diffractés forment des points ou lignes sur un film ou sur un papier graphique. La grosseur et la forme de la cellule unitaire peuvent être déterminées mathématiquement en utilisant la position des points; la position des atomes dans la cellule unitaire peut être établie en effectuant une analyse mathématique complexe des intensités des points ou des lignes. Cette diffraction cohérente des rayons X est essentielle à la détermination des structures cristallines.

Le cristallographe utilise également des résultats d'autres méthodes d'analyse. Une analyse chimique du cristal est essentielle. On peut également obtenir des renseignements sur la structure en utilisant un microscope pétrographique, par des mesures de densité, d'angles entre les faces, en étudiant les piqûres causées sur le cristal par des acides, en mesurant les propriétés pyroélectriques et piézo-électriques et même en mesurant la dureté et en observant l'éclat et la texture de la surface.

L'EFFICACITÉ de diffraction des rayons X par un atome est directement reliée à son numéro atomique. Il est difficile de situer les atomes légers, comme l'hydrogène, le lithium, etc., dans la cellule unitaire, surtout si des atomes lourds sont présents. Si le cristal est celui d'un composé, le problème est encore plus complexe car les rayons X ne sont pas diffractés également par les différents atomes.

Pour déterminer la position des éléments légers, on peut utiliser la diffraction neutronique (avec des neutrons lents provenant d'un réacteur) car leur efficacité de diffraction des neutrons est souvent très grande. La diffraction électronique, qui consiste à placer le cristal dans le parcours du faisceau d'un microscope électronique, est également très utile, surtout pour déterminer la structure de très petits cristaux ou de leur couche de surface.

MINÉRAUX ET ROCHES LUNAIRES

Les alunissages du programme Apollo ont contribué à élargir les horizons de la recherche en minéralogie et en pétrologie. Les échantillons de roches lunaires ont été étudiés en détail et ne cessent de l'être. À cause de l'absence d'atmosphère sur la lune, les roches ne sont pas altérées comme elles le sont sur la terre et nous donnent de bons indices quant à leurs conditions de formation. Elles nous renseignent donc sur l'origine de la lune et sur les premières étapes de formation de la terre.

LES ROCHES LUNAIRES ont été classées selon leur apparence en 4 groupes: (A) les roches très finement grenues, gris foncé, de composition semblable aux basaltes terrestres; (B) les roches à plus gros grain, avec des cristaux plus gros qu'un mm (0,04 po.), également semblables aux basaltes; (C) les brèches, constituées de fragments de gros minéraux cimentés dans un milieu très finement grenu, très semblables aux brèches terrestres même si elles n'ont pas été formées par déposition dans un cours d'eau; et (D) les poussières prises à la surface de la lune, semblables à ce que l'on retrouve sur la terre.

LA MINÉRALOGIE LUNAIRE est beaucoup plus simple que celle de la terre. La différence la plus importante est l'absence des minéraux hydreux, micas et amphiboles, et d'autres minéraux formés par précipitation dans une solution aqueuse. Les principaux minéraux lunaires sont le plagioclase calcique, $CaAl_2Si_2O_8$, et le pyroxène $(Ca, Mg, Fe)SiO_3$. Avec l'ilménite ($FeTiO_3$), ils sont les constituants de la majorité des basaltes lunaires. On retrouve également l'olivine, $(Mg, Fe)_2SiO_4$; la cristobalite et la tridymite, les deux formes de SiO_2 à haute température; et la pyroxferroïte, un nouveau minéral ($CaFe_6$-$(SiO_3)_7$) semblable aux pyroxènes. Comme minéraux accessoires (moins de 1%), on a le fer et le nickel métalliques; la troïlite FeS; la chromite $FeCr_2O_4$; l'ulvospinelle Fe_2TiO_4; deux phosphates, l'apatite, $Ca_5(PO_4)_3(F,Cl)$, et la whitlockite, $Ca_9MgH(PO_4)_7$; et un nouvel oxyde appelé armacolite, $(Fe,Mg)Ti_2O_5$. Il est intéressant de noter que l'on a trouvé du quartz, SiO_2, et du feldspath potassique, $KAlSi_3O_8$, dans un petit morceau de brèche et dans plusieurs échantillons de poussières. Ces minéraux, les principaux constituants du granite, indiquent un processus de différenciation, probablement au cours des étapes les plus lointaines de formation, semblable au processus de développement de la croûte terrestre. Des études de radioactivité indiquent que les roches lunaires se sont cristallisées il y a 3,1 à 4,0 milliards d'années; les roches terrestres les plus vieilles ont sensiblement le même âge.

LE VERRE LUNAIRE est commun. On le retrouve comme constituant de basaltes formés par un refroidissement rapide de lave à la surface ou près de la surface et comme de petites billes sphériques mélangées aux poussières de la surface, résultant sans doute de la fusion et de l'éclaboussement du matériel de surface dus à l'impact de météores. Sa composition est très variable.

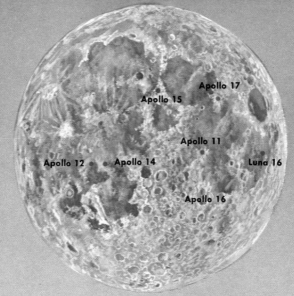

POINTS D'ALUNISSAGES

ROCHES LUNAIRES

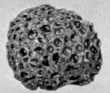

Type A: Basalte vésiculaire

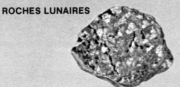

Type B: Basalte

Type C: Brèche lunaire

Type D: Poussières lunaires avec empreinte du pied d'un astronaute

VERRES LUNAIRES

LA COMPOSITION CHIMIQUE des roches lunaires est en moyenne semblable à celle des basaltes terrestres. Toutefois, on y retrouve certains éléments en abondance. Il y a entre autres le titane et le chrome qui sont environ 10 fois plus abondants dans les basaltes lunaires que dans les basaltes terrestres. Le manganèse, le zirconium, l'hafnium, le béryllium et certains des éléments de terres rares sont également plus abondants. Le silicium, l'aluminium, le sodium et le potassium, notamment abondants dans les granites terrestres, le sont beaucoup moins dans les roches lunaires.

LA PRÉSENCE D'EAU SUR LA LUNE a été décelée à deux reprises. Un cristal de goethite, un oxyde de fer hydraté, a été découvert par des chercheurs de l'Université de Cambridge dans une brèche provenant de l'arête de la formation Fra Mauro. Le minéral peut avoir été formé par une réaction entre le fer et de l'eau s'échappant par un évent volcanique ou encore, s'il y avait de l'eau lors de la cristallisation du magma lunaire, il peut s'être formé directement. La présence d'eau a également été décelée au même endroit par un détecteur d'ions lors d'un tremblement lunaire.

L'HISTOIRE DE LA LUNE nous est plus connue maintenant que nous avons pu observer et photographier sa surface et étudier ses minéraux. Il semble certain que l'âge de la lune soit d'environ 4,5 milliards d'années et qu'à son origine, il y avait une activité volcanique comme sur la terre. La terre et la lune ont donc sensiblement le même âge. Au cours de ses premières 1,5 milliards d'années environ, la lune était chauffée, possiblement par des processus de désintégration radioactive, et une certaine séparation de sa matière constituante est survenue, les matières les plus légères tendant à s'accumuler dans sa couche de surface. Certaines indications suggèrent que les bassins lunaires, ou maria, sont chimiquement semblables aux bassins profonds des océans sur la terre, contenant des roches basales ou basaltiques, et que les montagnes lunaires ressemblent quelque peu aux continents terrestres, contenant des roches acides ou granitiques. La lune étant beaucoup plus petite que la terre, elle s'est refroidie plus rapidement et peut ne pas avoir un noyau liquide comme la terre et être active comme elle. De plus, à cause de sa plus faible masse, la lune n'a pu retenir une atmosphère gazeuse ce qui a empêché la dégradation, l'érosion et le déplacement de masses à sa surface. Donc, il y a environ 3 milliards d'années, les tremblements et l'activité volcanique disparurent presque complètement. Depuis, elle est surtout affectée par les météores et particules solaires.

L'AVENIR, grâce aux sondes télécommandées, aux observations directes et à l'échantillonnage, nous réserve des découvertes excitantes associées à la lune et aux autres planètes du système solaire. Il est vrai que les quelques données que nous avons entraînent plus de questions que de réponses. Plutôt que de donner des explications sur l'évolution planétaire, ces nouvelles connaissances entraîneront le développement de nouvelles théories.

DESCRIPTION DES MINÉRAUX

Les espèces minéralogiques usuelles et quelques espèces rares sont décrites et illustrées aux pages 70–257. L'explication suivante, ayant trait à ce qui a été dit et omis et à la forme de présentation, permettra au lecteur d'en tirer meilleur parti.

LES MINÉRAUX DÉCRITS dans cette section ont été choisis parmi les quelque 3 000 minéraux reconnus en fonction de (1) leur abondance, (2) leur valeur commerciale, ou (3) leur aspect chimique, géologique ou cristallographique important. Prenons les 5 minéraux de la page 90. La galène (PbS) est très répandue et est un important minerai de plomb. Les autres sont peu répandus. L'altaïte (PbTe) et la clausthalite (PbSe) ont été choisies pour montrer que le tellure (Te) et le sélénium (Se) sont tellement semblables chimiquement au soufre (S) que ces deux minéraux ont la même structure que la galène, sont trouvés dans le même environnement géologique et ont des propriétés semblables. L'alabandite (MnS) et l'oldhamite (CaS) ont été choisies pour montrer que le manganèse (Mn) et le calcium (Ca) forment avec le soufre des sulfures qui ont la même structure que la galène et des propriétés semblables.

Les minéraux plus usuels sont décrits en caractères plus gros et sont illustrés. Leurs propriétés sont résumées en caractères plus petits. Les espèces plus rares décrites en petits caractères et cette description ne comprend que des données pertinentes. Elles ne sont pas nécessairement illustrées.

LES ILLUSTRATIONS DE MINÉRAUX ont été conçues pour bien représenter les minéraux en fonction de leur description. Dans la mesure du possible, nous avons utilisé des monocristaux dignes d'être exposés afin de bien montrer de vrais cristaux avec leurs irrégularités, distorsions et absences de faces. À des fins de comparaison, nous avons également illustré des modèles de cristaux parfaits. En reproduisant les vraies couleurs et les vrais éclats sur les faces des cristaux parfaits, nous croyons avoir réussi à donner une image plus réaliste. Une variété de vrais spécimens, y compris des agrégats et mélanges de minéraux, ont été également illustrés afin de montrer la diversité de couleurs, formes, faciès et apparences que l'on retrouve dans la nature.

LES DONNÉES relatives aux minéraux comprennent le nom, la formule chimique, les caractéristiques de structure importantes, l'origine géologique et minéraux accessoires, les utilisations commerciales importantes, les propriétés et tout principe chimique associé au minéral. Les lecteurs qui veulent en savoir plus sont priés de consulter des manuels sur le sujet. Nous recommandons d'utiliser cet ouvrage en conjonction avec ces manuels et avec de vrais spécimens. La variété de données disponibles est illimitée et les descriptions que nous donnons ne constituent que la pointe de l'iceberg.

LES PROPRIÉTÉS DE MINÉRAUX que nous donnons sont celles qui sont les plus utiles pour identifier les minéraux. Nous avons déjà discuté de ces propriétés. Voici de quelle façon nous les donnons.

• **Le système cristallin** (p. 38) de chaque minéral est spécifié mais vu le manque d'espace, il est habituellement impossible de discuter de ses formes cristallographiques.

• **Le faciès cristallin** (p. 46) décrit l'apparence générale du minéral, tel que trouvé dans la nature ; on utilise des termes comme tabulaires, prismatiques et octaédriques pour les monocristaux et granulaires, massifs et radiaires pour les agrégats de cristaux.

• **Le clivage** (p. 52), comme les propriétés cristallographiques, ne peut être décrit sans utiliser un vocabulaire spécialisé. Nous nous sommes donc contentés de donner le nombre de directions de clivage et nous n'avons tenu compte que des bons plans de clivage.

• **La cassure** (p. 52) n'est mentionnée que si elle apporte quelque chose de nouveau ou si elle est une caractéristique du minéral. On la qualifie de rugueuse, irrégulière, conchoïdale, etc.

• **La dureté** (p. 54) est donnée en tant que degré selon l'échelle de Mohs et n'est valable que pour les monocristaux propres (non altérés). La dureté de tels cristaux n'est pas tellement fonction des variations de composition, du moins à l'intérieur des limites des degrés de dureté selon Mohs. La dureté étant une mesure de la résistance à la raclure, les mesures peuvent être affectées par l'altération du cristal, les possibilités de bris de cristaux d'agrégats, etc.

• **La densité** (p. 54) est spécifiée en tant que moyenne ou en tant que valeur entre limites car peu de minéraux ont une composition fixe et plusieurs contiennent des inclusions de matières étrangères. Lorsque l'on donne des limites, il faut garder à l'esprit que des agrégats de cristaux peuvent avoir une densité de volume située à l'extérieur des limites. Quand même, il est toujours possible de faire la distinction entre les minéraux légers, moyennement lourds et lourds et ceci nous aide à les identifier.

• **La couleur** (p. 56) est décrite en termes des couleurs les plus souvent rencontrées. D'autres couleurs sont possibles. Nous n'avons pas tenté de décrire les tons subtils observés, sauf si ceux-ci sont caractéristiques.

• **L'éclat** (p. 56) est donné s'il est assez distinctif. Il n'est pas spécifié pour chacun des minéraux d'une même classe chimique s'ils ont tous le même éclat ; c'est le cas, par exemple, des silicates qui affichent un éclat vitreux. Nous mentionnerons toutefois l'exception à la règle. Il faut prendre garde de trop utiliser l'éclat à des fins d'identification car le vieillissement peut modifier l'éclat et les agrégats à grain fin peuvent afficher un éclat qui diffère de l'éclat d'une surface propre.

• **D'autres propriétés** comme la transparence, le trait et la solubilité dans des acides sont données lorsqu'elles sont utiles à des fins d'identification.

64

UNE MODIFICATION DES PROPRIÉTÉS d'un minéral peut survenir par suite d'un vieillissement ou d'une exposition à l'atmosphère. Ces modifications sont si complexes que nous nous sommes contenté de noter les modifications rapides ou typiques.

LES ESSAIS CHIMIQUES ET ESSAIS AU CHALUMEAU sont très utiles pour identifier les minéraux mais requièrent des explications détaillées pour être bien compris. Faute d'espace, nous nous contentons de traiter de quelques essais diagnostiques simples, comme l'effervescence de la calcite dans un acide.

LA DISTRIBUTION GÉOGRAPHIQUE des principaux minéraux constitutifs des roches et de plusieurs autres est tellement dense qu'il est inutile de donner des noms de localités où on les trouve. Nous nous contenterons alors de donner leur emplacement géologique — par exemple, dans des roches métamorphiques régionales. Les espèces rares peuvent être trouvées dans des centaines de localités, mais il arrive que certaines n'ont été trouvées en abondance que dans quelques localités. Dans de tels cas, les localités seront mentionnées.

DES TABLEAUX D'IDENTIFICATION de toutes sortes ont été préparés pour nous aider à identifier les minéraux de façon systématique en considérant chacune de leurs propriétés dans l'ordre et en restreignant ainsi les possibilités. La première partie, par exemple, peut être basée sur l'éclat — métallique ou non métallique. Une fois certains minéraux éliminés, on passe à la partie suivante — par exemple, le clivage. Après avoir passé en revue toutes les propriétés, on arrive à identifier le minéral.

La difficulté avec ces tableaux, c'est qu'il est plus que probable que l'on fera une erreur en évaluant une des propriétés. Même s'ils sont bons, ces tableaux ne garantissent pas une identification sûre. De plus, tout ensemble de tableaux nécessaire pour identifier certains minéraux non usuels devient vite encombrant. Nous n'avons pas cru bon de traiter de ce genre de tableaux dans cet ouvrage. On les retrouve d'ailleurs dans plusieurs textes de minéralogie et nous conseillons au lecteur de les consulter.

DES ÉTUDES PLUS APPROFONDIES à l'aide d'autres sources de référence sont à conseiller. Les descriptions de minéraux et données géologiques contenues dans cet ouvrage ne constituent que le minimum nécessaire pour bien saisir la complexité et la portée de la minéralogie. Plusieurs volumes ont été écrits sur divers aspects spécialisés de la minéralogie. Sans avoir à les étudier tous, le lecteur, en les consultant, pourra arriver à mieux comprendre les relations entre la chimie et la structure des minéraux et entre leur structure et leurs propriétés, ainsi que les processus géologiques qui gouvernent leur formation et leur altération. Il est normal que le collectionneur de minéraux se pose des questions sur les propriétés des minéraux en fonction de leur structure, et de là, sur les principes chimiques selon lesquels la structure est établie et ensuite sur d'autres aspects de la chimie et de la science. Il ne peut qu'en profiter.

COMMENT SE FAMILIARISER AVEC LES MINÉRAUX

Apprendre à connaître les minéraux c'est un peu comme apprendre à connaître les gens. On reconnaît les figures, les conformations physiques, les expressions, les manières, et autres caractéristiques des gens et on les associe inconsciemment à un nom. Nous ne sommes pas vraiment conscients de ce processus de classification des caractéristiques physiques. Bien que les minéraux ne soient pas aussi complexes chimiquement que les gens, il y en a plusieurs variétés. Leurs propriétés étant tellement changeantes, la seule bonne façon d'apprendre à les reconnaître est d'étudier une grande variété de chaque espèce jusqu'à ce que l'on puisse distinguer leurs variantes, comme on le fait avec les gens.

Pour faire une telle étude, il faut évidemment disposer d'une collection dont les pièces sont identifiées. Heureusement, il y a plusieurs de ces collections. On les trouve dans des musées d'histoire naturelle, dans les collèges et universités, surtout ceux qui possèdent des départements de géologie ou de minéralogie, chez des membres d'associations de minéralogistes amateurs, etc. En général, les curateurs de musées, le personnel de départements de géologie et de minéralogie et les collectionneurs amateurs se font un plaisir d'aider le débutant. Les bibliothèques des départements de géologie ou de science de la terre de la plupart des collèges et universités ont des données sur les musées, les départements de géologie et de minéralogie et au sujet des relevés géologiques et des clubs de minéralogistes. Il suffit de leur écrire ou de leur rendre visite.

LES APPELLATIONS utilisés pour désigner les minéraux les plus communs et quelques minerais datent de plusieurs siècles. Un bon exemple est l'appellation quartz qui est d'origine germanique ; sa signification est inconnue. L'appellation feldspath découle d'un mot germanique signifiant approximativement « roche des champs » ; son utilisation découle de l'abondance de feldspaths. Au cours des années, les appellations sont devenues plus formelles. En général, les minéraux sont désignés par des noms se terminant en « ite », du grec « lithos » (roche). Le début du nom peut découler d'un mot ou de mots se rapportant à certaines caractéristiques du minéral ; par exemple, orthoclase (fracture droite) et azurite (bleu). Plusieurs minéraux portent le nom des endroits où on les a découverts ; par exemple, montmorillonite (Montmorillon en France) et terlinguaïte (Terlingua au Texas). D'autres, le nom de personnes célèbres ; par exemple, goethite, bunsenite et smithsonite. D'autres noms indiquent la composition chimique du minéral ; par exemple, chromite, béryl et borax.

L'Association internationale de minéralogie, en collaboration avec ses sociétés membres dans plusieurs pays, est responsable de l'acceptation de nouvelles espèces et de leur appellation. Les décisions de l'Association sont rapportées périodiquement dans les journaux de minéralogie.

COMMENT UTILISER CET OUVRAGE

Il est facile d'identifier les diverses espèces d'arbres en utilisant un guide car la transmission des caractères physiques des organismes vivants s'effectue en vertu d'un processus précis. Une feuille d'érable rouge, par exemple, ressemble à toutes les autres feuilles d'érable rouges mais est différente de toutes les autres feuilles. Il est donc facile de comparer les descriptions et illustrations d'un livre aux arbres et de les identifier sur place. Même si les caractéristiques des arbres varient quelque peu durant leur croissance et varient un peu d'un arbre à l'autre de la même espèce, leur identification est relativement facile. Ceci est tout aussi vrai pour les oiseaux, mammifères et autres organismes vivants.

Même si les minéraux sont beaucoup plus simples chimiquement que les organismes vivants, l'apparence de divers spécimens d'un même minéral varie énormément. Il est donc impossible d'utiliser cet ouvrage ou tout autre du genre comme simple guide d'identification sur le terrain. Cependant il est tout désigné comme **guide d'étude**. Comparez les descriptions et illustrations aux pièces de collection identifiées. Utilisez cet ouvrage en conjonction avec d'autres textes de minéralogie et de géologie. Ce n'est qu'après avoir bien étudié et examiné des minéraux connus que l'on peut aller sur le terrain et identifier sans se tromper des minéraux sur place. En conjonction avec l'identification des minéraux sur le terrain, il est essentiel de noter les relations entre les minéraux des roches et entre les roches elles-mêmes. Vous en viendrez à vous poser des questions sur l'origine des roches et sur les processus géologiques qui les affectent.

Cet ouvrage est destiné aux minéralogistes amateurs sérieux et aux débutants de tout âge. Il a été conçu pour combler le vide entre les livres populaires, avec des descriptions et illustrations d'un nombre limité de minéraux, et les manuels de niveau universitaire, avec beaucoup de données mais peu d'illustrations. Il est presque impossible de sauter de l'un à l'autre sans cet outil. Après avoir lu rapidement la partie d'introduction (pp. 4–69), il serait bon de jeter un coup d'œil sur la partie qui décrit les minéraux (pp. 70–257) afin de bien voir la variété de minéraux qui sont décrits. En utilisant des spécimens de minéraux connus, vous pouvez lire la description et étudier l'illustration d'un minéral donné, les comparer avec un spécimen du minéral et noter les variations chez divers spécimens. Peu à peu, vous serez capable d'identifier les minéraux sur le terrain.

Toutefois, apprendre à identifier les minéraux n'est qu'un début. En minéralogie, on n'est vraiment satisfait que lorsque l'on comprend le mode de formation des minéraux, la chimie des minéraux et le mode d'empilement des atomes pour former un cristal. Cet ouvrage peut vous aider à comprendre. Vous pourrez ensuite passer à des manuels de minéralogie, des livres de géologie, à des collections et à la collecte de minéraux sur place. Ce n'est qu'à la suite de sérieux efforts que l'on peut vraiment apprécier la beauté du monde des minéraux et avoir la satisfaction de l'avoir compris.

CLASSIFICATION DES MINÉRAUX

Comme dans toute science, un des buts de la minéralogie est d'arriver à une classification des objets étudiés. On ne peut décrire, étudier et discuter des minéraux de façon systématique et sensée qu'en les regroupant en catégories.

La bonne façon de les regrouper serait d'avoir des catégories dont les minéraux possèdent plusieurs caractéristiques semblables. Les minéraux étant des objets naturels complexes, on ne peut vraiment les regrouper en catégories bien définies. Il n'existe donc pas de classification parfaite. Chaque type de classification est utile en fonction de certains besoins.

On peut regrouper les minéraux, par exemple, en fonction de leurs caractéristiques cristallographiques. Les minéraux cubiques sont associés à un système cristallin, les quadratiques à un autre, etc. (pp. 38–43). Chaque système à son tour est subdivisé en catégories appelées groupes d'espace. Il y en a 230. Cette classification élaborée est nécessaire au cristallographe mais sert peu au collectionneur moyen ou au minéralogiste qui n'utilise pas les techniques des rayons X dans son travail.

On pourrait regrouper les minéraux en fonction de leur structure interne et des liaisons chimiques entre leurs atomes (p. 20). On place tous les cristaux à liaison surtout ionique dans une catégorie. Cette catégorie est ensuite divisée en minéraux dont la structure est celle du chlorure de sodium, ceux qui ont une structure de spinelle, etc. Ce genre de classification est important pour le chimiste des cristaux mais a peu de valeur pour les autres. Toutefois, les structures et les compositions chimiques sont reliées et il serait possible d'utiliser la classification selon la structure en conjonction avec la classification chimique que nous décrirons dans ce qui suit.

La classification la plus courante est la classification selon la composition chimique des minéraux. Quelques minéraux, les plus simples, ne contiennent qu'un élément ou une solution solide (p. 32) à deux ou plusieurs éléments. Ceux-ci sont regroupés en tant qu'éléments natifs et sont subdivisés en métaux natifs, métalloïdes natifs et semi-métaux natifs. La majorité des minéraux sont des composés qui sont constitués essentiellement de deux parties : (1) un métal ou un semi-métal et (2) un métalloïde ou une combinaison métal-métalloïde appelée radical. Les composés sont regroupés selon le métal principal présent ou selon le métalloïde principal ou le radical principal présent.

La classification selon le principal métal présent est évidemment très utile. Les minéraux qui contiennent un métal donné sont regroupés ensemble. Par exemple, la sphalérite (ZnS), la willémite (Zn_2SiO_4), la smithsonite $(ZnCO_3)$ et la zincite (ZnO) font partie d'une même catégorie car chacun contient du zinc (Zn) comme métal principal. De fait, ces minéraux sont tous des minerais de zinc. Mais même s'ils sont regroupés ensemble, leur apparence diffère fortement ; ils se comportent très différemment lorsqu'on les traite chimiquement et on les trouve dans des milieux géologiques différents.

La classification des minéraux selon le type de métalloïde ou de radical présent est la plus utilisée et celle que nous utiliserons. Par exemple, la barite ($BaSO_4$), la célestite ($SrSO_4$) et l'anglésite ($PbSO_4$) font partie des sulfates car tous contiennent le radical sulfate (SO_4). Même si ces minéraux contiennent différents métaux — Ba (baryum), Sr (strontium) et Pb (plomb) — ils ont sensiblement la même apparence, se comporte de la même façon lorsque traités chimiquement et on les trouve dans des conditions géologiques semblables. Sr et Pb se substituent souvent à Ba dans la barite pour donner un cristal paramorphe. Les trois minéraux ont une structure cristalline semblable. On les place dans le groupe de la barytine, une division des sulfates.

Les sulfates constituent une des nombreuses classes de minéraux. Nous avons omis certaines classes car aucun de leurs minéraux n'est assez courant pour que nous en parlions. Une classification plus détaillée avec un système de numérotation est donnée dans l'ouvrage de Dana « System of Mineralogy ».

CLASSIFICATION UTILISÉE DANS CET OUVRAGE

CORPS SIMPLES NATIFS — MÉTAUX

Parmi plus de 100 éléments constitutifs de la matière, on n'en trouve que 20 environ qui sont non combinés ou à l'état natif. Ces métaux, métalloïdes et semi-métaux natifs sont indiqués dans le tableau périodique de la page suivante. Les autres éléments se sont combinés à d'autres pour former des composés stables constituant la plupart des minéraux.

Seuls les métaux les moins réactifs — des groupes de l'or et du platine — sont trouvés en quantités importantes. Quelques autres sont trouvés en quantités plus faibles. Les métaux sont faciles à reconnaître par leur éclat métallique et leur malléabilité.

LE GROUPE DE L'OR comprend trois éléments semblables chimiquement : l'or, l'argent et le cuivre. Ils ont la même structure cristalline avec un atome à chaque coin du cube et un au centre de chacune de ses six faces, chaque atome étant entouré de 12 atomes identiques. Cette structure est appelée cubique compacte.

OR, Au, recherché pour sa beauté, son manque de réactivité et sa ductilité. Étant natif, a un faible point de fusion (1 063° C) et est malléable. Nos ancêtres pouvaient l'extraire facilement des roches et lui donner des formes complexes. Sert comme étalon de valeurs et utilisé en bijouterie, dans les appareils scientifiques, en chirurgie dentaire et en photographie.

On le trouve habituellement en grains dans des filons de quartz avec de la pyrite et d'autres sulfures ou comme cristaux arrondis ou pépites dans les dépôts de placers. Ces sédiments d'or proviennent de l'érosion des filons. On peut recueillir cet or par lavage à la batée. Même dans les gisements exploitables, les particules d'or peuvent être si petites qu'on ne les voit pas. Les gisements contenant moins d'une once d'or par tonne de minerai peuvent être exploités avec profit, surtout à l'aide de grosses dragues travaillant à la surface. La pyrite (or des fous) est souvent confondue avec l'or mais contrairement à l'or, elle est cassante, ternit et donne un trait brun plutôt que jaune. En fait, l'or est le seul minéral jaune malléable.

Cristallise dans le système cubique, formant des octaèdres et dodécaèdres souvent déformés en croissances dendritiques et en feuilles. Les cristaux cubiques sont rares. Un métal mou (2,5–3), peut être durci en l'alliant au cuivre, à l'argent et à d'autres métaux. En général, contient de l'argent. L'or pur est dense (19,3) et sa densité diminue à 15,6 à mesure que la teneur en argent augmente. Les minerais autres que l'or lui-même comprennent des séléniures et des tellurures. Les importants gisements d'or sont en U.R.S.S., Afrique du Sud, Australie, Nouvelle-Zélande, Ontario, Californie, Alaska, Colorado, Nevada, South Dakota, Montana, Arizona et Utah.

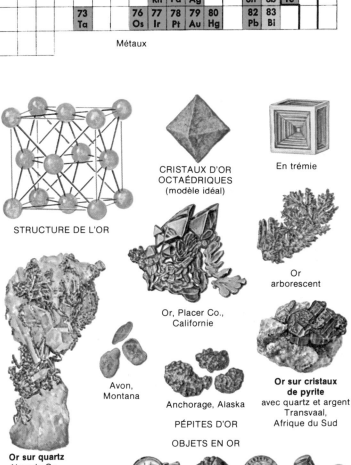

TABLEAU PÉRIODIQUE
DES ÉLÉMENTS
montrant les éléments trouvés à
l'état natif ou dans des minéraux
d'alliages

Métalloïdes

											6 C					
														16 S		
		26 Fe			29 Cu				33 As	34 Se
			45 Rh	46 Pd	47 Ag			50 Sn	51 Sb	52 Te
	73 Ta		76 Os	77 Ir	78 Pt	79 Au	80 Hg	82 Pb	83 Bi	

Métaux

STRUCTURE DE L'OR

CRISTAUX D'OR
OCTAÉDRIQUES
(modèle idéal)

En trémie

Or
arborescent

Or, Placer Co.,
Californie

Avon,
Montana

Anchorage, Alaska

PÉPITES D'OR

Or sur cristaux
de pyrite
avec quartz et argent
Transvaal,
Afrique du Sud

Or sur quartz
Nevada Co.,
Californie

OBJETS EN OR

Montre

Bague

Pièce de
monnaie

Protège-
tympan
(Mixtec)

ARGENT, Ag, comme l'or, est recherché. Utilisé en bijouterie, en argenterie, dans la fabrication des pièces de monnaie, d'appareils scientifiques, en chirurgie dentaire et en photographie (bromure d'argent). Semblable chimiquement à l'or et de structure identique, il est beaucoup plus réactif; par exemple, ternit au contact du soufre. Plus rare que l'or à l'état natif, il est plus abondant car on le trouve dans l'argentite (Ag_2S) et d'autres sulfures. On le trouve dans des filons de roches granitiques, ignées ou métamorphiques. Se reconnaît à sa couleur argentée, sa malléabilité et sa grande densité (10,5 et plus s'il contient de l'or).

Cristallise dans le système cubique et ne clive pas. On le trouve en grains dispersés, en masses, en fils et en cristaux déformés en croissances dendritiques. Contrairement à l'or, est soluble dans les acides. Dureté de 2,5-3. Le Mexique en est le principal producteur; on le mine de roches granitiques des Rocheuses méridionales. Est également miné en RFA, Australie, Tchécoslovaquie, Norvège, Ontario, Montana, Idaho, Colorado et Arizona.

CUIVRE, Cu, même structure cristalline que l'or et l'argent, forme avec l'or une série de solutions solides totales (p. 32). Est beaucoup plus réactif car il est facilement attaqué par les acides et le soufre. N'est trouvé à l'état natif qu'en quelques endroits, notamment dans la péninsule Keweenaw au Michigan. Là il remplit des cavités d'anciennes coulées de lave, on le trouve comme ciment dans des grès et en filons. Dans le monde, le cuivre est surtout exploité de gros gisements de sulfure de cuivre. Est un des métaux les plus importants à cause de son faible coût et de sa grande conductivité électrique. Pur, est utilisé en électronique, en plomberie, dans la fabrication des fils. Plusieurs de ses alliages sont importants.

Cristallise dans le système cubique, propriétés semblables à celles de l'or et de l'argent. Couleur cuivre; se corrode dans l'air et devient vert. Densité de 8,96; varie avec la teneur en impuretés. Forme souvent des solutions solides avec l'argent, le plomb, le bismuth, l'étain, le fer et l'antimoine. Trouvé en Angleterre, U.R.S.S., Australie, Bolivie, Chili, Pérou, Mexique, au Michigan, Nouveau-Mexique, Massachusetts, Connecticut et New Jersey.

MÉTAUX CONNEXES

MERCURE, Hg, liquide à température ordinaire, trouvé sous forme de gouttes argentées associées au cinabre (HgS, p. 84) surtout en Italie, Yougoslavie, RFA, Espagne, au Texas et en Californie. Rare, n'est pas un minerai important. Appelé communément vif-argent.

PLOMB, Pb, très rare à l'état natif étant très réactif. Forme des composés. Bleu-gris, lourd, mou (peut être raclé avec l'ongle). Des cristaux ont été trouvés en Suède (de gros dans le Vermland), U.R.S.S., au Mexique, New Jersey et Idaho.

CRISTAL D'ARGENT
(modèle idéal)

Argent filiforme
Montezuma, Colorado

Minerai d'argent
Montezuma, Colorado

Argent dendritique
Mines McMillan Arizona

Minerai d'argent
Cobalt, Ontario

Argent et cuivre
Lake Superior Michigan

Bijoux

Argenterie

Cristal de cuivre
Lake Superior Michigan

Pépite de cuivre
Houghton Co., Michigan

Cuivre corrodé par des carbonates
Mohawk, Michigan

Cuivre arborescent
Broken Hill, New South Wales, Australie

Cristaux de cuivre
Keweenaw Co., Michigan

ALLIAGES DE CUIVRE

Avec du zinc, Laiton

Avec de l'étain, Bronze

Plomb natif
Langban, Suède

Gouttes de mercure dans du cinabre
Trinity Co., Californie

Pièce de monnaie
10% de cuivre
90% d'argent

73

LE GROUPE DU PLATINE comprend les éléments 44, 45 et 46 (ruthénium, rhodium et palladium) et les éléments 76, 77 et 78 (osmium, iridium et platine). Ces métaux sont parmi les plus rares et les plus utiles qui soient. Ils manquent presque totalement de réactivité, sont bons conducteurs, denses et ont des points de fusion élevés. À cause de ces propriétés, ils sont utilisés dans la fabrication de dispositifs électriques, de creusets, de feuilles et de fils devant résister aux hautes températures, en bijouterie et dans plusieurs autres produits. Seuls le platine et le palladium sont trouvés à l'état presque pur. Les autres sont trouvés dans des alliages naturels.

PLATINE, Pt, est trouvé à l'état natif associé aux roches foncées de silicates fer-magnésium (olivine, pyroxène, magnétite, chromite) en grains dispersés dans les roches. On le trouve moins souvent dans des filons de quartz et des roches métamorphiques de contact (p. 12). Trouvé principalement en placers, notamment sur les flancs orientaux de l'Oural. Il a la même structure cristalline que l'or. Est très utile comme catalyseur dans l'industrie chimique. Étant très résistant à la corrosion chimique, est utilisé pour fabriquer des étalons de longueur et de poids.

Cristallise dans le système cubique, ne clive pas, est trouvé en petites paillettes, en grains et en pépites. Les cristaux, cubes et octaèdres, sont rares. Couleur gris-blanc, éclat métallique et ductile. Contient toujours un peu de palladium, iridium et rhodium et quelquefois du fer, du cuivre, de l'or et du nickel. Les plus importants producteurs sont l'U.R.S.S., l'Afrique du Sud et le Canada. Est aussi trouvé à Madagascar, en Finlande, RFA, Irlande, Australie, Colombie, au Brésil, Pérou, en Caroline du Nord et en Californie.

LES ALLIAGES NATURELS des métaux du groupe ont des noms qui donnent leur composition: platini-ridium, osmiridium, iridosmine, etc. Donc, l'iridosmine contient de l'iri-dium et de l'osmium, le premier en plus grande quantité. Leurs pro-priétés se situent entre celles de leurs constituants mais leur dureté est toujours plus grande.

PALLADIUM, Pd, est très rare comme minéral même si toujours présent dans le minerai de platine. Trouvé avec du platine en Colombie, au Brésil, en U.R.S.S., Afrique du Sud. A des propriétés semblables à celles du platine mais est soluble dans l'acide nitrique. Dureté 4,5-5, densité 12,16. Densité varie avec la teneur en Pt.

AUTRES MÉTAUX NATIFS

ÉTAIN, Sn, extrêmement rare à l'état natif. Grains arrondis trouvés à Oban, Australie. On en a trouvé dans les gaz volcaniques des îles italiennes de Stromboli et Vulcano. Principale source d'étain est le minéral cassi-térite (p. 144). Est très utilisé dans des alliages.

FER, Fe, est très rare à l'état natif car il s'oxyde facilement pour devenir de l'hématite (p. 136), de la limonite (p. 150) ou de la goethite (p. 148). On le retrouve dans les basaltes du Groenland et dans les sédiments organiques du Missouri. On le trouve allié au nickel, surtout dans les météorites.

TABLEAU PÉRIODIQUE DES ÉLÉMENTS
montrant les éléments de la triade

VIII

26 Fe	27 Co	28 Ni
44 Ru	45 Rh	46 Pd
76 Os	77 Ir	78 Pt

Les éléments de la triade sont les éléments du sous-groupe VIII qui terminent les trois séries de transition. Comme les gaz rares, ils sont plus stables que les autres métaux des mêmes périodes.

Paillettes de platine
Colombie

Pépites de platine
Oural, U.R.S.S.

Cristal de platine

Palladium
Brésil

Osmiridium
Norwich, Connecticut

Étalon de longueur

Creuset

Bijou

UTILISATION DU PLATINE

Iridosmine
Sisserk, U.R.S.S.

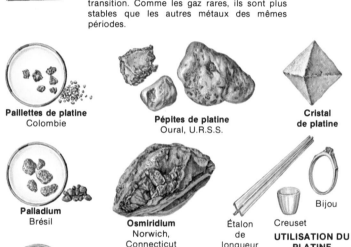

Fer météorique
Taney Co., Missouri

Alliage fer-nickel (joséphinite)
Minéral terrestre
Josephine Co., Oregon

Fer météorique
Toluca Valley, Mexique

Fer météorique
(avec beaucoup de nickel)
Odessa, Texas

CORPS SIMPLES NATIFS — MÉTALLOÏDES

Contrairement aux métaux, les métalloïdes natifs sont cassants et mauvais conducteurs. Ils comprennent deux groupes : le groupe du carbone et le groupe du soufre.

LE GROUPE DU CARBONE comprend le diamant et le graphite, deux formes de carbone solide. La grande différence dans leurs propriétés est due à des différences de structure.

DIAMANT, C, est formé à température et pression élevées dans des cheminées volcaniques profondes. Composées au départ d'olivine et de phlogopite, les cheminées sont altérées chimiquement par des eaux souterraines pour devenir de la kimberlite, un matériel bleu pâle d'où le diamant peut être facilement enlevé. L'érosion entraîne des diamants que l'on retrouve dans des sédiments de cours d'eau. Le plus gros diamant, le Cullinan, pesait 3 025 carats (21 onces) avant d'être taillé. Les grosses pierres sont rares et à cause de défauts sont utilisées surtout dans des abrasifs industriels. Même s'il est le minéral connu le plus dur, le diamant est cassant et clive facilement. Il brûle dans l'air à 1 000° C.

Cristallise dans le système cubique et est trouvé en cristaux octaédriques, certains avec des faces incurvées et striées. A un éclat brillant ou gras, est transparent à translucide et peut contenir des inclusions de graphite, de magnétite et de plusieurs autres minéraux. Peut être incolore, jaune, brun, noir, bleu, vert ou rouge, selon les impuretés. Dureté, 10, densité, 3,5. Il est miné de gisements commerciaux en Afrique du Sud et au Brésil ; il y en a d'autres en Australie, aux Indes et en Arkansas.

GRAPHITE, C, est formé par le métamorphisme de roches sédimentaires contenant des matières organiques ou des carbonates. On le trouve surtout en petites inclusions dans les roches métamorphiques ; quelques gros gisements ont été minés et vidés. Dans le graphite, des couches d'atomes de carbone fortement liés sont liées entre elles par les faibles forces de Van der Waals et peuvent donc glisser facilement les unes sur les autres. Il se broie facilement et est un bon lubrifiant. Contrairement au diamant, sa formation ne nécessite pas de fortes pressions ; il peut être formé de tout matériel organique chauffé dans un milieu pauvre en oxygène.

Cristallise dans le système hexagonal avec un clivage parfait en une direction. Est trouvé en paillettes parsemées, en masses écaillées ou en agrégats foliés. Est noir ou gris, avec un éclat métallique, gras ou mat. Contient souvent des particules d'argile. Dureté, 1-2. Densité, 2,23. On le trouve dans plusieurs régions où il y a des roches métamorphiques.

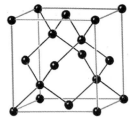

Octaèdre de diamant
Afrique du Sud

Octaèdres maclés

STRUCTURE DU DIAMANT

Émeraude   Poire   Brillante   Marquise

COUPES DU DIAMANT

**Diamant octaédrique
sur kimberlite
(roche bleue)**
Afrique du Sud

Noir

Vert   Jaune   Bleu   Brun

COULEURS DU DIAMANT

Graphite folié
Loon Lake, N.Y.

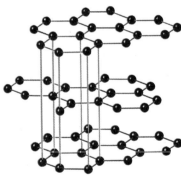

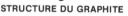

STRUCTURE DU GRAPHITE

Graphite
Colombo, Sri Lanka

UTILISATIONS COMMERCIALES DU GRAPHITE

À cause de la rareté du graphite naturel, le carbone commercial est souvent fabriqué de résidus du pétrole ou de charbon de bois.

Électrodes
de piles

Briques
réfractaires

Filtres au
charbon de bois

Brosses
de moteur

Crayons et
charbon de bois

LE GROUPE DU SOUFRE comprend trois métalloïdes natifs : le soufre, le tellure et le sélénium. Ils forment des cristaux constitués d'anneaux ou de chaînes de molécules, leurs atomes formant deux liaisons covalentes chacun (p. 24).

SOUFRE, S, existe sous trois formes. On le trouve presque toujours sous la forme du soufre commun. Les deux autres formes sont très rares en tant que minéraux. La molécule de soufre comprend huit atomes placés sur un anneau froncé; l'anneau est froncé car les atomes vont en zigzag. Les molécules sont liées par les faibles forces de Van der Waals. Le soufre précipite souvent des gaz de volcans et de fumerolles et est également associé au gypse (sulfate de calcium hydraté) d'où il se forme par procédés organiques. Les gisements de soufre sont d'origine récente, les plus vieux ayant été convertis en acide sulfurique. Le soufre fond à 113° C et brûle dans l'oxygène à 270° C; ces propriétés le distinguent d'autres minéraux semblables. Il est insoluble dans l'eau mais on le mine en le faisant fondre par un jet de vapeur surchauffée et en le pompant à la surface. On l'utilise dans la fabrication d'acide sulfurique, de caoutchouc et de papier.

Le soufre commun cristallise dans le système orthorhombique (ses deux formes rares sont dans le système monoclinique). Il est trouvé en blocs cristallins, en masses granulaires, ou en stalactites ou encroûtements. Il est cassant, a un éclat résineux ou mat, est transparent à translucide, en teintes de jaune, brun ou gris. Contient souvent du tellure et du sélénium. Dureté, 1,5-2,5. Densité, 2,07. Il est répandu dans les régions volcaniques, notamment en Sicile, en Italie, au Mexique et dans les îles du Pacifique. D'autres dépôts, associés au sel, existent au Texas, en Louisiane et en U.R.S.S.

TELLURE, Te, sert dans la fabrication des dispositifs électroniques. Le tellure commercial est sourtout extrait de tellurures. Avec le sélénium, il forme une série de solutions solides totales (p. 32) et a les mêmes molécules en chaîne qu'une forme de sélénium. Il cristallise dans le système hexagonal, a une dureté de 2-2,5, est cassant, a un éclat métallique, une couleur d'étain et est opaque. On le trouve surtout en Turquie, Hongrie, Australie et au Colorado. **ATTENTION : il est toxique**. S'il est chauffé dans l'air, il s'oxyde vite et produit des fumées toxiques, à odeur d'ail, contenant TeO_2. Il faut éviter de respirer ses poussières.

SÉLÉNIUM, Se, n'a été trouvé que sublimé par des feux dans des régions minières. Il a la structure à chaîne du tellure ou la structure à anneau du soufre. Il est utilisé dans des dispositifs électroniques et dans des verres transparents à l'infrarouge. Il cristallise dans le système hexagonal, est gris métallique, et a un trait rouge. Densité de 4,84. Il a été trouvé en RFA, Arizona et au Nouveau-Mexique. **ATTENTION : il est très toxique**. Chauffé dans l'air, il s'oxyde vite et produit des fumées contenant SeO_2. Il faut éviter de respirer ses poussières et le garder dans un contenant bien fermé.

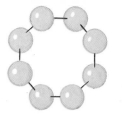

**Molécule
de soufre**

Sienne, Italie   Cianciana, Sicile

CRISTAUX DE SOUFRE

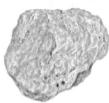

Soufre massif
Sulfur, Nevada

Cristaux de soufre
Agrigento, Sicile

Cristaux de soufre
San Felipe, Mexique

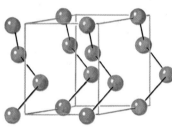

**STRUCTURE DU TELLURE
ET DU SÉLÉNIUM**

CRISTAUX DE TELLURE
(modèles idéaux)

Minerai de tellure
Boulder Co.,
Colorado

**Tellure
synthétique**

Sélénium
Grants,
Nouveau-Mexique

CORPS SIMPLES NATIFS – SEMI-MÉTAUX

Dans le tableau périodique, les semi-métaux se situent entre les métaux et les métalloïdes et ils empruntent des propriétés aux deux. L'antimoine, l'arsenic et le bismuth sont les seuls éléments natifs habituellement reconnus comme semi-métaux ; certains incluent également le sélénium et le tellure.

ANTIMOINE, Sb, est trouvé dans des filons hydrothermaux avec divers minerais de sulfures, mais est assez rare. La stibine, un sulfure d'antimoine (p. 86), en est la principale source. On allie de petites quantités d'antimoine au plomb ou d'autres métaux mous pour les renforcer et les utiliser dans la fabrication de caractères d'imprimerie, de plaques d'accumulateur, etc.

 Cristallise dans le système rhomboédrique avec un parfait clivage en une direction. Trouvé en masses granulaires ou en groupes de cristaux radiés. Est cassant, opaque, métallique et a une couleur blanc d'étain. Dureté, 3, densité, 6,88. Est trouvé en RFA, France, Sardaigne, Suède, Australie, Chili, au Mexique, Canada et en Californie. **ATTENTION : l'antimoine et ses composés sont très toxiques et doivent être manipulés avec soin.**

ARSENIC, As, est trouvé dans des filons hydrothermaux avec d'autres semi-métaux et des minerais d'argent, de cobalt et de nickel. Est moins métallique que l'antimoine et le bismuth. Est rare. L'arsenic commercial est surtout obtenu par suite de l'extraction de métaux d'arséniures. On utilise souvent des composés de l'arsenic comme insecticides.

 Cristallise dans le système rhomboédrique avec un parfait clivage en une direction. Trouvé en masses granulaires ou en cristaux aciculaires. Est blanc métallique mais devient gris mat lorsque terni. Se volatilise rapidement dans une flamme et émet des fumées toxiques à odeur d'ail. Dureté, 3,5. Densité, 5,70. Gisements trouvés en RFA, France, Chili, Australie, Japon, Canada, Arizona et Louisiane. **ATTENTION : est toxique.**

BISMUTH, Bi, est plus métallique, plus blanc argenté et beaucoup moins réactif que l'arsenic et l'antimoine. N'est pas toxique. Est rare à l'état natif. On l'obtient des sulfures et on l'utilise comme bouchon (bas point de fusion) sur les gicleurs automatiques.

Cristallise dans le système rhomboédrique avec un parfait clivage en une direction. Est trouvé en masses granulaires et est cassant. Dureté, 2-2,5. Densité, 9,75. Est trouvé avec des sulfures dans des filons hydrothermaux en RFA, France, Norvège, Suède, Angleterre, Afrique du Sud, Bolivie, Connecticut, Caroline du Sud, Colorado et ailleurs.

ALLEMONTITE, (As,Sb), n'est pas un composé mais un alliage naturel rare à composition variable. A des caractéristiques entre celles de l'arsenic et de l'antimoine. Est trouvée dans des filons avec de l'arsenic, de l'antimoine et des sulfures, et dans des pegmatites riches en lithium. On la trouve en France, RFA, Italie, Suède, Ontario et au Nevada.

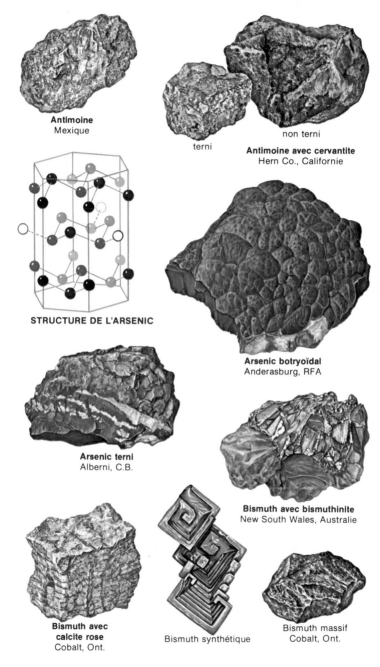

Antimoine
Mexique

terni

non terni

Antimoine avec cervantite
Hern Co., Californie

STRUCTURE DE L'ARSENIC

Arsenic botryoïdal
Anderasburg, RFA

Arsenic terni
Alberni, C.B.

Bismuth avec bismuthinite
New South Wales, Australie

**Bismuth avec
calcite rose**
Cobalt, Ont.

Bismuth synthétique

Bismuth massif
Cobalt, Ont.

SULFURES

Les sulfures sont des composés de soufre avec d'autres éléments. En termes de composition chimique et d'origine, ce sont des minéraux très complexes. Ils ont une grande importance économique car ils contiennent plusieurs métaux nécessaires à notre époque. On a fait beaucoup d'efforts pour connaître les origines des sulfures et minéraux connexes mais, comme c'est également le cas pour plusieurs processus géologiques, plusieurs questions demeurent.

Les sulfures précipitent des solutions aqueuses dans des zones de failles de l'écorce terrestre, situées à l'intérieur et à proximité de ces grosses masses ignées appelées batholites, dans le noyau central de grandes chaînes de montagnes plissées. Durant la cristallisation d'un batholite, ses minéraux se forment selon un ordre établi, donné par la série des réactions de Bowen (page suivante). Les silicates de fer, de magnésium et de calcium (olivines et feldspaths calciques) sont les premiers à se former. À mesure que le batholite se refroidit, d'autres minéraux ferro-magnésiens et feldspaths calco-sodiques sont formés, suivis du feldspath potassique, de la muscovite et du quartz. Ces trois derniers minéraux sont les principaux constituants du granite qui, lorsqu'il est exposé par l'érosion plusieurs millions d'années après, constitue la majeure partie du batholite que l'on voit.

Une fois le granite cristallisé, il reste une petite fraction de la masse totale, constituée d'eau avec du bioxyde de soufre, du soufre, du plomb, du cuivre, de l'argent, de l'étain, de l'arsenic, de l'antimoine, du bismuth et d'autres métaux de transition en solution. Ce matériel est de trop car il est instable à pression et température élevées et est soluble dans l'eau à faible température et faible pression. À mesure que le batholite se refroidit et se contracte, des failles apparaissent à sa périphérie. Des solutions **hydrothermales** (eau chaude) empruntent les failles pour aller dans les zones de basse pression près de la surface. À mesure qu'elles approchent des régions plus froides, les éléments précipitent et les métaux et semi-métaux se combinent avec le soufre pour former des filons.

Les éléments moins solubles cristallisent à plus haute température (**hypothermale**) à l'intérieur ou près du batholite. Les éléments plus solubles cristallisent plus loin (**mésothermale**) et les éléments les plus solubles cristallisent très loin (**épithermale**), à des dizaines de milles du batholite. La plupart des filons possèdent donc des zones, les zones à haute température près du batholite et les zones à faible température plus éloignées.

Puisque la température diminue toujours avec le temps, les filons hydrothermaux sont très complexes, chaque spécimen possédant plusieurs générations de dépôts minéralogiques. Des sulfures avec beaucoup de gangue seront déposés; plus tard, à plus faible température, d'autres minéraux seront déposés dans de petites crevasses et entre les grains. Ceux-ci peuvent remplacer complètement ou partiellement les anciens minéraux. Si l'ancien cristal est complètement remplacé, le nouveau peut prendre sa forme; on a alors le phénomène de la pseudomorphose. Si l'ancien cristal n'est que partiellement remplacé, son squelette pourra être complètement enrobé du nouveau cristal. Des études plus poussées sont nécessaires pour comprendre la séquence de cristallisation.

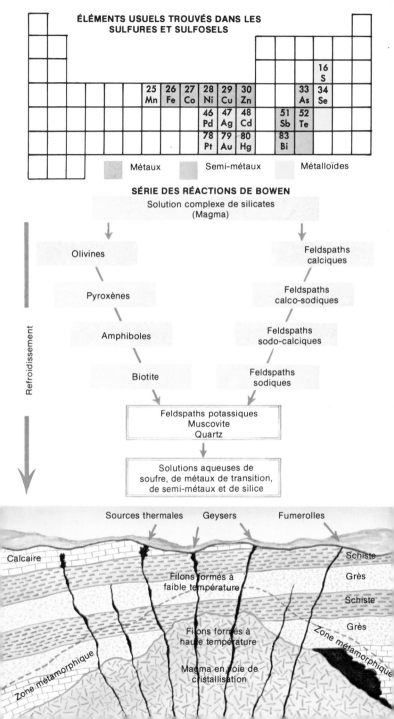

ÉLÉMENTS USUELS TROUVÉS DANS LES SULFURES ET SULFOSELS

												16 S	
			25 Mn	26 Fe	27 Co	28 Ni	29 Cu	30 Zn		33 As	34 Se		
				46 Pd	47 Ag	48 Cd	51 Sb	52 Te				
				78 Pt	79 Au	80 Hg	83 Bi					

Métaux   Semi-métaux   Métalloïdes

SÉRIE DES RÉACTIONS DE BOWEN

Solution complexe de silicates
(Magma)

Refroidissement

Olivines

Pyroxènes

Amphiboles

Biotite

Feldspaths calciques

Feldspaths calco-sodiques

Feldspaths sodo-calciques

Feldspaths sodiques

Feldspaths potassiques
Muscovite
Quartz

Solutions aqueuses de
soufre, de métaux de transition,
de semi-métaux et de silice

Sources thermales   Geysers   Fumerolles

Calcaire

Schiste

Grès

Schiste

Grès

Filons formés à
faible température

Filons formés à
haute température

Magma en voie de
cristallisation

Zone métamorphique

Zone métamorphique

RÉALGAR, AsS (sulfure d'arsenic), diffère des autres minéraux rouge orangé par son trait rouge orangé. Est très instable et se transforme graduellement en poudre jaune (orpiment) s'il est exposé à la lumière. Est trouvé dans des filons de minerais avec l'orpiment, la stibine, l'argent et l'or; dans la lave volcanique comme celle du Vésuve et dans les dépôts de sources thermales.

Cristallise dans le système monoclinique en masses granulaires ou encroûtées, quelquefois en prismes striés parfois maclés. A un éclat résineux. Est de translucide à transparent et est sectile. Se décompose dans l'acide nitrique. A un bon clivage dans une direction, cassure conchoïdale. Dureté, 1,5-2. Densité, 3,59. Est trouvé dans l'état de Washington, en Roumanie, RFA et RDA, Tchécoslovaquie, Yougoslavie, Suisse, etc.

ORPIMENT, As_2S_3 (trisulfure d'arsenic), est souvent formé par l'altération du réalgar et d'autres minéraux d'arsenic et habituellement les accompagne dans des filons hydrothermaux de basse température et les régions volcaniques. Sa couleur jaune fait contraste avec le rouge orangé du réalgar. Le seul autre minéral jaune trouvé dans un tel environnement est le soufre qui n'a pas le clivage en une direction de l'orpiment ni ses feuillets de clivage flexibles.

Cristallise dans le système monoclinique en petits prismes courts difficiles à voir et en masses granulaires ou foliées. Est sectile, éclat résineux, translucide à transparent et soluble dans les alcalins. Trait jaune, dureté de 1,5-2, densité de 3,48. Est trouvé en Utah, Nevada, Wyoming, Californie, Roumanie, Allemagne, Yougoslavie, Suisse, France, Italie, U.R.S.S., Pérou, Chine et Japon.

CINABRE, HgS (sulfure de mercure), est le principal minerai de mercure. On le trouve avec le réalgar, l'orpiment et la stibine dans les filons hydrothermaux de basse température et les régions volcaniques. Le plus important gisement est à Almaden, Espagne; là il est en filons dans des schistes et des quartzites. Est reconnu à sa couleur rouge, son trait rouge et sa forte densité.

Cristallise dans le système rhomboédrique en colonnes, en cristaux tabulaires ou prismatiques, souvent maclés, et en masses granulaires. Est sectile, transparent en minces feuillets, adamantin à mat. Lorsque chauffé en tube ouvert, produit de petites gouttes de mercure sur la paroi. Dureté, 2-2,5. Densité, 8,05. Est trouvé en Californie, Orégon, Utah, Arkansas, Mexique, Pérou, U.R.S.S., Chine, Yougoslavie, Italie, RFA, etc.

GREENOCKITE, CdS (sulfure de cadmium), cristallise dans le système hexagonal habituellement comme enduit sur des minéraux de zinc, quelquefois en petits cristaux avec une pyramide à un bout. Est cassant, jaune à orange, a un éclat résineux; a un clivage complexe et une cassure conchoïdale. Dureté, 3-3,5. Densité, 4,77. Trouvé au New Jersey, Missouri, Arkansas, Californie, Écosse, France, Sardaigne, Grèce, etc.

Réalgar
Ophir District,
Utah

Réalgar sur quartz
Manhattan, Nevada

**CRISTAUX
DE RÉALGAR**
(modèles idéaux)

**Orpiment grossièrement
cristallin avec
filons de réalgar**
Manhattan, Nevada

**Orpiment avec réalgar
dans la calcite**
Manhattan, Nevada

**Orpiment et
réalgar**
Manhattan, Nevada

**Cinabre dans des
filons de calcite**
Winnemucca, Nevada

**Cristaux de cinabre
(faciès en colonne)**
New South Wales,
Australie

**Cristaux de cinabre
dans une gangue
de calcite**
Terlingua, Texas

**Grennockite sur
marcasite et quartz**
Llallagua, Bolivie

Greenockite
Lehigh Co.,
Pennsylvanie

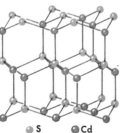

● S   ● Cd
**STRUCTURE DE
LA GREENOCKITE**

LE GROUPE DE LA STIBINE comprend deux sulfures avec des structures et cristaux semblables, étant composés d'éléments — antimoine et bismuth — chimiquement semblables. Le minéral connexe guanajuatite est également semblable car le sélénium ressemble au soufre. Néanmoins, ces trois minéraux sont trouvés dans des gîtes différents en abondances différentes.

STIBINE, Sb_2S_3 (trisulfure d'antimoine), est le plus important minerai d'antimoine. Est associée au réalgar, orpiment et cinabre dans des filons de basse température et dépôts de sources thermales. Les petits gisements sont fréquents, les gros beaucoup moins. Ses cristaux, souvent des prismes pliés ou courbes avec une ternissure iridescente, sont frappants et souvent exposés.

Cristallise dans le système orthorhombique en agrégats entremêlés ou groupes radiés de cristaux prismatiques ou en masses granulaires. Est opaque, gris acier, se ternit en noir, est quelquefois iridescente. Trait gris. Clivage parfait en une direction, cassure presque conchoïdale. Dureté, 2. Densité, 4,63. Soluble dans l'acide chlorhydrique, se ternit en jaune par une solution d'hydroxyde de potassium. Est trouvée en Arkansas, Idaho, Nevada, Californie, Alaska, Canada, Mexique, Pérou, Japon, Chine, RFA et RDA, Roumanie, Tchécoslovaquie, Italie, France, Angleterre, Algérie et Kalimatan (Bornéo).

BISMUTHINITE, Bi_2S_3 (trisulfure de bismuth), ressemble fort à la stibine, mais est relativement rare et est trouvée dans des filons de haute température et les pegmatites. Contrairement à la stibine, ne donne pas de groupes de cristaux frappants probablement car elle ne se forme pas dans un milieu à température et pression faibles où les cristaux croissent librement. Trouvée habituellement avec le bismuth, l'arsénopyrite, la wolframite et la cassitérite.

Cristallise dans le système orthorhombique habituellement en masses fibreuses ou foliées, rarement en gros prismes ou aiguilles. Est opaque, gris acier à blanc, se ternit jaune, a un trait gris. Clivage parfait en une direction. Dureté de 2. Densité de 6,81. Souvent, S est remplacé par du sélénium. Est trouvée en Utah, Colorado, Montana, Pennsylvanie, Connecticut, Canada, Mexique, Bolivie, Australie, Angleterre, Suède, France, Italie, Roumanie, et RDA.

MINÉRAL CONNEXE

GUANAJUATITE, Bi_2Se_3 (séléniure de bismuth), a la même structure que la bismuthinite avec Se aux positions du S. Trouvée dans des filons avec la bismuthinite près de Guanajuato, Mexique; trouvée aussi à Salmon, Idaho, dans les montagnes Hatz en RFA et en Suède. A des caractéristiques semblables à celles de la bismuthinite. Dureté de 2,5-3,5. Densité de 6,25-6,98. Soluble dans l'eau régale chaude. **ATTENTION: est toxique.**

CRISTAL DE STIBINE
(modèle idéal)

Stibine
Manhattan, Nevada

Stibine
San Benito Co.,
Californie

Stibine
Shikoku, Japon

**CRISTAUX DE
BISMUTHINITE**
(modèle idéal)

Bismuthinite
Elko, Nevada

Bismuthinite
Arvada, Colorado

Bismuthinite
Llallagua, Bolivie

Guanajuatite
Sierra de Santa Rosa
Mexique

LE GROUPE DE LA MOLYBDÉNITE comprend deux sulfures à structure lamellaire comme celle du graphite ; sont plus lourds que le graphite et moins noirs. Les lamelles sont liées entre elles par de faibles forces de Van der Waals. Dans chacune d'elles, chaque atome de molybdène ou de tungstène est entouré par six atomes de soufre aux coins d'un prisme trigonal droit et chaque atome de soufre est entouré par trois atomes de molybdène ou de tungstène. Les deux minéraux ont une apparence et un comportement semblables mais la tungsténite est un peu plus dure et beaucoup plus lourde.

MOLYBDÉNITE, MoS_2 (sulfure de molybdène), est le principal minerai de molybdène. Est trouvée dans des filons de haute température, les pegmatites et roches métamorphiques. Sa principale source est un gisement à Climax, Colorado.

Cristallise dans le système hexagonal en courts prismes tubulaires, en paillettes dispersées, et masses foliées. Ses lamelles sont flexibles. Est opaque, métallique et gris, toucher gras, trait de vert à noir. Se décompose dans l'acide nitrique et se dissout dans l'eau régale. Clivage parfait en une direction, cassure irrégulière des lamelles. Dureté de 1-1,5, densité de 4,7. Est trouvée dans le Maine, au New Hampshire, Connecticut, New Jersey, Pennsylvanie, Colorado, Nouveau-Mexique, Utah, Arizona, Californie, Washington, Alaska, Canada, Norvège, Suède, U.R.S.S., RFA, Angleterre, Écosse, Portugal, Maroc, Afrique du Sud, Australie, Chine, Japon, Pérou et Mexique.

TUNGSTÉNITE, WS_2 (sulfure de tungstène), n'est miné qu'à la mine Emma près de SaltLake City, Utah, où il est associé avec des sulfures de haute température dans du calcaire.

Cristallise dans le système hexagonal en agrégats de petites paillettes flexibles. Est opaque, gris acier à gris mat, trait gris. Clivage parfait en une direction. Dureté de 2,5, densité de 8,1.

MINÉRAUX CONNEXES

DYSCRASITE, Ag_3Sb, (antimoniure d'argent), est assez rare. Est trouvé en filons dans les gisements d'argent avec d'autres minéraux d'argent et des sulfures. Cristallise dans le système orthorhombique en masses granulaires ou foliées, quelquefois en cristaux pyramidaux. Est sectile, opaque, blanc argenté ; ternit gris ou jaune ; a un trait argenté, un clivage complexe, une cassure irrégulière. Dureté de 3,5-4. Densité de 9,75. Est trouvé au Nevada, en Ontario, Australie et RFA.

DOMEYKITE, Cu_3As (arséniure de cuivre), intercroissance fréquente avec l'algodonite (Cu_6As). Cristallise dans le système cubique en masses réniformes et botryoïdales. Est sectile, opaque, métallique à mat, blanc à gris, ternit en jaune ou brun, a un trait blanc à gris, pas de clivage, cassure irrégulière. Soluble dans l'acide nitrique. Dureté de 3-3,5. Densité de 7,2-7,9. Est trouvé dans les régions de cuivre du Michigan et de l'Ontario ; au Mexique, Chili, Suède, Angleterre et RFA.

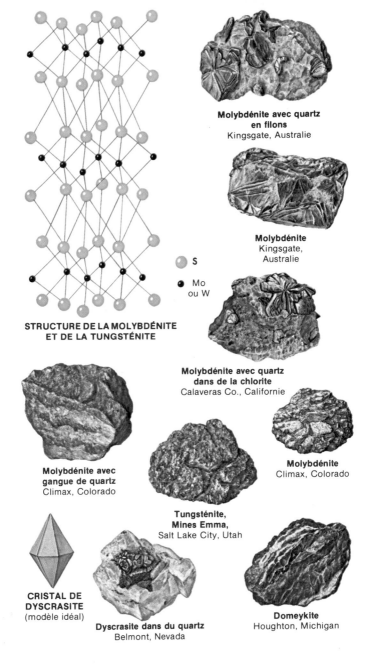

STRUCTURE DE LA MOLYBDÉNITE
ET DE LA TUNGSTÉNITE

S

Mo
ou W

**Molybdénite avec quartz
en filons**
Kingsgate, Australie

Molybdénite
Kingsgate,
Australie

**Molybdénite avec quartz
dans de la chlorite**
Calaveras Co., Californie

Molybdénite
Climax, Colorado

**Molybdénite avec
gangue de quartz**
Climax, Colorado

**Tungsténite,
Mines Emma,**
Salt Lake City, Utah

**CRISTAL DE
DYSCRASITE**
(modèle idéal)

Dyscrasite dans du quartz
Belmont, Nevada

Domeykite
Houghton, Michigan

89

LE GROUPE DE LA GALÈNE comprend des sulfures, tellurures, et séléniures qui ont une structure du genre halite (p. 120), avec chaque atome métallique entouré par six métalloïdes et vice versa. La galène, l'altaïte et la clausthalite sont des sulfures typiques et illustrent bien la similitude entre les trois métalloïdes qu'elles contiennent — soufre (S), tellure (Te) et sélénium (Se). L'alabandite et l'oldhamite sont plutôt rares car le manganèse (Mn) forme plutôt un oxyde qu'un sulfure et le calcium (Ca) est plus stable dans les structures de silicates et de carbonates.

GALÈNE, PbS (sulfure de plomb), un des sulfures les plus abondants et les plus répandus. Principal minerai de plomb, contient souvent des quantités importantes d'argent. Trouvée dans des filons hydrothermaux sur toute une gamme de températures, dans des roches métamorphiques de contact, du calcaire loin de roches ignées connues, des granites et coulées de lave.

Cristallise dans le système cubique, en cubes habituellement, quelquefois en octaèdres, souvent en une combinaison des deux ; les cristaux maclés sont fréquents. Est souvent trouvée en masses granulaires. Gris de plomb, opaque, à éclat métallique, est cassante. A un trait gris et un clivage cubique parfait ; on voit rarement des cassures. Dureté de 2-3, densité de 7,57. Presque toujours trouvée avec de la sphalérite, souvent avec de la fluorine. Peut contenir du zinc, cadmium, cuivre, arsenic, antimoine, et d'autres impuretés. On la trouve dans les endroits suivants : Missouri, Illinois, Iowa, Kansas, Oklahoma, Colorado, Idaho, Utah, Montana, Wisconsin, RFA, France, Roumanie, Tchécoslovaquie, Autriche, Belgique, Italie, Espagne, Écosse, Angleterre, Australie, Mexique.

ALTAÏTE, PbTe (tellurure de plomb), analogue à la galène, avec Te en positions S. Trouvée dans des filons avec d'autres tellurures, l'or et des sulfures. Blanc d'étain, dureté de 3 et densité de 8,27 ; autres propriétés comme la galène. Peut contenir de l'argent, or, cuivre et fer. Est trouvée au Colorado, en Californie, Caroline du Nord, Nouveau-Mexique, U.R.S.S., Canada, Chili, voir p. 260.

ALABANDITE, MnS (sulfure de manganèse), analogue à la galène, survient dans des filons de basse température avec des sulfures et minéraux de Mn. Est noire avec trait vert. Dureté de 3,5-4, densité de 4,05. Trouvée en Arizona, Colorado, Nevada, Montana, Turquie, Roumanie, RFA, France, Pérou, Japon, Mexique. Pas très soluble dans l'eau.

CLAUSTHALITE, PbSe (séléniure de plomb), analogue à la galène, donc a les mêmes propriétés. Trouvée dans des filons et peut contenir un peu de mercure, argent, cuivre, cobalt et fer. Blanc d'étain, a une dureté de 2,5-3 et une densité de 8,08. Est trouvée en RFA, RDA, Espagne, Suède, Argentine et Chine.

OLDHAMITE, CaS (sulfure de cadmium), a également la structure de la galène. N'a été trouvée que dans des météorites, notamment avec des pyroxènes, à Busti en Indes et à Bishopville, S.C. Est brun pâle, transparente et soluble dans l'eau chaude et l'acide chlorhydrique. A un clivage cubique, une dureté de 4, une densité de 2,59. N'est pas trouvée comme minéral sur terre à cause de sa solubilité.

**Cristal cubique à
faces octaédriques**
(modèle idéal)

**Structure de la galène
avec atomes à l'échelle**

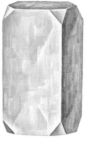

**Cube allongé avec
faces octaédriques**
(modèle idéal)

**Octaèdres maclés
de galène**
(modèle idéal)

**Cristal octaédrique
à faces cubiques**
(modèle idéal)

**Cube de galène avec
marcasite,** Galena, Kansas

**Clivage cubique
parfait de la galène**

**Cube de galène avec pyrite
et sphalérite** Galena, Kansas

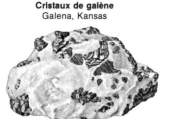

Cristaux de galène
Galena, Kansas

Cristaux de galène avec purite
Joplin, Missouri

Galène dans de la baryte
Kentucky

Galène et dolomite
Galena, Kansas

91

LE GROUPE DE L'ARGENTITE comprend des sulfures, séléniures et tellurures d'argent (Ag), de cuivre (Cu) et d'or (Au). Ses membres sont étroitement associés au groupe de la chalcocite (p. 94) et sont d'importants minerais d'argent et de cuivre. Les minéraux d'argentite sont tous cubiques ou le deviennent à température moyenne. D'apparence métallique, ils ont des propriétés semblables mais des clivages, couleurs et cassures différents. De plus, leur densité varie avec leur composition. On les trouve dans des filons avec d'autres minéraux d'argent et de cuivre.

ARGENTITE, Ag_2S (sulfure d'argent), chimiquement, est identique à l'acanthite (p. 94) mais cristallise à plus haute température (à plus de 179° C) et prend une structure cubique. Sa couleur gris de plomb noirâtre, sa forte densité (7,04) et le fait qu'elle se coupe facilement au couteau aident à l'identifier. Se trouve dans des filons de basse température avec d'autres minéraux d'argent et souvent en inclusions microscopiques dans la galène. Peut être synthétisée en taritant l'argent avec du soufre.

Est surtout trouvée en masses granulaires ou en croûtes sur d'autres minéraux. Ses cristaux sont cubiques, octaédriques, ou rarement dodécaédriques; ils peuvent être déformés en groupes arborescents. A un trait gris, un mauvais clivage, une cassure subconchoïdale, une dureté de 2-2,5. A un éclat métallique et est opaque. Peut contenir du cuivre; si riche en cuivre, est appelée jalpaïte. Trouvée en Nevada, Colorado, Montana, Mexique, Chili, Pérou, Bolivie, Angleterre, Norvège, RFA, Tchécoslovaquie.

AGUILARITE, Ag_4SSe, (séléniure-sulfure d'argent), semblable à l'argentite mais Se occupe environ la moitié des positions de S. Trouvée uniquement à Guanajuato, Mexique et Virginia City, Nevada. Noire, éclat métallique, sans clivage. Dureté de 2,5, densité de 7,59. Chauffée en tube ouvert, donne de l'argent métallique. **ATTENTION: est toxique.**

NAUMANNITE, Ag_2Se (séléniure d'argent), séléniure analogue de l'argentite. A été trouvée avec la clausthalite et autres séléniures dans des filons en Idaho, Nevada, Argentine et RFA. Trouvée en cubes, plaques minces et masses granulaires. Est noire, opaque, métallique et malléable. A un clivage cubique parfait, une dureté de 2,5, densité de 7,87.

HESSITE, Ag_2Te (tellurure d'argent), tellurure analogue à l'argentite, est gris métallique et survient surtout en masses. Peut contenir de l'or. Est trouvée associée avec d'autres minéraux d'argent, d'autres tellurures et un peu d'or en Californie, Colorado, Mexique, Chili, Australie, Turquie, U.R.S.S., et Roumanie. Trait gris, mauvais clivage, cassant; dureté de 2-3, densité de 7,88.

PETZITE, Ag_3AuTe_2, (tellurure d'or et d'argent), analogue à la hessite avec l'or remplaçant 25% de l'argent. Survient avec la hessite et autres tellurures dans des filons en Californie, Colorado, Ontario, Roumanie et Australie. Est de grise à noire, à l'éclat métallique et forme des petites granules ou des masses compactées. A un clivage cubique, une cassure subconchoïdale, une dureté de 2,5-3, une densité de 8,7-9,02.

Octaèdre avec faces
cubiques

Cube

CRISTAUX D'ARGENTITE
(modèle idéal)

Argentite
Mine Las Chispas,
Sonora, Mexique

Cristaux d'argentite
Fribourg, RDA

Argentite
Tchécoslovaquie

**Argentite dans la
calcite,**
Mexique

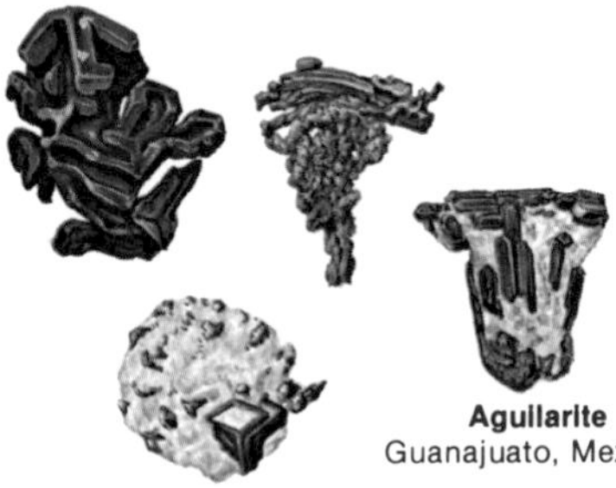

Aguilarite
Guanajuato, Mexique

**Cristal de
Naumannite**
(modèle idéal)

Hessite
Hongrie

Hessite
Mine Smoky Hill,
Boulder Co., Colorado

Petzite
Calaveras Co., Californie

LE GROUPE DE LA CHALCOCITE comprend des minéraux qui sont étroitement associés au groupe de l'argentite (p. 92). La chalcocite, la stromeyerite et l'acanthite sont des sulfures orthorhombiques et sont d'importants minerais. La digénite et la berzélianite ont une structure cubique et sont souvent placées dans le groupe argentite. Deux minéraux du groupe — la crookésite et l'eucaïrite — ont été omis vu leur importance secondaire. On ne sait pas jusqu'à quel point les membres du groupe forment des solutions solides (p. 32).

CHALCOCITE, Cu_2S (sulfure de cuivre), est un minerai important de cuivre. On la trouve en grandes quantités dans la zone enrichie de gisements de sulfures. Elle est formée par le lessivage de minéraux de cuivre près de la surface et ensuite l'enrichissement en cuivre de filons plus profonds de la région (p. 103). On la trouve avec la bornite et la covellite dans la zone enrichie et avec la cuprite, la malachite et l'azurite dans la zone supérieure altérée. On la reconnaît à sa couleur gris foncé, au fait qu'elle soit sectile (toutefois, ne se coupe pas aussi facilement au couteau que l'argentite) et à son association à d'autres sulfures de cuivre.

Cristallise dans le système orthorhombique (hexagonal au-dessus de 105° C), surtout en masses granulaires, rarement en cristaux prismatiques (quelquefois maclés). Elle est cassante, métallique, opaque, soluble dans des acides; s'altère en malachite, azurite, covellite. A un clivage prismatique, une dureté de 2,5–3, une densité de 5,77. Est trouvée en Alaska, Arizona, Connecticut, Montana, Utah, Nevada, Nouveau-Mexique, Tennessee, Mexique, Pérou, Chili, U.R.S.S., Angleterre, Roumanie, et Australie.

ACANTHITE, Ag_2S (sulfure d'argent), est la forme orthorhombique de Ag_2S, l'argentite étant de forme cubique (p. 92). On les trouve aux mêmes endroits et elles ont les mêmes propriétés, l'argentite se transformant souvent en acanthite en refroidissant. Cristallise en prismes fusiformes. Elle est sectile, noire, métallique et opaque; a un mauvais clivage et une cassure irrégulière. Dureté de 2-2,5 et densité de 7,18. Voir à la page 3.

STROMEYERITE, $AgCuS$ (sulfure d'argent et de cuivre), est trouvée dans des filons avec d'autres sulfures d'argent et de cuivre au Colorado, Montana, Arizona, Canada, Mexique, Australie, Pologne, U.R.S.S., Chili et Pérou. Cristallise dans le système orthorhombique comme prismes et masses; est gris-bleu, métallique, cassant, soluble dans l'acide nitrique; sans clivage. Dureté de 2,5–3, densité de 6,2-6,3. Illustrée à la page 4.

DIGÉNITE, $Cu_{2-x}S$ (sulfure de cuivre), manque quelque peu d'atomes métalliques (Cu), un phénomène assez courant dans les minéraux. Cristallise dans le système cubique, habituellement dans la forme massive, quelquefois en cristaux octaédriques. Est opaque, noir-bleu avec clivage octaédrique. Dureté de 2,5–3, densité de 5,55-5,71. Est trouvée en Arizona, Montana, Alaska, Mexique, Suède et dans le sud-ouest de l'Afrique.

BERZÉLIANITE, Cu_2Se (séléniure de cuivre), est le séléniure analogue à la chalcocite. Relativement rare, survient avec d'autres séléniures dans des filons et minerais de fer. Cristallise dans le système cubique en grains dispersés et en croûtes. Est blanc argenté, mais ternit; métallique, opaque. Dureté de 2, densité de 7,23. Est trouvée en RFA, Suède, et Argentine. Illustrée à la page 4.

SULFURES A_2X,
orthorhombiques,
Chalcocite Cu_2S
Stromeyerite $AgCuS$
Sternbergite $AgFeS$
Acanthite Ag_2S

CRISTAUX DE CHALCOCITE
(modèles idéaux)

Chalcocite massive
Butte, Montana

**Chalcocite avec
malachite**
Burra, Australie

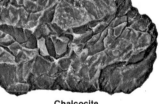

**Chalcocite avec pyrite
et malachite**
Butte, Montana

**Chalcocite avec
quartz laiteux**
Cornwall,
Angleterre

**Chalcocite
massive**
Pima Co., Arizona

Chalcocite
Butte, Montana

**Digénite
et poussières
de pyrite**
Bisbee, Arizona

**Berzélianite
et calcite**
Suède

**Intercroissance de berlézianite
et calcite avec malachite**
Suède

95

LE GROUPE DE LA SPHALÉRITE consiste en des minéraux dont la structure est semblable; ils ont donc la même forme cristalline, le même clivage et même comportement. Étant également semblables chimiquement, on les trouve dans des milieux géologiques semblables, notamment dans des filons de sulfures. Ils ont la structure du diamant avec la moitié des positions de carbone occupées par le soufre, sélénium ou tellure et l'autre moitié par le zinc, mercure, cuivre, fer, étain, ou un mélange de ces métaux.

SPHALÉRITE, ZnS (sulfure de zinc), est un sulfure très répandu et un important minerai de zinc. Est trouvée dans des filons hydrothermaux avec d'autres sulfures, notamment la galène, dans toutes sortes de roches. Résulte souvent du métamorphisme de contact de roches sédimentaires par des intrusions ignées (p. 12). Contient presque toujours beaucoup de fer en solution solide, ce qui affecte son apparence. A un clivage parfait et un éclat résineux typique.

Cristallise dans le système cubique comme cristaux tétraédriques et dodécaédriques et comme masses granuleuses et fibreuses. Les macles sont fréquentes. Si pure, est blanche; est plus souvent jaune, brune, noire, rouge ou verte; est résineuse, d'opaque à transparente; ses cristaux rouges sont appelés semi-rubis; est cassante, soluble dans l'acide chlorhydrique avec libération de H_2S (odeur d'œufs pourris). Trait de jaune pâle à brun; dureté de 3,5–4, densité de 4,08 variant avec la teneur en fer. Survient presque toujours avec la galène. Gros gisements dans le calcaire de la vallée du Mississipi près de Joplin, Missouri et Galena, Illinois. Est également trouvée au Colorado, Montana, Wisconsin, Idaho, Ohio, Mexique, Suède, Bretagne, Espagne, France, Roumanie, Suisse, Tchécoslovaquie, RFA, etc.

MÉTACINNABARITE, HgS (sulfure mercurique), minéral curieux — autre forme de HgS, plus souvent trouvé comme minéral cinabre (p. 84). Identique au précipité noir de HgS obtenu en laboratoire. Si chauffé à 500° C, se transforme en sa forme stable, le cinabre. Est trouvée avec le cinabre, d'autres sulfures et du mercure dans des filons de basse température. Contient un peu de zinc et de sélénium. Cristallise dans le système cubique en cristaux tétraédriques ou plus souvent en masses. Noir métallique opaque, a un trait noir, une dureté de 3 et une densité de 7,65. Trouvée en Californie, Utah, Colombie Britannique, Italie, Roumanie, Tchécoslovaquie, Espagne.

TIÉMANNITE, HgSe (séléniure mercurique), rare, a la structure de la sphalérite à cause de la similitude chimique entre Hg et Zn et entre Se et S. Trouvée dans les Monts Harz, RFA, et dans un filon de calcaire près de Marysvale, Utah. Cristallise dans le système cubique surtout en masses de couleur gris métallique. Dureté de 2,5, densité de 8,26. Contient un peu de cadmium et de soufre. **ATTENTION: est toxique.**

COLORADOÏTE, HgTe (tellurure mercurique), trouvée avec d'autres tellurures à Kalgoorlie, Australie, et Boulder, Colorado. A des propriétés semblables à celles de la tiémannite mais elle est plus grise, a une densité de 8,09 et est soluble dans l'acide nitrique. **ATTENTION: composé toxique.**

CRISTAL DE SPHALÉRITE
(modèle idéal)

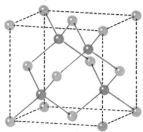

CRISTAL DE SPHALÉRITE
(modèle idéal)

● Zn   ● S

STRUCTURE DE LA SPHALÉRITE

Morceau de clivage de sphalérite

Sphalérite « Black Jack » sur dolomite
Mine Pélican, Galena, Kansas

Cristaux de sphalérite avec ternissures bleues sur du chert
Mine Ballard, Galena, Kansas

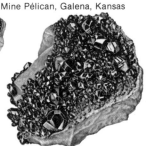

Sphalérite rubis
Galena, Kansas

Sphalérite, cristaux semi-rubis sur chert
Miami, Oklahoma

Métacinnabarite
Idria, Autriche

97

CHALCOPYRITE, $CuFeS_2$ (sulfure de cuivre et de fer), est le plus répandu des minéraux de cuivre et un important minerai de cuivre. Est surtout trouvée dans des filons de basse et moyenne températures et des gisements de métamorphisme de contact avec la pyrite, la cassitérite ou la pentlandite et pyrrhotite. Ressemble à la pyrite (p. 104) mais a une couleur plus cuivreuse et un trait noir-vert.

Survient comme cristaux tétraédriques ou sphénoïdriques, souvent maclés, et comme masses granulaires ou compactes. Est cassante, jaune laiton (noircie en ternissant), a un éclat métallique et est opaque. Est soluble dans l'acide nitrique (le soufre jaune se sépare). S'altère de façon naturelle en sulfates, en malachite, azurite et limonite. Mauvais clivage et cassure irrégulière. Dureté de 3,5–4, densité de 4,28. Est trouvée dans l'état de New York, Tennessee, Pennsylvanie, Missouri, Nouveau-Mexique, en Alaska, Italie, RFA, France, Espagne, Suède, Norvège, Chili, Mexique, Pérou, Japon et ailleurs.

STANNITE, Cu_2FeSnS_4 (sulfure de cuivre, de fer et d'étain), a la structure de la chalcopyrite avec la moitié des Fe remplacée par Sn. Se distingue par sa couleur gris-noir et sa ternissure bleue. Est trouvée dans des filons d'étain avec la cassitérite, la sphalérite, la chalcopyrite et autres sulfures de haute température.

Cristallise dans le système quadratique, surtout en masses granulaires ou grains parsemés, rarement en cristaux striés. Est cassante, a un éclat métallique et est opaque. Possède souvent des inclusions de chalcopyrite ; peut être en intercroissance avec de la sphalérite. Est soluble dans l'acide nitrique avec séparation de S jaune et SnO_2 noir. Mauvais clivage, cassure irrégulière, trait noir, dureté de 4 et densité de 4,43. Se trouve au Dakota du Sud, en Alaska, Tchécoslovaquie, Angleterre, Australie, Bolivie.

MINÉRAL CONNEXE

BORNITE, Cu_5FeS_4 (sulfure de cuivre et de fer), est un minerai usuel de cuivre trouvé dans des filons de haute température, des roches ignées intrusives, des pegmatites, et des roches de métamorphisme de contact. Est souvent associée à la chalcopyrite et la chalcocite. Ne fait pas partie du groupe de la sphalérite, mais a été incluse ici à cause de sa similitude avec la chalcopyrite. Est distinguée par sa couleur rouge cuivre ou brune et sa ternissure iridescente pourpre, d'où son nom de minerai de paon.

Cristallise dans le système cubique mais rarement en cristaux cubiques, plutôt en masses. Est cassante, métallique, opaque, soluble dans l'acide nitrique (S se sépare) ; s'altère en chalcocite, malachite, azurite. A un trait noir-gris, un mauvais clivage, une dureté de 3, une densité de 5,07. Est trouvée en Californie, Virginie, Connecticut, Caroline du Nord, Colorado, Alaska, Autriche, RFA, Italie, Angleterre, Australie, etc.

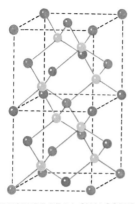

S Cu
Cu Cu
Fe ou Sn

**STRUCTURE DE LA CHALCOPYRITE
ET DE LA STANNITE**

CRISTAUX DE CHALCOPYRITE
(modèles idéaux)

**Chalcopyrite massive
avec gangue de quartz**
Bisbee, Arizona

Chalcopyrite avec bornite
Sudbury, Ontario

Chalcopyrite (ampoules)
Cornwall, Angleterre

Cristaux de chalcopyrite
Colorado

**Chalcopyrite massive avec gangue de
feldspath,** Beaver Co., Utah

Stannite
Tasmanie, Australie

Stannite avec quartz et mica

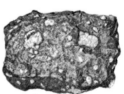

**Bornite avec gangue
de quartz**
Butte, Montana

Bornite (massive)
Bisbee, Arizona

**Bornite avec
chalcopyrite**
Ajo, Arizona

99

LE GROUPE DE LA NICKELINE comprend la nickeline, la pyrrhotite et la breithauptite. Elles ont toutes une structure hexagonale avec chaque atome de métal entouré de 6 métalloïdes, chacun entouré à son tour de 6 atomes de métal aux coins d'un prisme trigonal. Les minéraux covellite, millérite, pentlandite et klockmannite sont étroitement reliés à ce groupe et ont été inclus.

NICKELITE, NiAs (arséniure de nickel), est un minerai secondaire de nickel. Est trouvée dans des roches ignées basiques avec d'autres arséniures et des sulfures, ou dans des filons avec d'autres minéraux de haute température. Sa couleur de cuivre pâle est distincte, mais à l'humidité, peut se couvrir rapidement d'une ternissure allant du gris au noir.

Cristallise dans le système hexagonal en masses arborescentes ou en colonnes, quelquefois en cristaux tabulaires ou pyramidaux (quelquefois maclés). A un éclat métallique et est opaque ; a un trait noir-brun. Croît intimement avec la breithauptite et est soluble dans l'eau régale. Contient un peu de fer, cobalt et soufre. A une dureté de 5-5,5 et une densité de 7,83. Est trouvée au Colorado, New Jersey, Japon, en Autriche, RFA, France, au Canada, etc.

PYRRHOTITE, $Fe_{1-x}S$ (sulfure de fer), est trouvée avec la pentlandite dans des roches ignées basiques, des filons et des roches métamorphiques. A une structure semblable à celle de la nickeline mais avec Fe dans certaines positions de Ni et les autres vides. Les lacunes (x) varient de 0 à 0,2 et font que le minéral est magnétique, sauf si leur valeur est presque nulle ; dans un tel cas, le minéral n'est pas magnétique et est appelé troïlite. On identifie la pyrrhotite à sa couleur bronze et à ses propriétés magnétiques.

Cristallise dans le système hexagonal en plaques et pyramides tabulaires, souvent maclées, et en masses granulaires. Cassante, métallique et opaque, elle n'a pas de clivage et se décompose dans l'acide chlorhydrique. Contient un peu de nickel, cobalt, manganèse et cuivre. Trait noir-gris, dureté de 3,5-4,5, densité de 4,58-4,79. Est trouvée dans le Maine, au Connecticut, New Jersey, New York, Pennsylvanie, Tennessee, Californie, Ontario, Colombie Britannique, Roumanie, Autriche, Italie, RFA, Suisse, France, Norvège, Suède, Brésil, Mexique.

PENTLANDITE, $(FeNi)_9S_8$ (sulfure de fer-nickel), ressemble beaucoup à la pyrrhotite avec laquelle on la trouve presque toujours. Forme des intercroissances avec la pyrrhotite, résultant d'une dissolution de la pyrrhotite durant son refroidissement. Toutefois, elle est cubique et non magnétique. On la trouve dans des roches ignées basiques avec la pyrrhotite, la chalcopyrite, la cubanite, et d'autres sulfures. Le rapport Fe : Ni est toujours de 1 : 1. Sa couleur jaune bronze un peu plus pâle, son trait plus pâle et son non-magnétisme la distingue de la pyrrhotite.

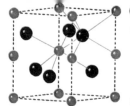

As

Ni

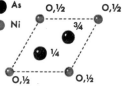

O,½   O,½

¾

¼

O,½   O,½

**Vue plongeante de la nickeline
le long de l'axe hexagonal**

**CRISTAL
DE NICKELINE**
(modèle idéal)

**STRUCTURE
DE LA NICKELITE**

Nickeline (surface polie)
Cobalt, Ontario

Nickeline avec annabergite
Maroc

Nickeline
Mexique

CRISTAUX DE PYRRHOTITE
(Modèles idéaux)

Pyrrhotite avec mica
Micaville, Caroline du Nord

Pyrrhotite massive
Sudbury, Ontario

La pyrrhotite
est attirée
par un aimant;
la pentlandite
ne l'est pas.

Pyrrhotite
Cascade Mts, N.Y.

Pyrrhotite nickelifère
Sudbury, Ontario

Pentlandite
Worthington, Ontario

COVELLITE, CuS (sulfure de cuivre), est peu abondante mais donne d'assez gros gisements dans des zones de filons de cuivre enrichis par une précipitation dans de l'eau descendante. Elle est associée et croît souvent avec la chalcopyrite, la chalcocite, l'énargite et la bornite. Elle provient également de ces minéraux. Sa couleur indigo ou bleu plus foncé, mise en valeur lorsqu'elle est humide, et son iridescence jaune et rouge la distinguent.

Cristallise dans le système hexagonal en plaquettes minces ou en agrégats massifs ou sphéroïdaux. Elle est opaque et son éclat varie de résineux à mat. Trait gris; clivage parfait en une direction; dureté de 1,5–2; densité de 4,60. Contient un peu de fer. Trouvée au Colorado, Montana, Utah, Wyoming, Alaska, Philippines, Yougoslavie, Autriche, Italie, Sardaigne, RFA et RDA, Nouvelle-Zélande et Argentine.

MILLÉRITE, NiS (sulfure de nickel), est un minéral de basse température trouvé dans des filons et cavités de roches de carbonate, de serpentines, de dépôts volcaniques et de météorites. Est souvent le résultat de l'altération d'autres minéraux de nickel. On la reconnaît à sa couleur de laiton et à ses cristaux arénacés.

Cristallise dans le système hexagonal en cristaux élancés, fibreux..., en groupes radiés ou globulaires ou en croûtes columellaires. Elle est cassante; jaune laiton, souvent ternie en gris; a un éclat métallique et est opaque. Contient un peu de cobalt, fer et cuivre. Ses cristaux minces sont élastiques. A un clivage pyramidal, une dureté de 3-3,5 et une densité de 5,36. Est trouvée en Pennsylvanie, Iowa, Missouri, Wisconsin, Québec, Pays de Galles, etc.

BREITHAUPTITE, NiSb (antimoniure de nickel), a la structure de la nickeline (p. 100) avec Sb à la place de tous les As, d'où la similitude entre Sb et As. L'importance des solutions solides entre la breithauptite et la nickeline n'est pas établie mais la présence des deux minéraux ensemble (dans des filons de calcite avec des minéraux d'argent) semble indiquer que la solution solide est faible. Elle cristallise dans le système hexagonal en cristaux prismatiques ou en minces cristaux tabulaires, ou en croissances dendritiques, grains disséminés ou en masses. Elle est cassante, de couleur rouge de cuivre avec une teinte de violet. Elle a un éclat métallique et est opaque. N'a pas de clivage. Son trait est brun-rouge, cassant; densité de 8,63 et dureté de 5,5. Est trouvée en Ontario, Sardaigne et RFA.

KLOCKMANNITE, CuSe (séléniure de cuivre), est rare et a peu été étudiée; on croit que sa structure ressemble à celle de la covellite. Elle est impure et sa composition n'est pas vraiment établie. N'a été trouvée qu'à Sierra de Umango, Argentine; à Skrikerum, Suède et dans les Monts Harz en RFA. On la trouve avec l'umangite Cu_3Se_2, l'ucaïrite CuAgSe, la clausthalite PbSe et la chalcoménite $CuSeO_3$. $2H_2O$ (un produit d'oxydation de la klockmannite). On croit qu'elle cristallise dans le système hexagonal et survient en agrégats granulaires. Est grise, se ternit en noir bleuâtre, est opaque et a un éclat métallique. Son trait est noir-gris; elle a un clivage parfait en une direction. Elle a une dureté de 3 et une densité d'environ 5. **ATTENTION: est toxique**. Il ne faut pas la chauffer.

Chapeau de fer

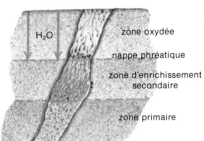

H₂O

zone oxydée

nappe phréatique

zone d'enrichissement
secondaire

zone primaire

Covellite cristallisée
Butte, Montana

**Enrichissement secondaire
d'un filon**

La zone primaire peut être trop
pauvre pour être minée mais le
mouvement de l'eau de surface dissout des minéraux de Cu, les dépose
dans la zone supérieure et l'enrichit.

**Covellite en lames
avec gangue de chert**

**Covellite massive avec
chalcopyrite**
Butte, Montana

**Covellite
avec pyrite**
Butte, Montana

Millérite avec chalcopyrite
Timagami, Ontario

**CRISTAL DE
BREITHAUPTITE**
(modèle idéal)

**Breithauptite avec
gangue de calcite**
Cobalt, Ontario

**Millérite fibreuse
dans de l'hématite**
Antwerp, New York

LE GROUPE DE LA PYRITE comprend des minéraux qui diffèrent fortement tout en ayant la même structure. Dans la pyrite, par exemple, il y a un atome de fer (Fe) à chaque coin d'un cube et au centre de chacune de ses faces et deux atomes de soufre (S) au milieu de chaque arête. La liaison Fe-S de la pyrite et les liaisons semblables d'autres minéraux du groupe pyrite sont covalentes (p. 24) ; ces minéraux sont cassants peuvent être réduits en une poudre brun mat. Ils sont parmi les sulfures les plus durs.

PYRITE, FeS_2 (sulfure de fer), est le sulfure le plus abondant et le plus répandu. On la trouve dans toutes sortes de roches et filons. Plusieurs fossiles, surtout dans des schistes, sont constitués de pyrite formée par l'action du sulfure d'hydrogène, provenant de la décomposition de matière organique, sur le fer. Souvent appelée « or des fous » car on la confond souvent avec l'or, elle est plus dure et plus cassante que l'or. Elle est plus dure et plus jaune que la chalcopyrite et plus jaune que la marcasite (en plus d'avoir une autre forme cristalline). Est surtout utilisée pour la production d'acide sulfurique. Traduit littéralement, pyrite signifie « minéral de feu » ; elle donne des étincelles lorsqu'on la frappe. À l'humidité, elle s'altère rapidement en acide sulfurique et sulfate de fer.

Est trouvée en cubes, pyritoèdres et octaèdres, souvent maclés, et en masses granulaires, radiées et globulaires et en stalactites. Est jaune clair, brune lorsque ternie et a un trait brun-noir. Est opaque, métallique et cassante. Elle ne montre aucun clivage ; a une dureté de 6-6,5, une densité de 5,01. En poudre, est soluble dans l'acide nitrique concentré. Si elle contient du nickel, est appelée bravoïte. Les gisements importants sont en Arizona, Utah, Californie, Illinois, Virginie, Tennessee, New York, New Hampshire, Connecticut, Pennsylvanie, New Jersey et Ontario.

HAUÉRITE, MnS_2 (sulfure de manganèse), est trouvée avec le gypse, le soufre et la calcite dans des milieux de basse température. Est rare. Survient dans des chapeaux de dômes de sel au Texas, des roches volcaniques en Tchécoslovaquie, des roches métamorphiques en Nouvelle-Zélande et des sédiments en Sicile. Rouge-brun à noir, elle forme des octaèdres ou des cubo-octaèdres et des groupements globulaires. Sa dureté est de 4 et sa densité de 3,44.

SPERRYLITE, $PtAs_2$ (arséniure de platine), est un minéral rare et le seul composé naturel connu de platine. Est blanc d'étain avec trait noir, a un éclat métallique, est opaque et cassante. Forme des cristaux cubiques ou cubo-octaédriques, souvent arrondis. A un mauvais clivage et une cassure conchoïdale ; une dureté de 6-7 et une densité de 10,59. Est trouvée en Caroline du Nord, Wyoming, Ontario, Afrique du Sud et U.R.S.S.

PENROSÉITE, $(Ni, Cu, Pb)Se_2$, (séléniure de nickel-cuivre-plomb), n'a été trouvée qu'en Bolivie, associée avec la pyrite, la chalcopyrite et la naumannite. Survient en masses réniformes et est grise, opaque, à éclat métallique et cassante. Son trait est noir, son clivage complexe, sa dureté de 2,5-3 et densité de 7,56. Se dissout dans l'acide nitrique avec effervescence.

LAURITE, RuS_2 (sulfure de ruthénium), a été trouvée dans des sables de placer de platine à Bornéo et avec de la sperrylite et du platine natif en Afrique du Sud. Survient en petits cristaux ou grains arrondis et est noire, opaque, à éclat métallique et cassante. Son trait est gris ; son clivage est octaédrique et parfait. Sa dureté est de 7,5 et sa densité de 6,23. Contient un peu d'osmium.

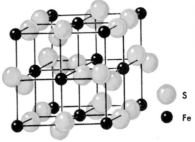

CRISTAUX DE PYRITE
(modèles idéaux)

Cristaux de pyrite
Mine Ojinahua
Chihuahua, Mexique

**STRUCTURE DE
LA PYRITE**

S
Fe

Pyrite
Mexique

Pyrite et pyrrhotite
Polk Co., Texas

Cristal de pyrite
Logrono, Espagne

Pyrite
Rico, Colorado

Pyrite
Silverton, Colorado

Pyrite enrubannée
Binnental, Suisse

Cristaux d'hauérite
Raddusa, Sicile

grains   cristal
Sperrylite
Sudbury, Ontario

105

LA MARCASITE ET SES MINÉRAUX CONNEXES, tels que décrits sur cette page, forment trois groupes : (1) la marcasite ; (2) la lollingite, la safflorite et la rammelsbergite, qui ont une structure semblable à celle de la marcasite et (3) l'arsénopyrite, de structure différente.

MARCASITE, FeS_2 (sulfure de fer), a la même composition que la pyrite (p. 104) mais une structure différente. Très répandue, elle se forme près de la surface où l'acidité est élevée et la température faible ; ailleurs, il se forme plutôt de la pyrite. Est trouvée le plus souvent dans des sédiments, surtout les argiles et lignites. Son faciès particulier en crête de coq nous permet souvent de la distinguer de la pyrite. Survient souvent avec les minerais de plomb et de zinc, notamment à Joplin, Missouri, et Galena, Illinois. Se détériore rapidement à l'humidité.

 Cristallise dans le système orthorhombique en cristaux prismatiques ou tabulaires, souvent avec des faces arrondies, en agrégats en crête de coq ou en macles en fer de lance, et en stalactites et formes globulaires, concentriques et radiées. Est jaune laiton pâle (plus pâle que la pyrite), montre une cassure blanc d'étain, a un éclat métallique, est opaque et cassant. Son trait est noir, sa cassure quelconque, sa dureté de 6-6,5 et sa densité de 4,88. Est trouvée en Oklahoma, Kansas, Wisconsin, Kentucky, Mexique, Angleterre, Grèce, RFA et RDA, Tchécoslovaquie, etc.

LOLLINGITE, $FeAs_2$ (arséniure de fer), est trouvée dans des filons de moyenne température, souvent avec des sulfures de fer et de cuivre. Peut contenir du cobalt, nickel, antimoine et soufre. Cristallise dans le système orthorhombique en cristaux prismatiques, quelquefois maclés, ou en formes massives. Est gris d'argent, à éclat métallique et cassante. A un clivage prismatique, une dureté de 5-5,5 et une densité de 7,40-7,58. Est trouvée dans le Maine, New Hampshire, New York, New Jersey, Colorado, Ontario, Autriche, Pologne, Espagne, Norvège, Chili.

RAMMELSBERGITE, $NiAs_2$ (arséniure de nickel) est trouvée avec la lollingite, des minéraux de la skuttérudite, des sulfures et d'autres arséniures dans des filons de moyenne température. Cristallise probablement dans le système orthorhombique en masses granulaires ou fibreuses, rarement en cristaux. Est blanc d'étain, un peu rouge, à éclat métallique, et opaque. Son trait est noir, sa dureté de 5,5-6, sa densité de 7,1 environ. Trouvée en RDA, Autriche, France, Italie, Suisse, Chili, Canada. S'altère rapidement et forme de l'annabergite.

SAFFLORITE, $(Co,Fe)As_2$, (arséniure de cobalt-fer), est l'analogue au cobalt de la lollingite avec habituellement de 5 à 16% de fer. Cristallise dans le système orthorhombique en cristaux tabulaires ou prismatiques, souvent maclés, et en masses fibreuses. Est blanc d'étain (ternit en gris), à éclat métallique, opaque et cassante. Son trait est noir, a un clivage en plaques et sa cassure est quelconque. A une dureté de 4,5-5 et une densité de 7,70. Est trouvée en RFA et RDA, Suède, Mexique, Ontario.

ARSÉNOPYRITE, $FeAsS$ (sulfoarséniure de fer), est le principal minerai d'arsenic. Survient dans des filons de haute température avec des minerais de cuivre, d'argent et d'or ; dans des pegmatites et des roches de métamorphisme de contact. Cristallise dans le système monoclinique en cristaux prismatiques et en masses granulaires et en colonnes. Est gris blanc, à éclat métallique, opaque et cassante. Son trait est noir, clivage en dôme, sa cassure quelconque, sa dureté de 5,5-6 et sa densité de 6,18. Est très répandue.

MACLE DE MARCASITE
(modèle id.al)

Marcasite en crête de coq

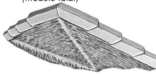

CRISTAL DE MARCASITE
(modèle idéal)

CRISTAUX DE LOLLINGITE
(modèle idéal)

Marcasite

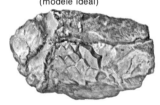

Lollingite
Springfield, N.H.

CRISTAUX D'ARSÉNOPYRITE
(modèles idéaux)

Rammelsbergite
South Loraine, Ontario

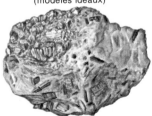

Arsénopyrite massive
Broken Hill, Australie

LE GROUPE DE LA COBALTITE comprend trois minéraux ayant à peu près la structure de la pyrite (p. 104). Chacun a une paire formée d'un atome d'arsenic (As) ou un atome d'antimoine (Sb) et d'un atome de soufre (S) à la place de la paire de S dans la pyrite. Ce sont d'importants minerais de cobalt (Co). La gersdorffite et l'ullmannite sont également des sources de nickel. Les teneurs en Ni, Fe et Co ne sont pas fixes et dans l'ullmannite, on a beaucoup de Sb et de Bi à la place du As. La couleur et la forme cristalline nous aident à distinguer ces trois minéraux des autres mais à cause de leur ressemblance et de leurs propriétés variables (en fonction de la composition), ils sont difficiles à distinguer l'un de l'autre.

COBALTITE, (Co,Fe,)AsS, (sulfoarséniure de cobalt), contient jusqu'à 10% de fer (fer de la formule) et un peu de nickel. On la trouve en cristaux disséminés dans des roches métamorphiques et en filons dans des roches ignées avec d'autres sulfures et arséniures de cobalt et de nickel. Il y a probablement une solution solide totale (p. 32) entre la cobaltite et la gersdorffite mais peu de minéraux intermédiaires ont été trouvés.

Cristallise dans le système cubique en cubes, pyritoèdres et masses granulaires. Couleur variant de blanc d'argent à gris noir avec une teinte de rouge (couleur varie avec la teneur en Fe), a un éclat métallique, est opaque et cassante. Son trait est noir, son clivage est cubique et parfait, sa cassure quelconque, sa dureté de 5,5, sa densité de 6,30. Est décomposée par l'acide nitrique avec séparation de S. Est trouvée en U.R.S.S., Pologne, Angleterre, RDA, aux Indes, en Australie, etc.

GERSDORFFITE, (Ni,Fe,Co)AsS (sulfoarséniure de nickel), est le membre au Ni de l'extrémité de la série de solutions solides cobaltite-gersdorffite, avec une formule idéale NiAsS. Toutefois, plusieurs spécimens contiennent jusqu'à 16% de Fe et 14% de Co. Une variété avec jusqu'à 13% de Sb au lieu de As est appelée corynite. Elle est assez rare ne survenant qu'avec d'autres minéraux de nickel et des sulfures dans des filons. Cristallise dans le système cubique en octaèdres, pyritoèdres et masses granulaires ou lamellaires. Est de blanc d'argent à gris, à éclat métallique et opaque. Se décompose dans l'acide nitrique chaud avec séparation de S. Son trait est noir, a un clivage cubique parfait, une cassure quelconque, une dureté de 5,5 et une densité (moyenne) de 5,9. Est trouvée en Pennsylvanie, Connecticut, Ontario, Rhodésie, Suède, Allemagne, etc.

ULLMANNITE, (Ni,Co)(Sb,As)S, est associée à la série cobaltite-gersdorffite par la corynite, Ni(As,Sb)S, qui pourrait être un membre intermédiaire d'une série de solutions solides gersdorffite-ullmannite. A essentiellement la même structure que la cobaltite et la gersdorffite et est trouvée avec cette dernière et d'autres minéraux de nickel dans des filons hydrothermaux. Cristallise dans le système cubique en cubes, octaèdres, pyritoèdres et formes massives. Ses cristaux peuvent être maclés. Les faces des cubes sont striées. Est de blanc à gris, à éclat métallique et opaque. Son trait est noir. Sa dureté est de 5-5,5 et sa densité de 6,65 (varie avec la composition). Son clivage est cubique et parfait, sa cassure quelconque et elle est cassante. Se décompose dans l'acide nitrique. Est trouvée en RFA, Autriche, Australie, France, Angleterre. La willyamite et la kallilite en sont des variétés.

Tunaberg,
Suède

Hakansbo, Suède
(modèle idéal)

Skutterud, Norvège

CRISTAUX DE COBALTITE

Cobaltite dans de l'ardoise
Cobalt, Ontario

Cobaltite dans le quartz
Cobalt, Ontario

**Mineral concentré
de cobaltite,**
Cobalt, Ontario

Cobaltite
Elliot Lake, Ontario

Gersdorffite
Alora, Espagne

Ullmannite
Siegen, RFA

Corynite
Olsa, U.R.S.S.

Gersdorffite
Salsbourg, Autriche

Ullmannite
Siegen, RFA

109

LE GROUPE DE LA SKUTTÉRUDITE, nommée en l'honneur de la ville de Skutterud en Norvège, constitue une série de solutions solides totales (p. 32) entre la smaltite et la chloanthite. Les membres intermédiaires sont appelés skuttérudites. Ces minéraux ont une déficience en As, indiquée par x dans la formule ; dans la smaltite et la chloanthite, x est de 0,5-1. Il est de 0-0,5 dans les skuttérudites intermédiaires. Sources importantes de cobalt et de nickel, ces minéraux sont trouvés dans des filons de moyenne température avec d'autres minéraux de cobalt et de nickel. La structure cristalline est semblable à celle de la pyrite.

 Cristallisent dans le système cubique en cubes, pyritoèdres ou octaèdres souvent déformés et quelquefois maclés, et en treillis et masses granulaires. Leur couleur varie de blanc d'étain à gris (gris terni), sont souvent iridescents, ont un éclat métallique, sont opaques et cassants. Ils sont solubles dans l'acide nitrique, les membres riches en Co produisant des solutions rouges et les membres riches en Ni des solutions vertes. Leur trait est noir, leur clivage est mauvais, leur cassure conchoïdale ou quelconque, leur dureté 5,5-6, leur densité 6,1-6,9 (selon la composition). Sont trouvés au Connecticut, Colorado, Massuchusetts, New Jersey, Nouveau-Mexique, Missouri, Ontario, Norvège, RFA et RDA, Autriche, Hongrie, Suisse, Espagne, France, Îles britanniques, Afrique du Sud, Australie, Chili.

SMALTITE, (Co, Ni) As_{1-x} (arséniure de cobalt-nickel) est la skuttérudite riche en Co. Est habituellement altérée en érythrite (Co, Ni)$_3$ $(AsO_4)_2$. $8H_2O$, laquelle est rouge ou rose.

CHLOANTHITE, (Ni, Co) As_{2-x} (arséniure de nickel-cobalt), est la skuttérudite riche en Ni. Est altérée en annabergite, $(Ni,Co)_3(AsO_4)_2.8H_2O$, analogue à l'érythrite mais verte.

LE GROUPE DE LA KRENNÉRITE comprend la calavérite, la sylvanite et la krennérite. On trouve ces minéraux dans des filons de basse température, quelquefois dans des filons de haute température, avec des sulfures, de l'or et d'autres tellurures. La krennérite a la composition de la calavérite mais cristallise dans le système orthorhombique et a une structure plus complexe. Nous ne la décrirons pas ici. La sylvanite a probablement la même structure que la calavérite mais la moitié des positions des métaux (ou moins) sont occupées par Ag. Les deux cristallisent dans le système monoclinique.

CALAVÉRITE, Au_2Te_4 (tellurure d'or), survient en prismes lamellés striés, souvent maclés, et en masses granulaires. A une couleur allant de bronze à argent (se ternit en jaune), un éclat métallique ; est opaque et cassante. Son trait est gris jaune ou gris vert, sa dureté 2,5-3 et sa densité 9,31. Pas de clivage. Se dissout dans l'acide nitrique concentré chaud, donnant de l'or métallique en solution rouge. Trouvée en Californie, Colorado, Ontario, Australie, Philippines. Contient souvent de l'argent.

SYLVANITE, $AgAuTe_4$ (tellurure d'or et d'argent), survient en prismes trapus, quelquefois maclés, et en formes granulaires, squelettiques ou colonnes. Sa couleur varie de gris acier à argent avec une teinte de jaune (couleur du trait). A un éclat métallique, est opaque et cassante. A un parfait clivage en une direction, une cassure quelconque, une dureté de 1,5-2 et une densité de 8,11. Se dissout dans l'acide nitrique avec séparation d'or métallique. Est trouvée notamment à Cripple Creek, Colorado ; aussi en Californie, Idaho, Orégon, Ontario, Roumanie, Australie.

Cristal de skuttérudite
Skutterud, Norvège

CRISTAUX DE SMALTITE
(modèles idéaux)

Smaltite
Cobalt, Ontario

Smaltite
RFA

Chloanthite
Schneeberg, RFA

Chloanthite
Cobalt, Ontario

Calavérite
Cripple Creek, Colorado

Sylvanite
Cripple Creek, Colorado

111

SULFOSELS

Les sulfosels sont des sulfures d'un type spécial (p. 82) dans lesquels le soufre est combiné à un ou plusieurs métaux et un ou plusieurs métalloïdes. Les métalloïdes — surtout l'arsenic (As) et l'antimoine (Sb) — occupent des positions métalliques dans le cristal. Par exemple, la covellite (CuS) est un sulfure habituel avec Cu aux positions métalliques et S aux positions non métalliques. L'énargite (Cu_3AsS_4), un sulfosel, est chimiquement semblable mais le métalloïde As occupe le quart des positions métalliques. Ceci ne signifie pas que les deux minéraux ont la même structure ou que l'un dérive de l'autre.

Contrairement à ce que l'on peut croire, la pyrite (FeS_2) est un sulfure mais l'arsénopyrite n'est pas un sulfosel (FeAsS). C'est une sulfure car As occupe des positions plutôt non métalliques.

Les sulfosels sont géologiquement semblables aux sulfures, survenant dans des filons et causés par une précipitation de solutions hydrothermales au cours des dernières étapes de la cristallisation magmatique. En général, ils sont chimiquement et cristallographiquement complexes.

LE GROUPE ARGENT À COULEUR DE RUBIS comprend deux minéraux d'argent rouge rouges. La pyrargyrite est le plus commun des deux. On a peu d'indices de solutions solides entre les deux (p. 32). On les trouve ensemble dans les filons de basse température avec d'autres minéraux d'argent, la calcite et le quartz.

PYRARGYRITE, Ag_3SbS_3 (sulfo-antimoniure d'argent), est un important minerai d'argent. Est souvent causée par l'altération de l'argentite ou de l'argent natif et se transforme en ces minéraux lorsqu'elle s'altère.

Cristallise dans le système hexagonal en cristaux prismatiques ou masses compactes. Est rouge sombre, a un éclat adamantin, est translucide et cassante. Son trait est rouge pourpre ; son clivage pyramidal, sa cassure conchoïdale ou quelconque. Sa dureté est de 2,5, sa densité de 5,82. Se décompose dans l'acide nitrique avec séparation de soufre (jaune) et de trioxyde d'antimoine (blanc) Sb_2O_3. Est trouvée au Colorado, Nevada, Idaho, Ontario, Mexique, Chili, Bolivie, RDA, Tchécoslovaquie, Espagne.

PROUSTITE, Ag_3AsS_3 (sulfoarséniure d'argent), est l'analogue de l'arsenic de la pyrargyrite, avec As au lieu de Sb. Peut être altérée en argentite ou argent natif et provenir de l'un ou l'autre.

Est comme la pyrargyrite à quelques petites différences près. À un trait rouge, peut contenir un peu d'antimoine et se décompose dans l'acide nitrique avec séparation de soufre (jaune). Sa dureté est de 2-2,5, sa densité de 5,62. Est trouvée au Colorado, Nevada, Idaho, Californie, Ontario, Mexique, Chili, RDA, Tchécoslovaquie, France et Sardaigne.

Pyrargyrite
Gunnison Co, Colorado

Pyrargyrite
RDA

Pyrargyrite massive
Colquechaca, Bolivie

Pyrargyrite et stéphanite
Fribourg, RDA

Proustite
Chanarcillo, Chili

Proustite
Marienberg, RDA

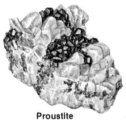

Proustite
Mexique

Proustite
Chanarcillo, Chili

113

LE GROUPE DE LA TÉTRAÉDRITE forme une série de solutions solides totales de minéraux (p. 32) allant de la tétraédrite, le membre à l'antimoine (Sb) du bout de la série, à la tennantite, le membre du bout à l'arsenic (As). Le cuivre est prédominant dans chacun mais d'autres métaux (surtout le fer et le zinc) le remplacent de façon importante. Les minéraux de ce groupe sont parmi les sulfosels les plus répandus. Leur apparence gris métallique, leur fragilité et cristaux tétraédriques (si présents) nous aident à les identifier mais on peut difficilement les distinguer sans essais chimiques.

TÉTRAÉDRITE, $(Cu,Fe)_{12}Sb_4S_{13}$ (sulfo-antimoniure de cuivre et de fer), est un des sulfosels les plus répandus. On le trouve presque partout dans les régions minières, surtout dans des filons de basse et moyenne températures. Un minerai important de cuivre, elle peut contenir assez d'argent pour en constituer un minerai intéressant.

 Cristallise dans le système cubique en cristaux tétraédriques, souvent maclés, et en masses granulaires. Est de couleur noir-gris, métallique, opaque, cassante. N'a pas de clivage, a une cassure quelconque. Son trait varie de noir à brun à rouge. Sa dureté est de 3-3,5, sa densité de 4,6-5,1. Est trouvée en Idaho, Utah, Montana, Colorado, Nouveau-Mexique, Nevada, Arizona, Californie, Colombie Britannique, Bolivie, Pérou, Chili, RDA, Suède, France, Roumanie, Suisse, Italie, Algérie, Angleterre, Autriche.

TENNANTITE, $(Cu,Fe)_{12}As_4S_{13}$ (sulfo-arséniure de cuivre et de fer), est trouvée dans des filons de basse et moyenne températures. Plus rare que la tétraédrite, elle y ressemble mais est plus foncée et plus dure (4) ; elle est plus dense (4,6). Se trouve au Colorado, Idaho, Utah, Montana, Caroline du Nord, Virginie, Québec, Ontario, Colombie Britannique, Angleterre, Norvège, Mexique, Pérou, Suisse, Suède, RDA, Pologne.

AUTRES SULFOSELS

JAMESONITE, $Pb_4FeSb_6S_{14}$ (sulfo-antimoniure de plomb et de fer), est un « minerai de plumes » ; a un facies comme des plumes ou aiguilles. Relativement rare, est formée avec d'autres sulfosels dans des filons de basse et moyenne températures. Est gris sombre, monoclinique et clive en une direction. À une dureté de 2,5 et une densité de 5,67. Est trouvée dans plusieurs régions minières.

BOULANGÉRITE, $Pb_5Sb_4S_{11}$ (sulfo-antimoniure de plomb), est un minerai secondaire de plomb. Est également un minerai « plumeux » trouvé dans des filons avec des sulfosels et sulfures. Cristallise dans le système monoclinique ; est bleu-gris et devient jaune en s'oxydant. Se dissout dans l'acide chlorhydrique en libérant du sulfure d'hydrogène (odeur d'œufs pourris). On la trouve un peu partout en petites quantités.

ZINCKÉNITE, $Pb_6Sb_{14}S_{27}$ (sulfo-antimoniure de plomb), un autre minerai de plumes assez rare, cristallise dans le système hexagonal. Est grise et n'a pas de clivage net. Dureté de 3-3,5, densité de 5,22. Trouvée dans des régions riches en autres sulfosels dans des filons de basse et moyenne températures. Peut contenir jusqu'à 6% d'arsenic.

STÉPHANITE, Ag_5SbS_4 (sulfo-antimoniure d'argent), est relativement rare. Cristallise dans le système orthorhombique en cristaux prismatiques courts ou tabulaires ou en formes massives. Est noire et a un trait noir, un éclat métallique, une dureté de 2-2,5 et une densité de 6,47. Est trouvée dans plusieurs filons d'argent de basse température. A déjà été un important minerai d'argent au Nevada.

Tétraèdre

Bitétraèdre

Tritétraèdre

Hexotétraèdre

FORMES CRISTALLINES DE LA TÉTRAÉDRITE
(modèles idéaux)

**CRISTAL TYPIQUE
DE TÉTRAÉDRITE**
(modèle idéal)

TÉTRAÈDRES MACLÉS
(modèle idéal)

Tétraédrite avec sidérite
Cœur d'Alene, Idaho

**Tétraédrite avec
cristaux de quartz**
Bingham, Utah

**Jamesonite
avec quartz**
Cœur d'Alene, Idaho

Tennantite massive
Superior, Arizona

Zinckénite
Colombie Britannique

Boulangérite massive
Oberhahr, RFA

Boulangérite fibreuse
Stevens Co., Washington

Cristaux de stéphanite

LE GROUPE DE L'ÉNARGITE comprend l'énargite, un sulfure de cuivre riche en arsenic, et la famatinite, un sulfure de cuivre riche en antimoine. L'énargite peut contenir jusqu'à 6% d'antimoine en remplacement de l'arsenic, et la famatinite jusqu'à 10% d'arsenic au lieu de l'antimoine. Les deux minéraux croissent souvent ensemble dans des filons de moyenne température.

ÉNARGITE, Cu_3AsS_4 (sulfo-arséniure de cuivre), à certains endroits, est un important minerai de cuivre (à Butte, Montana par exemple). Sa couleur noire et son bon clivage prismatique aident à l'identifier.

Cristallise dans le système orthorhombique en cristaux prismatiques ou tabulaires et en masses granulaires. Elle est cassante, opaque et a un éclat métallique (mat si ternie). Son trait est noir, sa dureté est de 3 et sa densité de 4,40. On la trouve en Utah, Nevada, Missouri, Arkansas, Louisiane, Alaska, Mexique, Argentine, Chili, Philippines, Taïwan, Autriche, Sardaigne, Hongrie, Yougoslavie, Afrique du Sud-Ouest, etc.

FAMATINITE, Cu_3SbS_4 (sulfo-antimoniure de cuivre), est plus rare que l'énargite. Sa structure est semblable à celle de la sphalérite (p. 96). Cristallise probablement dans le système cubique en très petits cristaux, en masses de granulaires à denses. Est grise avec une teinte de rouge. Dureté de 3,5 et densité de 4,50. Est trouvée en Californie, Pérou, Bolivie, Hongrie, Philippines, Afrique du Sud-Ouest...

LE GROUPE DE LA BOURNONITE est constitué de deux sulfures de plomb et de cuivre, un (la bournonite) riche en antimoine et l'autre (la séligmannite) en arsenic. Il y a une solution solide incomplète entre elles (p. 32) car la bournonite peut contenir au-delà de 3% d'arsenic à la place de l'antimoine. On les trouve (en général, pas ensemble) dans des filons de moyenne température avec d'autres sulfosels et sulfures ; la séligmannite est également courante dans des environnements de basse température.

BOURNONITE, $PbCuSbS_3$ (sulfo-antimoniure de plomb et de cuivre), est l'un des sulfosels les plus communs et un minerai important de plomb et de cuivre. Elle est associée à la galène, à la sphalérite et à d'autres minéraux de cuivre. Le rapport Pb:Cu est environ 1:1.

Cristallise dans le système orthorhombique en cristaux prismatiques ou tabulaires et en masses granulaires. Elle est grise à noire (même trait), à éclat métallique, est opaque et cassante. À un clivage imparfait, une dureté de 2,5-3 et une densité de 5,93. Se décompose dans l'acide nitrique avec des résidus blancs. Est trouvée en plusieurs régions de l'Amérique du Nord, du Sud et de l'Europe.

SÉLIGMANNITE, $PbCuAsS_3$ (sulfo-arséniure de plomb et de cuivre), est relativement rare et peu étudiée. Est trouvée avec d'autres sulfures dans des cavités de la dolomite. Cristallise dans le système orthorhombique en cristaux tabulaires ou prismatiques courts, souvent maclés. Est noire et cassante. Possède peu de clivage, a un trait brun à noir-violet, une dureté de 3 et une densité de 5,54. Trouvée en Utah, Montana, Australie, Suisse.

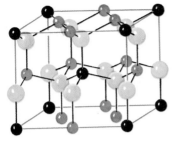

S
Cu
As

CRISTAL D'ÉNARGITE
(modèle idéal)

STRUCTURE DE L'ÉNARGITE
(noter la ressemblance
avec la greenockite, p. 85)

**Énargite avec pyrite
et quartz**
Butte, Montana

Énargite
Mine National Belle
Red Mt, San Juan Co.,
Colorado

**Énargite avec
pyrite**
Cerro de Pasco,
Pérou

Famatinite
Goldfield, Nevada

Famatinite
Province de
La Rioja,
Argentine

Cristaux de bournonite
Mine herodsfoot
Cornwall, Angleterre

Cristaux de bournonite
Allemagne

**Bournonite contenant
de l'arsenic**
Mine Zuni,
Silverton, Colorado

**Séligmannite et
Dufrenoysite**
Suisse

117

HALOGÉNURES

Les halogénures sont des sels dont le plus connu est le sel commun (halite). Chacun est constitué d'un halogène — fluor, chlore, brome ou iode — et d'un métal. La liaison entre les atomes est fortement ionique (p. 22) si le métal est très métallique, ou plus covalente (p. 24) si le métal n'est pas si métallique qu'il pourrait l'être.

En général, les halogénures sont solubles dans l'eau. Même ceux qui ne le sont pas à température et pression atmosphérique sont encore plus solubles que la plupart des composés à température et pression plus élevées. On trouve donc les halogénures dans des environnements géologiques constitués à basse température — dans des gisements près de la surface d'origine hydrothermale, à proximité de sources d'eau chaude et de geysers et plus particulièrement dans des gisements créés par évaporation.

Depuis les débuts de formation de la terre, d'importantes quantités d'halogénures sont allées dans les océans, les rendant salés. Mais les océans ne sont pas saturés car les halogénures sont très solubles. Lorsqu'un bras de mer est séparé de l'océan, l'évaporation de l'eau entraîne la concentration du sel qui se dépose en couches au fond. Ceci s'est répété à maintes reprises et a créé les gros gisements épais de halite et autres halogénures que nous exploitons actuellement. Les lacs d'eau douce, comme le Grand Lac Salé, deviennent salés à la longue car à mesure qu'il y a évaporation, les sels dissous demeurent et deviennent plus concentrés.

Nous décrivons ci-dessous quatre halogénures non habituels. Tous, à l'exception du calomel, ont la structure de la sphalérite (p. 96).

CALOMEL, HgCl (chlorure de mercure), cristallise dans le système quadratique, habituellement en prismes tabulaires et en druses ou masses terreuses. Il est transparent; incolore; gris, jaune ou brun; a un éclat adamantin; est sectile et insoluble dans l'eau. Sa dureté est de 1,5 et sa densité de 7,23. Est trouvé en RFA, Yougoslavie, Espagne, France, Mexique, Texas, Arkansas, Californie. Est formé par l'altération d'autres minéraux de mercure.

NANTOKITE, CuCl (chlorure de cuivre), cristallise dans le système cubique, habituellement en masses granulaires. Est transparente, incolore, verte ou grise (trait blanc); a un éclat adamantin et est cassante. Se décompose dans l'eau; libère une odeur de chlore lorsque broyée; se dissout dans l'acide chlorhydrique, nitrique et l'hydroxyde d'ammonium. Sa dureté est de 2,5 et sa densité de 4,22. A été trouvée à Nantoko, Chili, et en Australie.

MARSHITE, CuI (iodure de cuivre), est un des quelques iodures naturels. Cristallise dans le système cubique formant des cristaux tétraédriques; est transparente, incolore ou jaune pâle (ternit en rouge sombre, a un trait blanc); a un éclat adamantin; est insoluble dans l'eau et est cassante. A une dureté de 2,5 et une densité de 5,60. Forme une solution solide totale avec la miersite; est trouvée en Chili, Australie. Peut être formée par l'action de l'iodure d'hydrogène sur le cuivre.

MIERSITE, AgI (iodure d'argent), cristallise dans le système cubique formant des cristaux tétraédriques. Est jaune (avec trait jaune), transparente, a un éclat adamantin et est cassante. (Une de ses formes hexagonales est appelée iodargyrite.) À une dureté de 2,5 et une densité de 5,67. La miersite et la marshite forment une série de solutions solides totales et deviennent du cuivre et de l'argent par l'action de l'acide sulfurique et du zinc. La miersite est trouvée à Broken Hill, Australie.

TABLEAU PÉRIODIQUE DES ÉLÉMENTS

montrant les halogènes et les métaux que l'on trouve dans les halogénures naturels.

3 Li																9 F
11 Na	12 Mg										13 Al	14 Si				17 Cl
19 K	20 Ca			25 Mn	26 Fe		29 Cu									35 Br
	39 Y						47 Ag									53 I
55 Cs	57 La									80 Hg	82 Pb	83 Bi				85 At

Les halogènes, fluor, chlore, brome, iode et astate sont les éléments du groupe VII qui ne demandent qu'un seul électron pour être stables. Ils s'ionisent facilement en ions –1 et se lient facilement à des ions métalliques. Seuls les éléments qui forment des halogénures insolubles dans l'eau se retrouvent comme minéraux.

F^{-1} 1.36 Cl^{-1} 1.81 Br^{-1} 1.95 I^{-1} 2.16

Grosseur des ions d'halogénures, Angstroms

CRISTAL DE CALOMEL
(modèle idéal)

Calomel
Bavière, RFA

Calomel avec mercure
Terlingua, Texas

Nantokite

CRISTAL DE MARSHITE
(modèle idéal)

Marshite
Broken Hill, Australie

Marshite
Broken Hill, Australie

119

LE GROUPE DE LA HALITE comprend les halogénures qui ont la structure de la halite. Dans la halite, NaCl, l'ion Na^+ est tellement gros qu'il doit être entouré par six ions Cl^- pour être bien isolé des autres ions positifs. De même, chaque ion Cl^- est entouré par six ions Na^+ car chacun a une charge de signe contraire. La structure est donc cubique avec des atomes identiques à chaque coin du cube et au centre de chacune des six faces. Dans les trois directions axiales, on a des lignes de Na^+ et Cl^- en alternance. Les halogénures de Na^+ et K^+ (potassium) ont un caractère très ionique (p. 22) et sont solubles dans l'eau. Les halogénures de Ag^+ (argent) sont beaucoup plus covalents (p. 24) et sont insolubles.

HALITE, NaCl (chlorure de sodium), est l'halogénure le plus abondant et compte parmi les cristaux les plus étudiés. Est trouvée en gros gisements, en grands lits, et en dômes de sel qui se sont élevés des profondeurs. Étant le sel de table commun, c'est un minéral très connu. Est en demande comme condiment ; son goût distinctif nous permet de l'identifier de façon certaine. Elle est la principale source de chlore pour la fabrication de l'hypochlorite de sodium, utilisé comme agent de blanchiment et désinfectant.

Cristallise dans le système cubique, a un clivage cubique parfait et survient en masses de cristaux entremêlés — surtout avec des cubes (souvent avec des faces en trémie) et quelquefois des octaèdres. Est normalement grise, avec des inclusions d'argile, quelquefois blanche, jaune, rouge, bleue ou pourpre. Son trait est blanc. Elle est transparente, a un éclat vitreux et est cassante. Sa dureté est de 2 et sa densité de 2,17. Est trouvée en U.R.S.S., (les fameuses mines de sel de Sibérie), Autriche, RFA, Pologne, Angleterre, Suisse, France, Sicile, Espagne, Afrique du Sud-Ouest, Indes, Algérie, Éthiopie, Chine, Pérou, Colombie, Ontario, New York, Ohio, Michigan, Texas, Louisiane (dômes de sel), Nouveau-Mexique, Utah, Californie, Kansas, Nevada et Arizona.

SYLVITE, KCl (chlorure de potassium), est un sel qui se trouve comme la halite et qui l'accompagne souvent tout en étant beaucoup plus rare. Ceci est possiblement dû au fait que les ions de potassium de la croûte terrestre sont en grande partie retenus par les minéraux argileux plutôt que d'être dissous dans l'eau. Même si la sylvite ressemble beaucoup à la halite, elle est moins dense et a un goût plus amer. Elle est aussi moins cassante, se déformant bien sous l'action de contraintes.

Cristallise dans le système cubique, a un clivage cubique parfait, et forme des cubes et octaèdres, les deux types de cristaux étant rares. Elle survient surtout en masses granulaires. À un éclat vitreux, est blanche transparente, grise, bleue, rouge, ou jaune et a un trait blanc. Sa dureté est de 2 et sa densité de 1,99. On la trouve dans des bassins salins et des fumerolles en RDA, Pologne, Sicile, Italie, Chili, Pérou, Nouveau-Mexique, Texas.

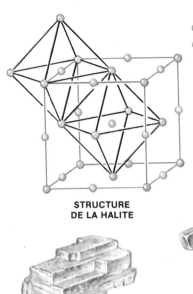

Cl

Na

Cube

Cristal
en trémie

CRISTAUX DE HALITE
(modèles idéaux)

**STRUCTURE
DE LA HALITE**

Sel de table

Sel gemme
Retsof, N.Y.

Clivage de la halite
Houston, Texas

incolore

jaune

rouge

bleue

Halite

QUELQUES COULEURS

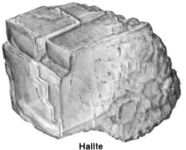

Halite
Caltanissetta,
Sicile

**Sylvite
avec halite**
Midland, Texas

Cristaux de sylvite
Stassfurt, RDA

Sylvite
Eddy Co.,
Nouveau-Mexique

121

VILLIAUMITE, NaF (fluorure de sodium), n'est trouvée qu'en quantités infimes mais intéressantes car elle remplit de petites cavités dans les roches riches en sodium de la Guinée et de la péninsule Kola en U.R.S.S. Elle a la structure de la halite (p. 120) mais sa solubilité est relativement faible. La villiaumite synthétique est incolore mais le minéral est rouge profond à cause de défauts de structure. La couleur disparaît en chauffant.

Cristallise dans le système cubique formant des cristaux cubiques (souvent en trémie) et plus souvent des masses granulaires. À un clivage cubique parfait et un trait blanc. Est cassante, vitreuse, et est soluble dans l'acide chlorhydrique. Dureté de 2-2,5, densité de 2,81.

CHLORARGYRITE, AgCl (chlorure d'argent), souvent appelée corne d'argent, est le membre chlorure de bout d'une série de solutions totales (p. 32) avec la bromargyrite, AgBr. La plupart des spécimens contiennent Br; ceux qui ont plus de Cl que de Br sont de la chlorargyrite. L'iode peut également être présent. Un minéral secondaire, la chlorargyrite provient de l'altération de minéraux de filons d'argent, surtout dans les régions arides où il n'y a pas de cours d'eau pour entraîner Cl ou Br. On la reconnaît par son apparence de corne et sa sectilité (peut être coupée au couteau).

Cristallise dans le système cubique en cristaux cubiques (rares) et en masses cireuses, croûtes et colonnes. N'a pas de clivage. Blanche lorsque pure, est habituellement grise changeant en pourpre ou brun lorsqu'exposée à la lumière; le brome la brunit et l'iode donne une couleur plus prononcée. Dureté de 2,5 et densité de 5,55, augmentant avec la teneur en brome. Insoluble dans l'eau, se dissout dans l'hydroxyde d'ammonium. Gisements principaux: Australie, Chili, Pérou, Bolivie, Mexique, Colorado, Californie, Nevada et Idaho.

BROMARGYRITE, AgBr (bromure d'argent), est plus rare que la chlorargyrite, AgCl, avec laquelle elle forme une série de solutions solides totales. Elle comprend tous les spécimens contenant plus de brome que de chlore. Comme on peut s'y attendre, les deux membres d'extrémités de la série ne surviennent jamais ensemble mais sont trouvés dans un environnement analogue (voir la chlorargyrite). La bromargyrite cristallise dans le système cubique en cristaux cubiques et plus souvent en masses granulaires. Ne clive pas et est plastique. Couleur et trait bruns. A un éclat résineux, une dureté de 2,5, une densité de 6,5 (si pur, autrement diminue avec Cl). Trouvée en RFA, France, U.R.S.S., Australie, Chili, Mexique et Arizona.

SALMIAC, NH$_4$Cl (chlorure d'ammonium), n'a pas la structure de la halite (p. 120) à température ordinaire — plutôt huit ions Cl$^-$ entourant l'ion NH$_4^+$ — mais nous l'incluons car sa structure prend la structure de la halite à 194,3° C. Se forme comme sublimé près des fumerolles de volcans et dans les dépôts de laves. Cristallise dans le système cubique, a un clivage octaédrique imparfait, et survient en cristaux, formes dendritiques, et masses fibreuses et terreuses. Est gris, blanc, jaune ou brun, avec un éclat vitreux et un goût salé amer. Est cassant. Dureté de 2 et densité de 1,54. Trouvé en France, RFA, Angleterre, Italie, Pérou, Chili.

Cristal en trémie
(modèle idéal)

CRISTAUX DE VILLIAUMITE

Villiaumite
Agrégat cristallin avec
variation de couleur

Chlorargyrite
Leadville, Colorado

Chlorargyrite
Globe District, Arizona

**Chlorargyrite
(avec brome)**
Broken Hill,
Australie

Bromargyrite
Belmont, Nevada

Bromargyrite
Leadville, Colorado

Salmiac
Vésuve, Italie

Na^{+1} entouré
de 6 Cl^{-1}

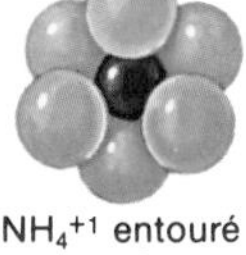

NH_4^{+1} entouré
de 6 Cl^{-1}

NH_4^{+1} entouré
de 8 Cl^{-1}

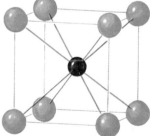

STRUCTURE DU SALMIAC

Na^{+1} NH_4^{+1} Cl^{-1}

Na^{+1} est stable lorsqu'entouré de 6 Cl^{-1} car il est isolé des
autres ions Na^{+1}. $(NH_4)^{+1}$ est trop gros pour être isolé par 6
ions Cl^{-1}. Il doit être entouré par 8 ions Cl^{-1}. La structure
du salmiac est la même que celle de CsCl.

LE GROUPE DE LA FLUORITE comprend la fluorite, CaF_2, et d'autres minéraux avec différentes quantités de métaux plus rares que le calcium, notamment l'yttrium et le césium, occupant une partie des positions métalliques. L'ion calcium, Ca^{++}, à cause de sa double charge, doit se combiner avec deux ions de fluor F^-. Huit ions F étant nécessaires pour isoler les ions métalliques positifs (Ca) des autres ions métalliques, la structure de la fluorite comporte des Ca entourés par huit F et chaque F entouré par quatre Ca.

FLUORITE, CaF_2 (fluorure de calcium), est trouvée dans une grande variété de milieux géologiques, comme cristaux de dernière minute dans les granites, comme matériel de gangue dans les filons de haute température, comme dépôts de remplacement massifs dans les calcaires, et dans les cavités (comme ciment) dans les grès. Elle peut prendre à peu près n'importe quelle couleur selon les impuretés en présence, son exposition à la radioactivité et la température de cristallisation. Se distingue par son clivage cubique parfait, résultat de sa structure, et son éclat vitreux. Est trouvée en gros gisements en plusieurs endroits. Est utilisée comme fondant dans la production de l'acier et de vernis de céramique, et dans la production de lentilles de grande qualité. On en trouve de très gros cristaux et agrégats dans l'Ohio, l'Illinois, le Missouri et l'Oklahoma, où elle est associée à la célestine ou à la galène et la sphalérite.

Cristallise dans le système cubique formant des cubes (souvent) et des octaèdres (moins souvent), souvent maclés. Est aussi trouvée en masses granulaires, terreuses, fibreuses et globulaires. Est cassante, vitreuse (translucide à transparente) et incolore lorsque pure. Impure, est ambre, pourpre, bleue, verte, noire, grise, jaune ou moins souvent rouge ou rose. A un trait habituellement blanc. Forme avec l'yttrofluorite une solution solide partielle. Partiellement soluble dans l'eau, se décompose dans l'acide sulfurique. Est trouvée en RFA et RDA, Autriche, Suisse, Angleterre, Norvège, Mexique, Ontario, Illinois, Kentucky, Colorado, Nouveau-Mexique, Arizona, Ohio, New Hampshire, New York et plusieurs autres endroits.

YTTROFLUORITE, $(Ca,Y)F_2$, est le nom donné à toute fluorite contenant une quantité appréciable de Y à la place de Ca dans les positions métalliques. A des propriétés semblables à celles de la fluorite pure. A été trouvée dans des calcaires au New Jersey et à New York, dans des pegmatites au Maine, Colorado et Massachusetts et dans des filons à plusieurs endroits au Canada. N'est pas universellement reconnue comme une espèce minérale valable mais on doit la remarquer comme une variété de fluorite avec l'yttrium Y^{+3} dans la structure.

YTTROCÉRITE, $(Ca,Y,Ce)F_2$, est une fluorite relativement rare contenant une quantité appréciable de Ce et Y aux positions Ca. Toutefois, Ca est beaucoup plus abondant que Y et Ce combinés dans tout les spécimens déjà vus. N'est pas généralement reconnue comme une espèce minérale valable, mais comme pour l'yttro-fluorite, son nom indique une certaine variété de fluorite. Ses propriétés sont semblables à celles de la fluorite pure. A été trouvée en Suède, en U.R.S.S. et à New York.

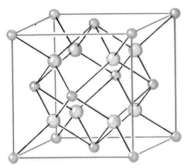

CRISTAUX DE FLUORITE
(modèles idéaux)

**MACLE D'INTERPÉNÉTRATION
DE LA FLUORITE**
(modèle idéal)

STRUCTURE DE LA FLUORITE

  Ca

 F

Arizona

Rosiclare, Ill.   Arizona

QUELQUES COULEURS DE LA FLUORITE

**Fluorite avec
célestine**
Clay Center,
Ohio

**Fluorite dans
de la calcite**
Hyba, Ontario

**Clivage octaédrique
fragment de fluorite**
Rosiclare, Illinois

Fluorite
Silverton,
Colorado

Fluorite, agrégat de cristaux
Durham, Angleterre

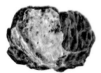

**Yttrocérite et
Yttrocalcite
avec mica**
Orange Co., N.Y.

Yttrofluorite
Hundholmen,
Norvège

Fluorite
Madoc, Ontario

125

CRYOLITE, Na_3AlF_6 (fluorure de sodium et d'aluminium), nommée du grec «pierre de gel» à cause de son aspect souvent glacial. Survient dans les pegmatites avec d'autres minéraux de fluor, surtout le topaze; avec le microcline et le quartz, les principaux minéraux des pegmatites; avec la galène, la molybdénite et autres sulfures et avec la sidérite, la cassitérite, la wolframite et autres. La cryolite fondue est utilisée pour la réduction électrolytique de la bauxite en aluminium. À cause de son indice de réfraction semblable à celui de l'eau, elle est presque invisible lorsque polie et immergée dans l'eau. Sa structure est constituée d'octaèdres $(AlF_6)^{-3}$ avec Na^{+1} entre eux.

Cristallise dans le système monoclinique (pseudo-cubique) en formant habituellement des masses granulaires, quelquefois des cristaux cubiques (souvent maclés). Est incolore, blanche (si granulaire), brune, noire ou rouge, avec un éclat gras et un trait blanc. Les spécimens granulaires petits ressemblent à de la glace. Cassante, a une cassure quelconque. Dureté de 2,5 et densité de 2,96. Se dissout dans l'acide sulfurique avec des vapeurs d'acide fluorhydrique et dans une solution de chlorure d'aluminium. Le seul gros gisement est à Ivigtut, Groenland; il y a de petits gisements en U.R.S.S., Espagne et Colorado (Pike's Peak).

CARNALLITE, $KMgCl_3.6H_2O$ (chlorure hydraté de potassium et de magnésium), perd son eau à assez faible température ce qui détruit sa structure. Ceci et son absence de clivage la distinguent de la halite et autres sels qui l'accompagnent. Cristallise dans le système orthorhombique en masses granulaires. Les cristaux tabulaires ou en forme de baril sont rares. Est blanche, parfois bleue ou jaune, avec un éclat gras et terne, un trait blanc et un goût amer. Se dissout dans l'eau. Dureté de 2,5 et densité de 1,60. Surtout trouvée en RFA et RDA, Espagne, Texas et Nouveau-Mexique.

TERLINGUAÏTE, Hg_2OCl (oxychlorure de mercure), comme l'églestonite, est un produit d'altération d'autres minéraux de mercure mais est plus oxydée et possède les deux ions de mercure Hg^+ et Hg^{+2}. N'a été trouvée que dans des gisements de mercure à Terlingua, Texas. Cristallise dans le système monoclinique en prismes tabulaires et agrégats poudreux. Sa couleur varie de jaune citron à vert se ternissant en vert olive. A un éclat adamantin, est cassante et soluble dans les acides. Dureté de 2,5 et densité de 8,73.

ATACAMITE, $Cu_2(OH)_3Cl$ (hydroxychlorure de cuivre), a l'ion hydroxyle $(OH)^{-1}$ dans sa structure. Est formée par l'altération de minéraux de cuivre dans des climats arides. Cristallise dans le système orthorhombique en prismes allongés ou tabulaires, masses fibreuses ou sable. Est transparente, vert luisant, a un éclat de vitreux à adamantin, un trait vert pâle. Est cassante et soluble dans les acides. Son clivage est complexe. Sa dureté est de 3-3,5, sa densité est de 3,76. Nommée pour le désert d'Atacoma au Chili où on la trouva en premier. Trouvée aussi au Pérou, Mexique, Australie, Italie, U.R.S.S., Angleterre et Arizona.

ÉGLESTONITE, Hg_4OCl_2 (oxychlorure de mercure), est un produit d'altération de minéraux de mercure mais moins oxydée que la terlinguaïte; seul Hg^+ est présent. Se forme en cristaux dodécaédriques, masses et croûtes dans le système cubique. Est jaune orangé, translucide, se ternit en brun à noir, a un trait de jaune à jaune verdâtre. Se décompose dans les acides en calomel, $HgCl$. A une dureté de 2,5 et une densité de 8,61. Est trouvée à Terlingua, Texas; dans le comté Pike, Arkansas, près de Palo Alto, Californie et en Afrique du Sud.

126

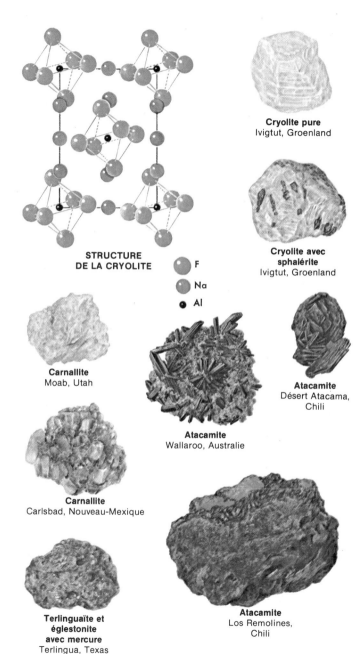

**STRUCTURE
DE LA CRYOLITE**

F
Na
Al

Cryolite pure
Ivigtut, Groenland

**Cryolite avec
sphalérite**
Ivigtut, Groenland

Carnallite
Moab, Utah

Carnallite
Carlsbad, Nouveau-Mexique

Atacamite
Wallaroo, Australie

Atacamite
Désert Atacama,
Chili

**Terlinguaïte et
églestonite
avec mercure**
Terlingua, Texas

Atacamite
Los Remolines,
Chili

OXYDES ET HYDROXYDES

Les oxydes sont des composés formés par l'association de métaux ou semi-métaux avec l'oxygène. Les oxydes simples n'ont qu'un métal qui se combine à l'oxygène dans la proportion nécessaire pour équilibrer les charges des ions respectifs; dans certains cas, les liaisons métal-oxygène sont très covalentes (p. 24). Donc, Cu^+ (ion de cuivre), Mg^{+2} (ion de magnésium) Al^{+3} (ion d'aluminium) et Si^{+4} (ion de silicium) se combinent avec O^{-2} (ion d'oxygène) et forment Cu_2O (cuprite), MgO (périclase), Al_2O_3 (corindon) et Si_2O (silice). Les oxydes mixtes contiennent plus d'un métal — par exemple, $MgAl_2O_4$ (spinelle) et $FeTiO_3$ (ilménite). Ils sont analogues aux oxydes simples mais ont habituellement une structure plus complexe.

À l'exception de la glace, un minéral unique, l'oxyde le plus abondant est la silice. Non seulement est-elle en abondance, mais elle se combine facilement à d'autres oxydes à haute température dans le sous-sol terrestre. Il s'ensuit que les oxydes simples sont rares et que les silicates (constitués de silicium, d'oxygène et d'un ou plusieurs métaux) sont les minéraux les plus abondants. La forme cristalline de la silice pure, le quartz, est commune; elle représente la silice qui reste une fois tous les autres oxydes s'étant combinés pour former des silicates. Les autres oxydes ne sont communs que dans les milieux géologiques pauvres en silice. Ils représentent alors les métaux qui restent une fois toute la silice cristallisée en silicates.

Les hydroxydes ressemblent aux oxydes, étant constitués de métaux combinés avec l'ion hydroxyle, (OH)–, plutôt que l'ion O^{-2}. Les hydroxydes se dissocient (se séparent en ions) s'ils sont chauffés. Les ions disparaissent en eau, comme dans la réaction $Mg(OH)_2 \rightarrow MgO + H_2O$.

La structure des oxydes et hydroxydes dépend fortement des rayons des ions les constituant.

GLACE, H_2O (oxyde d'hydrogène), n'est pas habituellement considérée comme un minéral mais satisfait à la définition d'un minéral. Unique en plusieurs points, est un des rares composés qui se dilate en gelant. Heureusement, car autrement la glace ne pourrait flotter et s'enfoncerait jusqu'au fond où elle ne pourrait fondre. Dans de telles conditions, il est douteux que la vie se serait développée dans les océans et par la suite sur la terre. Étant solide en deçà de 0° C à pression atmosphérique, elle est abondante à la surface de la terre. Comme on le sait, l'eau a une pression de vapeur élevée dans des conditions atmosphériques normales et s'évapore donc facilement. La glace a également une pression de vapeur appréciable et se transformera en vapeur par sublimation bien en deçà de 6° C.

Cristallise dans le système hexagonal. En neige, forme des cristaux stellaires complexes dont la forme varie en fonction de la température. La neige se compacte et recristallise en glace massive, constituée de cristaux irréguliers imbriqués les uns dans les autres. Les cristaux de neige se forment facilement sur les particules d'argile à cause d'une structure de surface semblable. La dureté de la glace est de 1,5 et sa densité de 0,92.

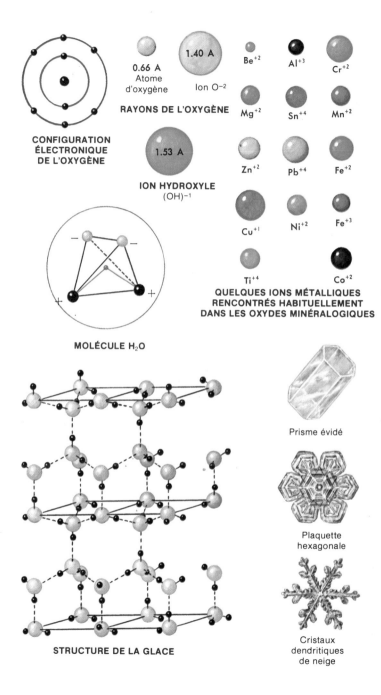

CONFIGURATION ÉLECTRONIQUE DE L'OXYGÈNE

0.66 A
Atome d'oxygène

1.40 A
Ion O^{-2}

RAYONS DE L'OXYGÈNE

1.53 A

ION HYDROXYLE
$(OH)^{-1}$

MOLÉCULE H_2O

Be^{+2} Al^{+3} Cr^{+2}

Mg^{+2} Sn^{+4} Mn^{+2}

Zn^{+2} Pb^{+4} Fe^{+2}

Cu^{+1} Ni^{+2} Fe^{+3}

Ti^{+4} Co^{+2}

QUELQUES IONS MÉTALLIQUES RENCONTRÉS HABITUELLEMENT DANS LES OXYDES MINÉRALOGIQUES

STRUCTURE DE LA GLACE

Prisme évidé

Plaquette hexagonale

Cristaux dendritiques de neige

LE GROUPE DU PÉRICLASE comprend tous les oxydes qui ont des ions métalliques bivalents (à deux charges) et la structure de la halite (p. 120). Dans cette structure, chaque ion métallique est bien entouré et isolé par six ions d'oxygène. Seuls les ions métalliques de grosseur moyenne forment cette structure. Les ions plus petits sont entourés par quatre ions d'oxygène, les plus gros par six. Les oxydes dans lesquels les liaisons sont plus covalentes ont des structures uniques déterminées par la configuration des électrons de l'atome et le rayon de l'ion. Les minéraux du groupe périclase, comme la plupart des oxydes, sont très réactifs et sont donc trouvés dans des environnements géologiques inhabituels. Des cinq minéraux de ce groupe, seul le périclase est commun. Deux de ces minéraux, CdO et CaO, ne seront pas décrits.

PÉRICLASE, MgO (oxyde de magnésium), comme tous les oxydes, est trouvé dans un environnement géologique où il manque de silice (sinon des silicates se formeraient, p. 128) où il y a de hautes températures (là où les silicates sont instables). Survient comme minéral métamorphique dans des marbres comme résultat d'une altération de la dolomite ou d'autres minéraux de magnésium. S'altère facilement en brucite, Mg(OH)$_2$, dans des conditions atmosphériques. À cause de son point de fusion élevé, est important comme matériau réfractaire. Toutefois, les grandes quantités commerciales de MgO sont produites en chauffant la magnésite, MgCo$_3$, ou en traitant MgCl$_2$, provenant de lits de sel sous forme de saumure. La ressemblance chimique entre Mg^{+2} et Fe^{+2} que l'on rencontre dans les silicates est confirmée par le fait que FeO et MgO forment une série de solutions solides totales.

 Cristallise dans le système cubique en cristaux cubico-octaédriques ou octaédriques, ou en grains irréguliers. Est cassant, transparent, vitreux, incolore et si impur, blanc, noir, jaune ou vert; possède un trait blanc. Est soluble dans l'acide nitrique et possède un clivage cubique parfait. Sa dureté est de 5,5 et sa densité de 3,58. Gisements : Italie, Sardaigne, Espagne, Suède, Tchécoslovaquie, Californie, Nouveau-Mexique.

BUNSÉNITE, NiO (oxyde de nickel), est trouvée habituellement dans des scories mais comme minéral, n'a été découverte que dans un filon de nickel-uranium à Johanngeorgenstadt, RDA, formée comme produit d'oxydation d'arséniures de nickel et de cobalt. Comme minéral, est sans importance mais sa ressemblance avec d'autres minéraux du groupe du périclase est intéressante et importante. Forme des cristaux octaédriques, quelquefois maclés, dans le système cubique. Est vert foncé, vitreux, et a un trait de brun à noir. Peut être dissous avec difficulté dans les acides. Sa dureté est de 5,5, sa densité de 6,79. Peut être synthétisée en chauffant du Ni métallique dans l'air.

MANGANOSITE, MnO (oxyde de manganèse), n'a été trouvée qu'en Suède avec d'autres minéraux de manganèse et du périclase dans une dolomite de haute température (marbre), et à Franklin, New Jersey, avec des minéraux de zinc. Les minéraux de Franklin sont en intercroissance avec la zincite, ZnO. Cristallise dans le système cubique en cristaux octaédriques, grains irréguliers et masses. Possède un clivage cubique moyen. Est transparente, vitreuse, a une couleur vert émeraude, ternit en noir et a un trait brun. Peut être dissoute avec difficulté dans l'acide chlorhydrique ou nitrique concentrés. Sa dureté est de 5,5 et sa densité de 5,36.

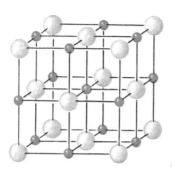

Mg

O

STRUCTURE DU PÉRICLASE

La structure du périclase, MgO, est la même que celle de la halite, NaCl (p. 121) car, dans les deux cas, les cations peuvent être bien isolés par 6 anions.

CRISTAUX DE PÉRICLASE
(modèle idéaux)

Périclase massif
Langbanshyttan, Suède

Cristal (modèle idéal)

Poudre (synthétique)

BUNSÉNITE

Manganosite
Franklin,
New Jersey

LE GROUPE DE LA ZINCITE comprend la zincite, ZnO, et la bromellite, BeO. Peu abondants comme minéraux, ils ont une structure cristalline assumée par plusieurs composés synthétiques. L'ion métallique, Zn^{+2} ou Be^{+2}, est assez petit pour être bien isolé par quatre ions oxygène, O^{-2} qui l'entourent. À leur tour, chaque ion O^{-2} est entouré par quatre Zn^{+2} ou Be^{+2}. Le cristal hexagonal a donc un facies hémimorphique; ses deux bouts présentent des faces différentes, indiquant un manque de centre de symétrie. En dépit de leur structure identique, la bromellite est plus dure que la zincite car ses ions Be plus petits forment une liaison covalente plus forte avec l'oxygène.

ZINCITE, ZnO (oxyde de zinc) est un minéral relativement rare trouvé avec la willémite et la franklinite dans la gangue de calcite de gisements de zinc à Franklin et Sterling, N.J. A une couleur typique jaune orangé même si le ZnO pur préparé chimiquement est blanc.

Cristallise dans le système hexagonal. Forme des cristaux pyramidaux souvent maclés base à base, et des masses granulaires ou foliées. A un éclat adamantin, un trait jaune orangé, est cassante et contient un peu de fer et de manganèse. Est soluble dans les acides. A un clivage prismatique, une dureté de 4, une densité de 5,69. Est trouvée en Pologne, Italie, Espagne, Australie (Tasmanie) et au New Jersey.

BROMELLITE, BeO (oxyde de béryllium), n'est pas importante comme minéral, le seul minerai important du béryllium étant le béryl. La bromellite synthétique est importante comme matériel réfractaire spécial. A été trouvée à Langban, Suède, dans un filon de calcite d'une roche riche en fer. Survient en cristaux minuscules dans le système hexagonal et est transparente, blanche, et cassante. Se dissout facilement dans les acides. A un clivage prismatique, une dureté de 9 et une densité de 3,04.

CUPRITE, Cu_2O (oxyde de cuivre), a une structure différente des oxydes du groupe de la zincite. Chaque atome de cuivre n'est entouré que par deux atomes d'oxygène. Souvent appelée cuivre rubis, elle est un minéral commun trouvé comme produit d'oxydation de sulfures de cuivre dans les zones supérieures de filons. Est habituellement associée aux oxydes de fer, argiles, malachite, azurite et chalcocite. Ceci et sa couleur, forme cristalline, éclat et trait la distinguent des autres minéraux. Elle s'oxyde dans l'air et donne CuO.

Cristallise dans le système cubique en cubes, octaèdres, dodécaèdres et combinaisons de ces formes; aussi en aiguilles et en masses fibreuses et terreuses. Est cassante, a une couleur de rouge à noir, un éclat de terreux à adamantin, et un trait brun-rouge. Lorsque dissoute dans l'acide chlorhydrique, donne un précipité blanc, le chlorure de cuivre. Trouvée en U.R.S.S., France, Angleterre, Australie, Congo, Chili, Bolivie, Mexique, Arizona, Nouveau-Mexique, Nevada, Californie, Idaho, Colorado, Pennsylvanie, Tennessee.

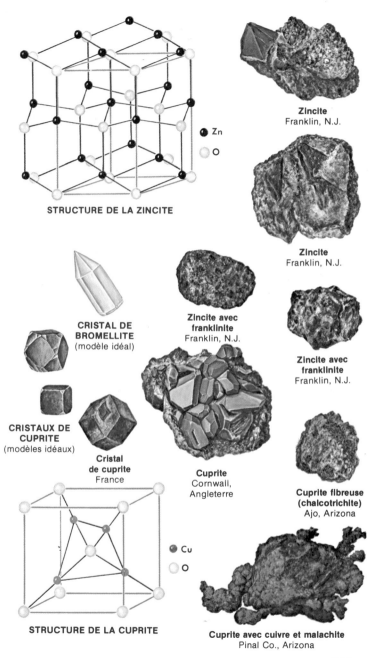

STRUCTURE DE LA ZINCITE

Zincite
Franklin, N.J.

Zincite
Franklin, N.J.

CRISTAL DE BROMELLITE
(modèle idéal)

Zincite avec franklinite
Franklin, N.J.

Zincite avec franklinite
Franklin, N.J.

CRISTAUX DE CUPRITE
(modèles idéaux)

Cristal de cuprite
France

Cuprite
Cornwall, Angleterre

Cuprite fibreuse (chalcotrichite)
Ajo, Arizona

STRUCTURE DE LA CUPRITE

Cuprite avec cuivre et malachite
Pinal Co., Arizona

Zn
O

Cu
O

LE GROUPE DU CORINDON, communément appelé groupe de l'hématite, comprend les oxydes simples Al_2O_3 (corindon) et Fe_2O_3 (hématite) et trois oxydes mixtes ayant la formule générale ABO_3. Tous ont la structure rhomboédrique (hexagonale) (p. 40) avec chaque ion métallique entouré par six ions d'oxygène. Les métaux peuvent être trivalents, comme Al^{+3}, ou bivalents et tétravalents, comme Fe^{+2} et Ti^{+4} dans l'ilménite. Il est possible d'avoir beaucoup de solutions solides (p. 32) parmi les membres du groupe, comme le démontrent l'ilménite et la pyrophanite. Les membres du groupe sont formés de façon typique à haute température comme grains disséminés dans la plupart des roches ignées ou, moins souvent, comme grosses masses s'étant apparemment séparées du magma en cristallisation à haute température. On les trouve souvent comme produits d'un métamorphisme à haute température de roches pauvres en silice. L'ilménite, la geikiélite et la pyrophanite sont beaucoup plus rares que le corindon et l'hématite mais sont intéressantes car elles sont reliées en structure à ces deux minéraux.

CORINDON, Al_2O_3 (oxyde d'aluminium), est un minéral commun utilisé comme abrasif et pierre précieuse. Est trouvé dans des bauxites métamorphosées et autres roches d'aluminium, dans des syénites et roches ignées semblables pauvres en silice et dans des sédiments comme placers découlant de telles roches. Est associé avec d'autres oxydes, avec des minéraux accessoires de haute température comme le zircon et avec des silicates d'aluminium comme la disthène. D'autres formes de Al_2O_3 ont été synthétisées mais le corindon est la forme la plus stable et la seule forme minérale. On peut fabriquer de grosses pierres précieuses de corindon coloré en fusant une poudre de Al_2O_3.

 Cristallise dans le système rhomboédrique en pyramides, prismes (souvent arrondis en forme de baril) et masses granulaires. Est translucide à transparent et incolore, brun, rouge, bleu, blanc, noir vert ou gris. Se distingue par sa grande dureté (9), son éclat adamantin à vitreux, et sa grande densité (environ 4). Le corindon commun est trouvé au Brésil, en République malgache, Afrique du Sud, Ontario, Georgie, Californie; les pierres précieuses le sont au Sri Lanka, Birmanie, Thaïlande; l'émeri (une variété noire) en Grèce, Turquie, New York, Massachusetts.

LES GEMMES DE CORINDON sont des cristaux transparents, exempts de défauts et bien colorés. Leur grande dureté, seconde après celle du diamant, les rend durables. La rareté relative de belles pierres ayant les couleurs appropriées a fait augmenter leur valeur. Le corindon pur est incolore mais la présence de quelques impuretés métalliques lui donne sa couleur. La variété rouge, le rubis, et la variété bleue, le saphir, sont parmi les plus recherchées. La variété jaune, appelée «topaze» oriental, n'a rien à voir avec le vrai topaze (fluorure de sodium et d'aluminium) pas plus que l'améthyste orientale pourpre qui n'a rien à voir avec l'améthyste réelle (quartz pourpre). Un reflet semblable à ce que produit une étoile est produit dans quelques pierres par la dispersion de la lumière autour de l'axe sextuple du cristal. Ces rubis et saphirs étoilés sont parmi les gemmes les plus précieuses.

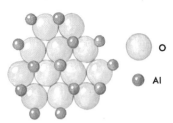

Arrangement hexagonal d'atomes dans le corindon

O

Al

CRISTAUX DE CORINDON
(modèles idéaux)

Corindon dans du feldspath
Renfrew, Ontario

Corindon
White Mts, Californie

Corindon
Brésil

Rubis
Norvège

Rubis en zoïsite
Afrique

Saphir bleu
(× 10)

Saphir
«Star of India»

CORINDON SYNTHÉTIQUE

Aquamarine

Saphir
bleu

Rubis
(× 10)

Saphir
Sri Lanka

Saphir
rose

Rubis

135

HÉMATITE, Fe_2O_3 (oxyde ferrique), est le principal minerai de fer. Les gros gisements proviennent de sédiments qui ont été altérés par l'eau et quelquefois par métamorphisme. On en distingue trois types différents, chacun ayant le trait rouge lumineux à rouge sombre qui est la marque distinctive principale de l'hématite. On trouve l'hématite spéculaire en cristaux tabulaires épais ou minces, souvent foliés, d'un noir brillant. On la polit en une gemme même si elle s'écaille ou peut être striée facilement. L'hématite rouge, qui peut être très foncée, est souvent trouvée en colonnes ou masses radiées et en groupements fibreux. Certaines masses réniformes sont appelées «minerai réniforme». L'hématite terreuse est rouge ou jaunâtre avec un éclat terne ferreux, quelquefois oolithique (en petits grains cimentés les uns aux autres). Est souvent mêlée à des argiles et sables.

Cristallise dans le système rhomboédrique, formant quelquefois des macles. Est cassante et opaque, contient un peu de titane, s'altère rapidement en limonite (p. 150) et est soluble dans l'acide chlorhydrique concentré. A une dureté de 5-6 et une densité de 5,26. De gros gisements sont situés dans la région du Lac Supérieur et dans les Appalaches, de New York à l'Alabama. D'autres sources importantes: U.R.S.S., Suisse, Italie, Angleterre, et Brésil.

ILMÉNITE, $FeTiO_3$ (titanate de fer), est le principal minerai de titane. La moitié des positions métalliques de sa structure du type corindon (p. 134) sont occupées par Ti^{+4} et l'autre moitié par Fe^{+2} (pas Fe^{+3} comme dans l'hématite). Apparaît en filons ou grains disséminés dans des roches ignées basiques (gabbros). Plusieurs filons de sulfures et pegmatites contiennent de l'ilménite. Des dépôts de placers, notamment des sables de plage noirs en Floride et aux Indes, en sont également des sources importantes.

Cristallise dans le système rhomboédrique formant des rhomboèdres, souvent des cristaux en plaquettes (souvent maclés), des masses compactes, des grains et du sable. Elle est opaque, noire (avec trait noir), a un éclat métallique, est cassante et magnétique. Elle entre en solution solide poussée avec la pyrophanite et est soluble dans l'acide chlorhydrique chaud. A une dureté de 5-6 et une densité de 4,79, variant avec la composition. On la trouve en Inde, Australie, U.R.S.S., Norvège, Suède, Suisse, France, Italie, Angleterre, Canada, Massachusetts, Rhode Island, Connecticut, New York, Pennsylvanie, Kentucky, Floride, Idaho, Wyoming, et Californie.

GEIKIÉLITE, $MgTiO_3$ (titanate de magnésium), est trouvée dans les graviers de gemmes au Sri Lanka et rarement ailleurs. Se présente en grains opaques noirs brunâtres (dans le système rhomboédrique) avec un trait noir brun et un éclat sous-métallique. Peut contenir beaucoup de fer. A une dureté de 5-6 et une densité de 3,97.

PYROPHANITE, $MnTiO_3$ (titanate de manganèse), minéral rare trouvé comme matériel de remplissage de cavités dans des filons. Cristallise dans le système rhomboédrique, est rouge foncé et a un éclat sous-métallique. Son trait est rouge brunâtre ou jaune avec une teinte de vert; sa dureté est de 5-6 et sa densité de 4,58. Peut contenir beaucoup de fer.

**CRISTAUX
D'HÉMATITE**
(modèles idéaux)

**Gemme d'hématite
spéculaire**

Hématite terreuse
Marampa, Sierra Leone

Hématite spéculaire
Humboldt, Michigan

Hématite oolithique
Birmingham, Alabama

Trait rouge

**Hématite terreuse
(enrubannée)**
Mesabi Range, Minnesota

**Hématite,
minerai réniforme**
Westmoreland, Pennsylvanie

Cristal d'ilménite
Kragero, Norvège

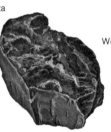

Ilménite massive
Mitchell Co., Caroline du Nord

Sable d'ilménite
N.Y.

**CRISTAUX
D'ILMÉNITE-PYROPHANITE**
(modèles idéaux)

Ilménite et magnésite
Afrique

137

LE GROUPE DU SPINELLE est peut-être le plus complexe des groupes d'oxydes. On identifie un grand nombre d'espèces naturelles et il y a beaucoup de solutions solides entre elles (p. 32). Plusieurs composés à structure de spinelle ont été synthétisés, incluant non seulement les composés minéralogiques mais plusieurs autres. Les spinelles sont des oxydes « mixtes ». Ils contiennent deux ou plusieurs métaux et ont la formule générale AB_2O_4, A et B désignant les métaux. Certains métaux sont stables s'ils sont entourés par 4 ions d'oxygène (coordination quadratique) et d'autres s'ils sont entourés par 6 ions d'oxygène (coordination octaédrique). De plus, d'autres encore peuvent se placer en positions quadratiques et en positions octaédriques. Les ions d'oxygène sont en configuration cubique compacte et les métaux sont placés en des positions telles qu'indiquées à la page suivante.

SPINELLE, $MgAl_2O_4$ (oxyde de magnésium et d'aluminium), comme tous les spinelles, est un minéral qui s'est formé à haute température dans des roches ignées (surtout des roches pauvres en silice) et des roches métamorphiques. On ne le trouve pas dans des roches riches en silice comme le granite car il s'y forme la cordiérite à la place ($Mg_2Al_4Si_5O_{18}$). Même si $MgAl_2O_4$ pur est incolore, les spécimens de spinelles naturels sont rouges, jaunes, bleus, verts ou montrent des couleurs intermédiaires selon la présence d'autres métaux. Les pierres claires, exemptes de défauts, sont souvent utilisées comme gemmes et les gemmes synthétiques sont peu coûteuses. Le spinelle naturel peut contenir beaucoup de fer, zinc ou chrome et de petites quantités d'autres métaux. Sa dureté (7,5-8), son éclat vitreux à mat et ses cristaux octaédriques (lorsque présents) nous aident à l'identifier.

Cristallise dans le système cubique en cristaux octaédriques (souvent maclés), en grains et en masses. Lorsque pur, est transparent. Est cassant et a un trait blanc. Peut être dissous facilement dans l'acide sulfurique. A une densité de 3,55 qui varie avec la composition. Trouvé surtout en U.R.S.S., Italie, Sri Lanka, Birmanie, Inde, République malgache, Canada, New York, New Jersey, Massachusetts, Caroline du Nord et Alabama.

GAHNITE, $ZnAl_2O_4$ (oxyde de zinc et d'aluminium), est relativement rare mais est intéressante car peut se former dans des roches riches en silice comme les pegmatites granitiques. (Il n'y a pas d'aluminosilicate de zinc qui peut se former à la place). Survient également dans des roches métamorphiques de haute température, notamment dans les gisements de zinc de Franklin, N.J. Forme des masses et des cristaux octaédriques striés dans le système cubique, est vert-bleu foncé, a un trait gris et un éclat vitreux à mat. A une dureté de 7,5-8 et une densité de 4,62. Trouvée en RFA, Suède, New Jersey, Caroline du Nord, Massachusetts et ailleurs.

HERCYNITE, $FeAl_2O_4$ (oxyde de fer et d'aluminium), est assez rare. Est trouvée en petits grains dans les roches métamorphiques associée avec le corindon, la magnétite, les grenats et divers minéraux métamorphiques formés à haute température. Est commun dans l'émeri et a été trouvée dans des placers de diamant et de cassitérite. Survient en grains et masses dans le système cubique, est noire et a un éclat vitreux à mat et un trait vert foncé. A une dureté de 7,5-8 et une densité de 4,39. Trouvée surtout en RFA, Suisse, Inde, République malgache, Australie (Tasmanie), Brésil, New York et Virginie.

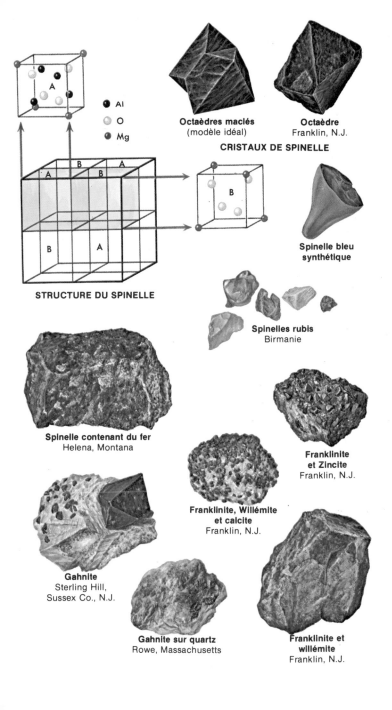

● Al
○ O
● Mg

Octaèdres maclés
(modèle idéal)

Octaèdre
Franklin, N.J.

CRISTAUX DE SPINELLE

STRUCTURE DU SPINELLE

**Spinelle bleu
synthétique**

Spinelles rubis
Birmanie

Spinelle contenant du fer
Helena, Montana

**Franklinite
et Zincite**
Franklin, N.J.

**Franklinite, Willémite
et calcite**
Franklin, N.J.

Gahnite
Sterling Hill,
Sussex Co., N.J.

Gahnite sur quartz
Rowe, Massachusetts

**Franklinite et
willémite**
Franklin, N.J.

MAGNÉTITE, $FeFe_2O_4$ (oxyde de fer ferreux et ferrique), contient des ions de fer Fe^{+2} (ferreux) et Fe^{+3} (ferrique). Les ions ferreux s'oxydant rapidement en ferriques à l'atmosphère, les spécimens sont souvent couverts d'hématite (p. 136) ou, plus souvent de limonite (p. 150). Elle est un important minerai de fer et ses gros gisements sont probablement dus à une ségrégation de magmas ignés à haute température. On en retrouve de petits grains dans presque toutes les roches ignées et métamorphiques. Elle est le minéral le plus magnétique. Certains gisements ont une aimantation permanente. Son magnétisme, sa couleur noire, sa dureté (5,5-6,5) et son trait noir sont caractéristiques.

Cristallise dans le système cubique en cristaux octaédriques et dodécaédriques, souvent maclés, et en masses granulaires. Est cassante, opaque, à éclat métallique à mat; se dissout lentement dans l'acide chlorhydrique et a une densité de 5,20. Gros gisements à Kiruna, Suède, et dans les Adirondacks, N.Y. Se trouve également dans la région du Lac Supérieur des É.-U. et du Canada, en Norvège, RFA, Italie, Suisse, Afrique du Sud, Inde, Mexique, Orégon, New Jersey, Pennsylvanie, Caroline du Nord, Virginie, Nouveau-Mexique, Utah, Colorado.

CHROMITE, $FeCr_2O_4$ (oxyde de chrome et de fer), est le seul minerai de chrome. Est analogue à la magnétite et les deux ont la même apparence. Toutefois, la chromite n'est que faiblement magnétique et a un trait brun (et non noir). Trouvée avec la péridotite, une roche riche en olivine, elle est probablement un des premiers minéraux à se cristalliser d'un milieu en fusion.

Cristallise dans le système cubique en cristaux octaédriques et masses granulaires. Est cassante, noire, métallique et opaque, avec une dureté de 5,5 et une densité de 5,09. Est insoluble dans les acides. Les gisements importants ne sont trouvés qu'en U.R.S.S., Afrique du Sud, Turquie, Philippines, Cuba et Rhodésie. Est aussi trouvée en Nouvelle Calédonie, Inde, France, Yougoslavie, Bulgarie, Canada, Australie, Californie, Orégon, Maryland, Pennsylvanie, Texas, Wyoming, Caroline du Nord.

HAUSMANNITE, $MnMn_2O_4$ (sesquioxyde de manganèse), survient avec la magnétite et des minéraux de manganèse dans des filons et roches métamorphiques. Cristallise dans le système quadratique en pyramides et prismes mal développés, souvent maclés, et en masses granulaires. Est cassante, noir brunâtre, à éclat sousmétallique. A un trait brun, est soluble dans l'acide chlorhydrique chaud. Est trouvée en Bulgarie, Suisse, Angleterre, Italie, Écosse, Suède, Inde et ailleurs.

AUTRES SPINELLES, sont plus rares. La galaxite, $MnAl_2O_4$, la magnésiochromite, $MgCr_2O_4$, la franklinite, $ZnFe_2O_4$, la jacobsite, $MnFe_2O_4$, et la trévorite, $NiFe_2O_4$ surviennent en petites quantités et illustrent la grande variété de compositions possibles. Une solution solide poussée parmi ces composés (p. 32) ajoute à la complexité du groupe du spinelle. Plusieurs autres composés à structure du spinelle ont été synthétisés à partir des oxydes de leurs constituants.

CRISTAUX DE MAGNÉTITE
(modèles idéaux)

Magnétite cristalline
Mineville, N.Y.

**Magnétite massive
avec hématite rouge**
Texas

Sable de magnétite
Los Angeles Co., Calif.

Cristaux de magnétite
Autriche

Magnétite à
aimantation permanente
Magnet Cove, Arkansas

Magnétite dans du jade
Californie

Magnétite
Espanola, Ontario

Émeri
Chester,
Massachusetts

Chromite
Transvaal,
Afrique du Sud

Chromite
Lancaster Co.,
Pennsylvanie

**CRISTAUX
D'HAUSMANNITE**
(modèles idéaux)

Hausmannite
Allemagne

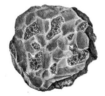

Chromite (noire) avec
stichtite (lilas) et
serpentine (verte)
Tasmanie, Australie

141

LE GROUPE DU RUTILE comprend des oxydes avec la formule MO_2, dans lesquels l'ion métallique (M), avec quatre charges positives, est bien isolé par six ions d'oxygène. Il en résulte la structure du rutile. Les ions du titane, manganèse, étain et plomb forment des oxydes qui ont cette structure. Mais à cause des différences chimiques des ions, leurs oxydes forment peu de solutions solides et ont des origines assez différentes. Le rutile, l'anatase et la brookite sont trois formes (polymorphes) du bioxyde de titane ayant la même composition mais des arrangements différents de la structure du rutile. Ce sont des minerais secondaires de titane, le composé TiO_2 étant plus important comme pigment blanc de peintures et émails de porcelaine.

RUTILE, TiO_2 (bioxyde de titane), est un minéral commun répandu qui survient en petites quantités. Est un minéral accessoire dans les granites, se formant au début de la séquence de cristallisation ; dans les roches métamorphiques de tout genre ; et surtout dans les filons où il est intimement associé au quartz. Les cristaux de quartz contenant des aiguilles de rutile (rutilés) sont communs dans les filons de roches ignées. Le rutile est très résistant à l'altération et est donc un constituant commun de sédiments. Sa dureté et son grand indice de réfraction font qu'il est une gemme idéale. Les cristaux synthétiques de rutile sont clairs. Le rutile est la seule forme de TiO stable à toute température, mais l'anatase est couramment la première forme qui cristallise dans un émail de porcelaine. Elle se transforme ensuite en rutile si on la maintient assez longtemps à haute température.

 Cristallise dans le système quadratique en prismes pouvant avoir la forme d'aiguilles, avoir des bouts pyramidaux et être maclés en forme de coude. Les masses granulaires sont aussi communes. Il est rouge à brun ou noir, a un trait brun, jaune, gris ou noir verdâtre selon sa composition (contient beaucoup de fer, un peu de tantale et de nickel). A un éclat adamantin, est transparent à opaque et cassant. A un clivage prismatique, une dureté de 6-6,5 et une densité de 4,26. Est trouvé en Norvège, Suède, Australie, U.R.S.S., Italie, France, Malaisie, République malgache, Brésil, Arkansas, Virginie, Caroline du Nord, Dakota Sud, Californie et ailleurs.

ANATASE, TiO_2 (bioxyde de titane), survient typiquement dans des filons de roches métamorphiques ; également dans des roches ignées et sédimentaires. Est trouvée habituellement avec le rutile. Cristallise dans le système quadratique en cristaux tabulaires et prismatiques, rarement maclés. A plusieurs couleurs, est adamantin, transparent à opaque. A un trait incolore ou pâle. Change en rutile à haute température et est trouvée aux mêmes endroits. Dureté de 5,6-6 et densité de 4,04.

BROOKITE, TiO_2 (bioxyde de titane), est trouvée avec l'anatase et le rutile dans des milieux et localités semblables. Comme l'anatase, se change en rutile à haute température. On n'a pas encore prouvé de façon certaine que c'est un vrai TiO_2 polymorphe. Cristallise dans le système orthorhombique en cristaux tabulaires ou prismatiques, rarement maclés. A plusieurs couleurs, est adamantin. A un trait incolore ou pâle et n'est transparent qu'en petits morceaux. Clivage indistinct, dureté de 5,5-6 et densité de 4,12.

STRUCTURE DU RUTILE
(cellule unitaire)

O

Ti

CRISTAUX DE RUTILE
(modèles idéaux)

Cristal de rutile
Roseland,
Virginie

Aiguilles de rutile
Lincolnton,
Caroline du Nord

Rutile
var. nigrine
Magnet Cove, Arkansas

Rutile dans pegmatite
Nelson Co., Virginie

Cristaux de rutile
Lincoln Co., Georgie

CRISTAL D'ANATASE
(modèle idéal)

Anatase
Binnental,
Suisse

Cristal de brookite
Suisse

Brookite
Magnet Cove,
Arkansas

143

PYROLUSITE, MnO$_2$ (bioxyde de manganèse), est un matériau secondaire formé lorsque l'eau enlève le manganèse de roches ignées et le redépose en concentrations de bioxyde de manganèse. Comme résultat, est trouvée plus souvent comme couche sur d'autres minéraux que comme gros cristaux. Des nodules de pyrolusite ont été trouvés en plusieurs endroits du fond de l'océan, ce qui peut être utile dans l'avenir. Le manganèse est important pour la fabrication de l'acier et pour plusieurs autres procédés industriels.

Cristallise dans le système quadratique, rarement en cristaux prismatiques, souvent en masses poudreuses, granulaires, cristallines ou fibreuses, ou en croûtes dendritiques. Est gris-bleu à noir, a un trait noir, un éclat métallique à terreux. Est opaque et cassante. Se dissout dans l'acide chlorhydrique avec libération de chlore gazeux. A un clivage prismatique, une dureté de 6-6,5 (moins si massive ou poudreuse) et une densité de 5,24. Est trouvée en RFA, U.R.S.S., Inde, Brésil, Cuba, Virginie, Tennessee, Georgie, Arkansas, Minnesota, et à plusieurs autres endroits.

CASSITÉRITE, SnO$_2$ (bioxyde d'étain), est trouvée en petites quantités en plusieurs endroits ; est habituellement associée avec des roches riches en silice. Est un constituant mineur du granite, surtout la pegmatite, et survient souvent dans des filons associés au quartz près de masses granitiques. Est aussi trouvée comme produit d'oxydation dans des filons de sulfures porteurs d'étain. Étant très lourde, elle est surtout extraite de dépôts de placers, notamment dans la péninsule de Malaisie. Est le principal minerai d'étain, elle est importante pour étamer l'acier et comme constituant de soudures pour le brasage.

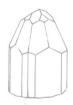

Cristallise dans le système quadratique en cristaux courts prismatiques ou pyramidaux, souvent maclés en coudes, et en masses, croûtes, grains et fibres radiées. Elle est opaque à transparente, noire, jaune, rouge ou blanche, avec un trait blanc, gris ou brun et un éclat adamantin. Contient beaucoup de fer, un peu de tantale et de niobium. Ses principales sources sont en Malaisie, Indonésie, Bolivie, Congo et au Nigéria ; est aussi trouvée en RDA, Angleterre, Mexique, Virginie, Dakota du Sud, Nouveau-Mexique, Californie, Caroline du Sud, Maine, New Hampshire, Texas, etc.

PLATTNÉRITE, PbO$_2$ (bioxyde de plomb), est un minéral relativement rare trouvé comme produit d'oxydation de filons porteurs de plomb. Contrairement aux autres oxydes, est noir brunâtre à noir geai. Cristallise dans le système quadratique, souvent en nodules ou masses poudreuses associés à la limonite ; également en cristaux prismatiques, quelquefois maclés, et en masses fibreuses. Est cassante, a un éclat métallique brillant qui ternit à l'air, est opaque et a un trait brun. Contient un peu de zinc, cuivre et fer ; se dissout dans l'acide sulfurique avec libération de chlore gazeux (jaune verdâtre). A une dureté de 5,5 et une densité de 9,63. Est trouvée en Écosse, Afrique du Sud-Ouest, Mexique, Idaho et Dakota Sud.

CRISTAUX DE PYROLUSITE
(modèles idéaux)

Pyrolusite
Lake Valley, Nouveau-Mexique

Pyrolusite
Nouvelle-Écosse

**Minerai de manganèse
avec pyrolusite**
Amapa, Brésil

**CRISTAUX DE
CASSITÉRITE**
(modèles idéaux)

**Cassitérite
(noire) dans
du marbre altéré**
Keystone, Dakota du Sud

Cassitérite
Taylor Creek,
Nouveau-Mexique

**Grains de
cassitérite**
Hill City,
Dakota du Sud

**CRISTAL DE
PLATTNÉRITE**
(pseudomorphe selon
la pyromorphite)
(modèle idéal)

Plattnérite
Mina Ojuela, Mapimi, Mexique

145

LE GROUPE DE L'URANINITE comprend l'uraninite et la thorianite, des oxydes d'uranium et de thorium. Ils ont une structure cubique du type fluorite (p. 124) avec chaque ion d'uranium ou de thorium entouré par huit ions d'oxygène. Puisque une solution solide totale est possible entre l'uraninite et la thorianite, elles peuvent former toute une gamme de minéraux de compositions intermédiaires. L'uraninite est importante comme source d'uranium pour la fission atomique. Même si l'on trouve de l'uranium dans la plupart des roches ignées, elle est en si petites quantités et si dispersée qu'elle a peu de valeur économique.

URANINITE, UO_2 (bioxyde d'uranium), est le principal minerai d'uranium. On la trouve en cristaux dans le granite et les pegmatites syénitiques, associée avec des minéraux de terre rare, et en masses dans des filons de sulfures hydrothermaux. Les isotopes de l'uranium sont radioactifs, se désintégrant à un taux fixe en plomb et hélium que l'on trouve toujours dans l'uraninite. Le rapport plomb-uranium ou hélium-uranium, qui augmente avec le temps, est utilisé pour déterminer l'âge du minéral.

Cristallise dans le système cubique en octaèdres, cubes, ou en combinaisons des deux, et tout aussi souvent en masses botryoïdales (appelée pechblende). Est cassante, noire à noire brunâtre ou violacée, altérée souvent en hydrates de diverses couleurs; a un éclat sousmétallique, gras ou terne et est opaque. A un trait noir, brunâtre, gris ou olive. Est habituellement oxydée avec une composition réelle entre UO_2 et U_3O_8. Est soluble dans l'acide sulfurique, nitrique et chlorhydrique. A une dureté de 5-6 et une densité de 8–10,88 variable. Est trouvée notamment en RFA, Angleterre, Afrique du Sud, Congo, Canada, New Hampshire, Connecticut, Caroline du Nord.

THORIANITE, ThO_2 (bioxyde de thorium), est l'analogue au thorium de l'uraninite. Est le principal minerai de thorium. Les gros gisements sont des placers au Sri Lanka, République malgache et U.R.S.S. Aussi trouvée dans la serpentine à la limite d'une pegmatite à Easton, Pa. La plupart des spécimens contiennent beaucoup d'uranium et du césium et lanthane. Cristallise dans le système cubique en cristaux cubiques souvent arrondis. Est opaque, noire, grise ou brunâtre, avec un trait gris ou verdâtre. A un éclat sous-métallique ou calleux et est cassante. S'altère facilement en gummite (p. 150) et est soluble dans l'acide sulfurique et l'acide nitrique. Sa dureté est de 6,5 et sa densité de 9,87 (variable). Contrairement à l'uraninite, ne s'oxyde pas en Th_3O_8. Le thorium est ce matériau lumineux que l'on utilise dans les lampes de camping.

CHRYSOBÉRYL, $BeAl_2O_4$ (oxyde de béryllium et d'aluminium), ne fait pas partie du groupe de l'uraninite mais est une curiosité minéralogique. Même si sa formule suggère une structure de spinelle $(MgAl_2O_4)$, il prend la structure de l'olivine (Mg_2-SiO_4). Survient dans des pegmatites riches en béryllium et des schistes micacés et marbres. Ses variétés de gemmes comprennent l'œil de chat, qui est chatoyante, et l'alexandrite, qui est vert émeraude mais rouge en lumière transmise et à la lumière artificielle. Cristallise dans le système orthorhombique en cristaux souvent maclés. Est vert transparent, jaune, ou brun et a un trait incolore. Sa dureté est de 8,5 et sa densité de 3,69. Est surtout trouvé en U.R.S.S., République malgache, Sri Lanka, Brésil, Maine, Connecticut, New York et Colorado.

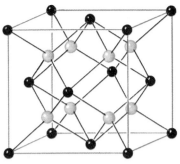

STRUCTURE DE L'URANINITE
Identique à celle de
la fluorite (p. 125)

○ O
● U

CRISTAUX D'URANINITE
(modèles idéaux)

**Uraninite
avec gummite**
Grafton Center,
New Hampshire

Uraninite massive
Mine Ike, La Sal Mts,
Utah

Uraninite violet
Bancroft, Ontario

Uraninite thorianée
Haliburton, Ontario

**Uraninite avec gummite
et uranophane**
Mitchell Co., Caroline du N.

Cristaux de thorianite
Balangoda, Sri Lanka

Chrysobéryl
Haddam, Connecticut

**Chrysobéryl
à facettes**

Chrysobéryl
Lac Aloatra
République malgache

147

LE GROUPE DU DIASPORE comprend ces oxydes hydratés de métaux trivalents, Al^{+3}, Fe^{+3}, Mn^{+3}, qui ont chaque ion métallique entouré par six ions négatifs — trois ions d'oxygène, O^{-2}, et trois hydroxydes $(OH)^-$. Les minéraux de ce groupe ne sont que trois des hydroxydes, certains non cristallins, qui sont des sources importantes des métaux en question. Ils sont associés à d'autres minéraux hydratés.

DIASPORE, $AlO(OH)$ (oxyde hydraté d'aluminium), est trouvé comme produit secondaire formé par l'altération du corindon et autres minéraux d'aluminium par des solutions hydrothermales dans des roches ignées ou métamorphiques ou par vieillissement chimique. Est un constituant majeur des bauxites. Chauffé, il perd de l'eau et se convertit en corindon (p. 134).

Cristallise dans le système orthorhombique en cristaux de formes diverses, en masses foliées et en grains disséminés. Est transparent, blanc, gris, jaunâtre ou verdâtre, avec un trait blanc. A un éclat gras, mais nacré le long de clivages en lamelles. Est cassant. Pétille lorsque chauffé. A une dureté de 6,5–7 et densité de 3,37. Sources importantes : Hongrie, France, U.R.S.S., Suisse, Massachusetts, Pennsylvanie, Colorado, Californie, Arkansas, Missouri et Caroline du Nord.

GOETHITE, $FeO(OH)$ (oxyde hydraté de fer), découle de l'altération de minéraux de fer. Cristallise dans le système orthorhombique en tablettes, écailles, aiguilles, agrégats radiés et concentriques et masses terreuses ou botryoïdales. Est opaque, brune, noirâtre ou jaunâtre avec un trait jaune distinctif. A un éclat métallique brillant à mat et est cassante. A une dureté de 5–5,5 et une densité de 3,3–3,5. Trouvée en Angleterre, Cuba, Michigan, Minnesota, Colorado, Alabama, Georgie, Virginie, Tennessee.

MANGANITE, $MnO(OH)$ (oxyde de manganèse hydraté), est un minerai mineur de manganèse, trouvée dans des filons de basse température et des dépôts formés par le vieillissement et l'altération par l'eau souterraine d'autres minéraux. Cristallise dans le système monoclinique en prismes striés, quelquefois en paquets, souvent en formes de coudes et d'interpénétrations. Est cassante, grise ou noire, avec un trait brun rougeâtre ou noir et un éclat submétallique. Sa dureté est de 4 et sa densité de 4,38. Est trouvée surtout en RFA, Angleterre, Nouvelle-Écosse et Michigan.

BAUXITE, le principal minerai d'aluminium, est un mélange de diaspore, gibbsite et boehmite (une modification cubique du diaspore), et autres minéraux. Des précipités colloïdaux non cristallins, de l'argile, de la limonite et des silicates partiellement altérés peuvent entre présents. La nature et la pureté de la bauxite varient grandement. Les gisements commerciaux, nécessairement massifs, peuvent avoir différentes couleurs mais sont généralement gris ou blancs avec une teinte brun rougeâtre de fer. Elle est le résultat d'un vieillissement prolongé de roches à aluminium, notamment les syénites, dans des climats tropicaux et subtropicaux. Alors, la composante silice de la roche se dissout et laisse comme résidu les oxydes hydratés d'aluminium. Dans les conditions acides des climats tempérés, l'aluminium est enlevé par le vieillissement et la silice demeure. L'Arkansas en est le principal producteur américain et on en trouve des gisements plus petits en Georgie, Alabama et Mississippi. D'autres sources majeures en France, Indonésie, U.R.S.S., Hongrie, Guyane et Vénézuéla. Est très souvent utilisée comme source de Al_2O_3 pour la céramique.

CRISTAUX DE DIASPORE
(modèles idéaux)

Diaspore
Rosebud, Missouri

Gibbsite
Minas Gerais, Brésil

Goethite terreuse
Gypsum, Colorado

Manganite
Michigan

Goethite radiée
Biwabik, Minnesota

Goethite botryoïdale
Mexique

BAUXITES CONTENANT DU DIASPORE ET DE LA GIBBSITE

Bauxite
Demerara, Guyane

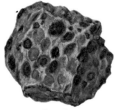

Bauxite
Bauxite, Arkansas

Bauxite
Little Rock, Arkansas

149

LE GROUPE DE LA BRUCITE comprend les hydroxydes des métaux bivalents magnésium, Mg^{+2}, et manganèse, Mn^{+2}. Elle a une structure en feuilles avec six ions hydroxyles, $(OH)^-$, entourant chaque ion métallique. Les charges des ions métalliques sont satisfaites dans les feuilles qui sont liées entre elles par des liaisons hydrogènes (p. 30).

BRUCITE, $Mg(OH)_2$ (hydroxyde de magnésium), est un produit d'altération du périclase, MgO, dans les marbres riches en magnésium et est un minéral en filon formé à basse température dans les roches métamorphiques à serpentine ou dolomite. Ses feuilles sont flexibles et peuvent être séparées facilement.

Cristallise dans le système hexagonal en plaques, souvent foliées, et en masses fibreuses. Sa couleur varie de vert (variétés riches en fer) à jaune, rougeâtre ou brun (riches en manganèse). Est transparente, à éclat nacré à cireux ; la blanche est soluble dans les acides. Contient jusqu'à 20% de Mn et un peu de Fe et Zn. A une dureté de 2,5 et une densité de 2,40. Est trouvée en Autriche, Italie, Écosse, Suède, U.R.S.S., Canada, New York, Nevada et Californie.

PYROCHROÏTE, $Mn(OH)_2$ (hydroxyde de manganèse), est très analogue à la brucite, la principale différence étant la facilité d'oxydation de Mn^{+2} en Mn^{+3}. Elle s'altère donc rapidement. On la trouve avec la calcite et la dolomite et d'autres minéraux de manganèse dans des filons hydrothermaux de basse température. Cristallise en cristaux tabulaires flexibles, masses et petits filons. Est incolore, vert pâle ou bleu, s'altérant en brun ou noir. A un éclat nacré et est opaque. Beaucoup de magnésium peut se substituer au Mn. Dureté de 2,5 et densité de 3,25. Est trouvée en Suède, Suisse, Yougoslavie, New Jersey et Californie.

MINÉRAUX CONNEXES

LIMONITE, comme la bauxite, n'est pas un minéral mais un mélange de matériaux. L'hydroxyde de fer non cristallin peut être appelé à juste titre limonite. Elle survient en matériau de remplissage massif, croûté, en stalactites et en encroûtement du genre vernis sur les roches. Devient un important minerai de fer si elle est abondante, elle est trouvée invariablement avec l'hématite et la goethite. Est formée par l'altération d'oxydes, de sulfures et de silicates de fer. Est amorphe, a un éclat vitreux à terne et un trait brun à jaune. Dureté de 1-5,5 et densité de 2,7-4,3.

GUMMITE, est un mélange de matériaux, surtout amorphe, contenant de l'uranium, du plomb et du thorium en grandes quantités. Elle représente les produits d'altération de l'oxyde d'uranium. Survient en masses ou croûtes et en pseudomorphes basées sur le minéral original. Est orange jaunâtre, orange, brune ou noire ; a un éclat gras, soyeux, vitreux ou terne. Dureté de 2,5-5 et densité de 3,9-6,4. Est trouvée en Norvège, Congo, Afrique du Sud, Canada, Caroline du Nord, Pennsylvanie, Connecticut et Maine.

PSILOMÉLANE, $BaMnMn_8O_{16}(OH)_4$, est un minéral de manganèse complexe mais commun. Est un produit d'altération de carbonates et silicates trouvé dans des argiles de marécage, des filons riches en Mn, des calcaires et des roches métamorphiques. Ne cristallise qu'en stalactites, matériel de remplissage de cavités et encroûtements massifs finement grenus. Est opaque, noir, avec un trait brun à noir. A un éclat presque métallique à terreux et est cassant. Dureté de 5-6 et densité de 4,42. Sources principales : France, Belgique, Écosse, Suède, Inde, Virginie, Arizona.

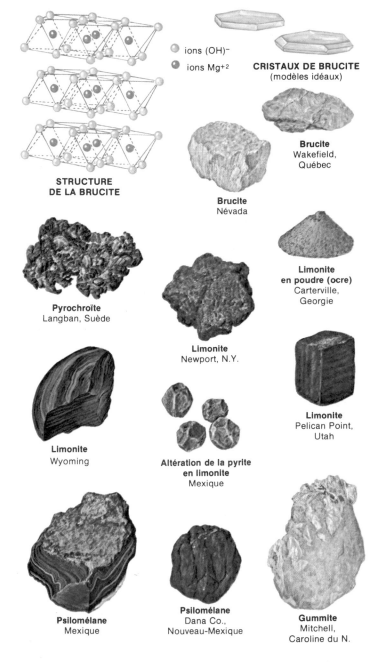

ions (OH)⁻

ions Mg⁺²

CRISTAUX DE BRUCITE
(modèles idéaux)

**STRUCTURE
DE LA BRUCITE**

Brucite
Wakefield,
Québec

Brucite
Névada

**Limonite
en poudre (ocre)**
Carterville,
Georgie

Pyrochroïte
Langban, Suède

Limonite
Newport, N.Y.

Limonite
Pelican Point,
Utah

Limonite
Wyoming

**Altération de la pyrite
en limonite**
Mexique

Psilomélane
Mexique

Psilomélane
Dana Co.,
Nouveau-Mexique

Gummite
Mitchell,
Caroline du N.

151

BORATES

Les borates constituent une classe complexe de 45 minéraux environ. Ils contiennent tous du bore et de l'oxygène en combinaison chimique avec des métaux. De plus, les 4/5 d'entre eux environ contiennent de l'eau et certains des ions hydroxyles, (OH)–, ou des ions d'halogènes comme le chlore. D'autres sont des composés borates-phosphates, borates-sulfates ou borates-arséniates. La pierre angulaire de la structure de la plupart des borates est un ion de bore entouré de trois ions d'oxygène dans un même plan (BO_3). Ce triangle de bore, comme le tétraèdre de la silice (p. 156), peut former des anneaux et chaînes infinis. Dans certains borates, comme le borax, le bore est entouré de trois ions d'oxygène et un ion hydroxyle. D'autres combinaisons possibles sont illustrées à la page suivante. Nous ne décrirons que cinq des borates les plus communs. Les fibres de bore sont importantes dans la fabrication de certains nouveaux matériaux.

BORAX, $Na_2B_4O_5(OH)_4.8H_2O$, (borate de sodium hydraté), est le borate le mieux connu et le plus répandu. Survient en gros gisements dans les lits asséchés de lacs salés de contrées désertiques avec d'autres borates, la halite et le gypse. À température atmosphérique, les cristaux clairs perdent leur eau et deviennent blancs (efflorescence).

Cristallise dans le système monoclinique avec deux directions de clivage en cristaux prismatiques, encroûtements et masses poreuses. Est incolore, blanc ou teinté avec un trait blanc. A un éclat vitreux ou résineux, est translucide à opaque et cassant. Se dissout dans l'eau produisant un goût doux alcalin. Sa dureté est de 2-2,5 et sa densité de 1,70. On le trouve aux Indes, en U.R.S.S., Tibet, Iraq, Californie, Névada, et Nouveau-Mexique.

COLÉMANITE, $Ca_2B_6O_{11}.5H_2O$, (borate de calcium hydraté), est trouvée avec le borax, notamment dans les anciens lacs du sud de la Californie. Cristallise dans le système monoclinique en prismes courts et masses granulaires. Est blanche ou incolore, à éclat adamantin, ne goûte rien et soluble dans l'acide chlorhydrique chaud (donne des flocons blancs en refroidissant). Insoluble dans l'eau. A une dureté de 4,5 et une densité de 2,42.

BORACITE, $Mg_3B_7O_{13}$ Cl (borate de magnésium), est trouvée notamment dans des dômes de sel en Louisiane et des dépôts de potasse en RDA, France et Angleterre. Survient en combinaisons de formes cristallines et en masses granulaires ou fibreuses. Est blanche ou de couleurs variées, vitreuse, et se dissout lentement dans l'acide chlorhydrique. A une dureté de 7-7,5 et une densité de 2,97.

ULEXITE, $NaCaB_5O_9.8H_2O$ (borate de sodium et de calcium hydraté). Cristallise souvent dans le système triclinique en agrégats de cristaux en aiguilles radiés formant des masses soyeuses blanches et rondes appelées «balles de coton». Est associée au borax, notamment au Chili, en Argentine, Nevada, et Californie. Sans goût, se décompose dans l'eau chaude. Dureté de 2,5 et densité de 2.

SUSSEXITE, $(Mn,Mg)BO_2(OH)$, (borate de manganèse et de magnésium), survient en petits filons fibreux ou en masses associés à des minéraux de manganèse et de zinc. Son système cristallin est probablement orthorhombique. Ce minéral est cassant, blanc ou chamois et se dissout lentement dans les acides. Est trouvée en Hongrie, U.R.S.S., Corée, Suède, New Jersey, Michigan, Californie, et Nevada.

$(BO_3)^{-3}$

$(B_2O_5)^{-4}$

$(B_2O_4)^{-2}$

$[B_4O_5 (OH)]^{-2}$

$(B_4O_8)^{-4}$

LA CHAÎNE INFINIE $(BO_2)_n^{-n}$

● B   ○ O   ○ (OH)

IONS DE BORATE

Borax
Borax Lake,
Californie

Borax
San Bernardino, Californie

Borax
Esmeralda Co.,
Névada

Colémanite
Kern Co., Californie

Cristal

Ulexite
Kern Co., Californie

Boracite
Hanovre, RFA

Sussexite
Franklin, N.J.

153

SILICATES

Les silicates sont des combinaisons de silicium et d'oxygène avec un ou plusieurs métaux. Le silicium et l'oxygène constituant à eux seuls environ 75% de l'écorce terrestre, les silicates sont de loin les minéraux les plus abondants. Si on inclut le quartz (bioxyde de silicium) avec les silicates plutôt qu'avec les oxydes, tel que justifié par ses caractéristiques, alors près de 93% de l'écorce est composée de silicates.

Étant très nombreux et très complexes, les silicates sont difficiles à identifier. Même si leurs caractéristiques varient, ils sont transparents à translucides, ont un éclat vitreux, sont relativement durs, et sont insolubles, ou presque, dans des acides.

CHIMIQUEMENT, les silicates dépendent largement des atomes de silicium et d'oxygène. L'atome de silicium a quatre électrons dans son dernier niveau. Il devient rapidement stable (p. 20) en présence d'oxygène en perdant ses quatre électrons externes, devenant ainsi un ion Si^{+4}. L'atome d'oxygène a six électrons dans son dernier niveau et peut facilement devenir stable en acquérant deux électrons, devenant ainsi un ion O^{-2}. Le Si^{+4} positif et le O^{-2} s'attirent. Leur liaison est forte ayant une caractéristique covalente appréciable; cette liaison affecte les caractéristiques des silicates. La grosseur des ions joue un rôle dans la détermination de la structure cristalline et affecte la température de cristallisation.

LA PIERRE ANGULAIRE des silicates est le tétraèdre de la silice, $(SiO_4)^{-4}$. Il est composé du petit ion de silicium, Si^{+4}, entouré de quatre ions d'oxygène, O^{-2}, qui l'isolent adéquatement. Les centres des O^{-2} sont les coins d'un tétraèdre normal. L'excès de charge négative pour la structure est de quatre. Les quatre charges positives de Si^{+4} sont partagées également entre les quatre O^{-2}. Donc, chaque O^{-2} est à moitié saturé. La charge négative résiduelle de chaque O^{-2} peut être satisfaite de diverses façons. Si O^{-2} est partagé par deux tétraèdres, par exemple, sa charge est totalement satisfaite (il est saturé).

Les O^{-2} non partagés se fient sur des ions métalliques plutôt que sur le silicium pour se saturer. Ces ions étant plus gros, ne seront pas bien isolés par quatre O^{-2}. L'ion de fer, Fe^{+2}, et l'ion de magnésium, Mg^{+2}, doivent être entourés chacun par six O^{-2} dont les centres forment un octaèdre normal. Puisque les deux charges positives de l'ion sont également réparties parmi les six O^{-2}, chaque O^{-2} reçoit un tiers de charge. Donc, un O^{-2} d'un tétraèdre de silice, avec une charge satisfaite par le Si^{+4}, a besoin de trois Fe^{+2} ou Mg^{+2} autour de lui pour être complètement saturé. Les ions plus gros de sodium, calcium et potassium doivent être entourés, eux, par plus de six O^{-2}.

Les minéraux silicates sont constitués d'ions de grosseurs finies — tétraèdres indépendants, tétraèdres doubles, en anneau — ou d'ions à l'infini, semblables aux polymères, — en chaîne, en feuilles et en charpente — empilés en arrangements tridimensionnels et liés entre eux par des ions métalliques saturant les oxygènes non partagés.

154

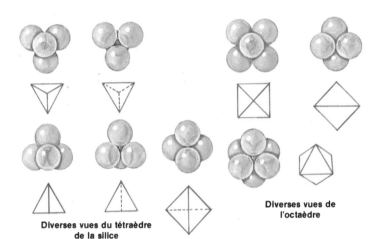

Diverses vues du tétraèdre de la silice

Diverses vues de l'octaèdre

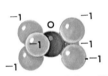

Tétraèdre simple — les ions d'oxygène sont à moitié saturés

Deux tétraèdres soudés tel qu'indiqué pour donner une position octaédrique

Unité à deux tétraèdres — seul l'oxygène partagé est saturé

Une partie d'une chaine de silice

Chaque tétraèdre partage deux oxygènes avec les tétraèdres adjacents. Les oxygènes partagés sont saturés. Les autres doivent être saturés par des ions métalliques placés entre les chaines.

LA CLASSIFICATION des silicates est basée sur le nombre d'ions d'oxygène partagés par tétraèdre de silice. Un tétraèdre peut partager de 0 à ses 4 ions d'oxygène avec des tétraèdres adjacents. Cette méthode de classification est sensée car les caractéristiques et le comportement des silicates dépendent largement de la nature des arrangements tétraédriques. De même, les caractéristiques et le comportement des silicates nous donnent des indices sur leur structure interne. Les silicates sont répartis en sept groupes :

Les orthosilicates (p. 158) sont composés de tétraèdres de silice qui ne partagent aucun ion d'oxygène. La charge résiduelle de chaque ion d'oxygène est satisfaite par des ions métalliques situés entre les tétraèdres. Ces ions tiennent la structure. Les tétraèdres, ou groupes $(SiO_4)^{-4}$, sont semblables à des ions négatifs complexes.

Les pyrosilicates (p. 168) sont composés de tétraèdres de silice partageant chacun un O^{-2} avec un autre tétraèdre ; ils forment ainsi des groupes $(Si_2O_7)^{-6}$. Ces groupes se comportent comme des ions négatifs complexes et sont liés les uns aux autres par des ions positifs, situés entre eux, qui équilibrent leurs charges.

Les silicates à structure en anneau (p. 170) sont composés de tétraèdres de silice soudés en anneaux, chacun partageant deux O^{-2} avec les tétraèdres adjacents. Les anneaux sont des groupes complexes de $(SiO_3)_3^{-6}$ ou $(SiO_3)_6^{-12}$. Leurs charges peuvent être équilibrées par d'autres ions métalliques qui les lient les uns aux autres pour former la structure.

Les silicates à structure en chaine simple (p. 174), comme les silicates en anneaux, sont constitués par des tétraèdres partageant chacun deux O^{-2}. De fait, on a un ion négatif géant créé à l'aide d'un nombre indéfini de tétraèdres, chacun portant deux charges négatives. Les chaînes sont alignées et liées entre elles par des ions métalliques autres que le silicium.

Les silicates à structure en chaine double (p. 182) surviennent lorsque la moitié des tétraèdres partagent deux O^{-2} et l'autre moitié trois O^{-2}. Il en résulte un ion négatif géant constitué d'un nombre indéfini d'unités $(Si_4O_{11})^{-6}$. Les chaînes sont alignées et liées entre elles par des ions métalliques.

Les silicates à structure en feuillets (p. 186) surviennent lorsque chaque tétraèdre partage trois O^{-2} avec d'autres tétraèdres. Il en résulte un ion négatif géant qui s'étend indéfiniment en deux directions. Les feuillets sont des unités $(Si_2O_5)^{-2}$ liés entre eux en piles par des ions métalliques. Le clivage parfait du mica est le résultat direct de cette structure.

Les silicates à structure en charpente (p. 204) sont composés de tétraèdres qui partagent leurs quatre O^{-2} avec des tétraèdres adjacents. Le résultat est une charpente qui s'étend indéfiniment dans les trois directions. Si des ions Si^{+4} occupent chaque position tétraédrique, aucun autre ion métallique est nécessaire pour saturer les ions O^{-2} et il y a formation de quartz, SiO_2. Mais si des ions d'aluminium, Al^{+3}, occupent certaines positions tétraédriques, d'autres ions — notamment le potassium, K^{+1} ; le sodium, Na^{+1} et le calcium, Ca^{+2} — pourront s'insérer dans la structure entre les tétraèdres, comme dans les feldspaths, $K(AlSi_3)O_8$, $Na(AlSi_3)O_8$ et $Ca(Al_2Si_2)O_8$.

Anneau à trois
membres $(SiO_3)_3^{-6}$

Anneau à six
membres $(SiO_3)_6^{-12}$

STRUCTURES EN ANNEAU

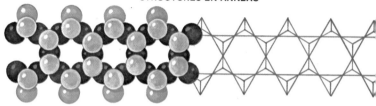

STRUCTURE EN CHAÎNE DOUBLE $(Si_4O_{11})_n^{-6}$

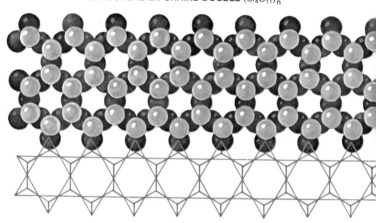

STRUCTURE EN FEUILLETS $(Si_2O_5)_n^{-2}$

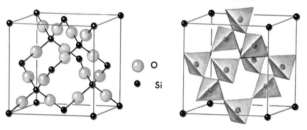

O : O

● : Si

STRUCTURE EN CHARPENTE (SiO_2)
CRISTOBALITE

157

ORTHOSILICATES

Ces silicates sont appelés ainsi parce que l'on a déjà cru qu'ils étaient des sels de l'acide orthosilicique. Ils sont constitués de tétraèdres de silice qui ne partagent pas d'ions oxygènes. Les tétraèdres négatifs sont équilibrés par des ions positifs placés de façon à ce que chaque ion positif soit entouré du nombre d'ions d'oxygène suffisant pour l'isoler. Les ions positifs soudent les tétraèdres ensemble et déterminent la symétrie du cristal. En général, ces silicates cristallisent à haute température dans des roches métamorphiques et ignées.

LE GROUPE DU ZIRCON comprend des structures d'ions de zirconium ou de thorium placés dans des tétraèdres de silice de façon à ce que chaque Zr^{+4} ou Th^{+4} soit entouré de huit ions d'oxygène. D'autres ions M^{+4} (M = métal) ne sont stables que s'ils sont entourés de moins de huit ions d'oxygène ; il n'y a donc que le zirconium et le thorium qui affichent cette structure. Elle est quadratique avec son axe différent légèrement plus court que ses deux axes égaux (p. 40).

ZIRCON, $ZrSiO_4$ (silicate de zirconium), est trouvé en petits cristaux dans presque toutes les roches ignées et dans quelques roches métamorphiques. Ces cristaux sont habituellement des combinaisons prisme-pyramide. Apparemment formés à haute température, ils sont distribués uniformément partout et constituent environ moins de 1% de la roche. Est également trouvé en grains arrondis dans des grès. La désintégration radioactive d'éléments en trace dans plusieurs zircons a entraîné la destruction de leur structure cristalline et dans certains cas, a produit des halos colorés (pléochroïsme) dans le minéral avoisinant. À cause de son grand indice de réfraction et de sa dureté, le zircon est couramment utilisé comme gemme.

Cristallise dans le système quadratique. Est transparent à opaque ; incolore, jaune, gris, brun, bleu ou vert (sans trait) ; a un éclat adamantin, est cassant et très résistant au vieillissement et à l'attaque chimique. A une cassure conchoïdale, une dureté de 7,5 et une densité de 4,2–4,9. On le trouve partout dans le monde. À cause de sa dureté, de son éclat et de son grand indice de réfraction, on l'utilise couramment comme pierre précieuse. Toutefois, il est sous-apprécié à cause de sa réputation d'imitation de diamant.

THORITE, $ThSiO_4$ (silicate de thorium), est assez rare. Cet analogue du zircon a été trouvé en association avec d'autres minerais radioactifs en Norvège, Suède, Canada et République malgache. Contient souvent de l'uranium. Communément hydratée, elle se détériore plus rapidement que le zircon. Cristallise dans le système quadratique, a un bon clivage prismatique et est trouvée en petits ou gros cristaux semblables au zircon et en grains. Sa radioactivité détruit souvent sa structure cristalline. Est blanche, brune ou orange ; cassante et a une dureté de 4,5 et une densité de 4,5–5,4, selon sa composition et son degré d'hydratation.

CLASSIFICATION
D'ORTHOSILICATES COMMUNS

GROUPE DU ZIRCON
Zircon $ZrSiO_4$
Thorite $ThSiO_4$

GROUPE DE L'ÉPIDOTE
Épidote $Ca_2(Fe, Al)_2O(OH)(Si_2O_7)(SiO_4)$
Zoïsite $Ca_2Al(Al_3)O(OH)(Si_2O_7)(SiO_4)$
Clinozoïsite
Piémontite $Ca_2(Mn,Fe,Al)_3O(OH)(Si_2O_7)(SiO_4)$

GROUPE DES GRENATS
Almandin $Fe_3Al_2(SiO_4)_3$
Andradite $Ca_3Fe_2(SiO_4)_3$
Grossulaire $Ca_3Al_2(SiO_4)_3$
Pyrope $Mg_3Al_2(SiO_4)_3$
Spessartine $Mn_3Al_2(SiO_4)_3$
Uvarovite $Ca_3Cr_2(SiO_4)_3$

GROUPE DES OLIVINES
Forstérite Mg_2SiO_4
Fayalite Fe_2SiO_4
Téphroïte Mn_2SiO_4
Monticellite $CaMgSiO_4$

SUBSILICATES

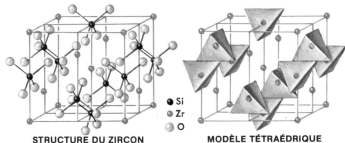

● Si
◐ Zr
○ O

STRUCTURE DU ZIRCON
montrant les atomes

MODÈLE TÉTRAÉDRIQUE
du zircon

Cristaux de zircon
Thaïlande

CRISTAUX DE ZIRCON
(modèles idéaux)

Cristal de zircon
Essex Co., N.Y.

Zircon
Renfrew, Ontario

Thorite
Cardiff, Ontario

Thorite
République malgache

Langesund

Arendal

Cristaux de thorite
Norvège

159

LE GROUPE DE L'ÉPIDOTE comprend des minéraux à structure complexe contenant et des tétraèdres de silice indépendants, $(SiO_4)^{-4}$, et des tétraèdres pairés, $(Si_2O_7)^{-6}$. Ceux-ci sont liés par des ions d'aluminium, Al^{+3}, de fer, Fe^{+3}, de manganèse, Mn^{+3}, et de calcium, Ca^{+2}; il y a de l'eau sous forme d'ions hydroxyles, $(OH)^{-1}$. Les membres du groupe sont difficiles à distinguer. On les trouve habituellement en petites quantités dans des roches métamorphiques formées à pression élevée et dans des roches ignées comme précipités de dernière heure des fluides magmatiques.

ÉPIDOTE, $Ca_2Fe(Al_2O)(OH)(Si_2O_7)(SiO_4)$, (alumino-silicate hydraté de calcium et de fer), est le membre riche en fer de l'extrémité d'une série de solutions solides continue (p. 32) avec la clinozoïsite, le membre riche en aluminium de l'autre extrémité. Est habituellement trouvée dans des roches métamorphiques riches en calcium et dans des roches sédimentaires à proximité de contacts avec des masses ignées. Son vert pistache typique et son clivage (parfait en une direction, imparfait dans une autre) aident à l'identifier.

Cristallise dans le système monoclinique en cristaux prismatiques et en masses granulaires ou fibreuses. En plus de son vert pistache, peut être vert émeraude, noire, rouge ou jaune (sans trait). Est vitreuse, transparente à opaque et cassante. A une dureté de 6-7 et une densité de 3,2-3,5. Très répandue dans les régions métamorphiques partout dans le monde.

ZOÏSITE, $Ca_2Al(Al_2O)(OH)(Si_2O_7)(SiO_4)$, (silicate hydraté de calcium et d'aluminium), est chimiquement identique à la clinozoïsite mais est formée à plus haute température et a une structure différente. De plus, elle ne peut accepter que très peu de fer à la place de l'aluminium sans se déformer. Trouvée communément dans les roches métamorphiques provenant de roches ignées basiques et dans les sédiments métamorphiques riches en calcium.

Cristallise dans le système orthorhombique en cristaux prismatiques souvent en colonnes et en masses. Est cassante avec un clivage parfait en une direction. A un éclat vitreux et est habituellement transparente. A une couleur grise, blanche, brune, verte ou rose (thulite) et n'offre pas de trait. N'est pas affectée par les acides. A une dureté de 6-6,5 et une densité de 3,15-3,37. Est très répandue dans les roches métamorphiques.

CLINOZOÏSITE, $Ca_2Al(Al_2O)(OH)$ $(Si_2O_7)(SiO_4)$, (silicate hydraté de calcium et d'aluminium), accepte du fer à la place de l'aluminium et forme alors une série de solutions solides avec l'épidote. Les minéraux avec un rapport Al : Fe supérieur à 9 : 1 sont appelés clinozoïsites; les autres épidotes. La clinozoïsite est incolore, verte, jaune ou rose. Ses autres propriétés sont semblables à celles des épidotes et on la trouve aux mêmes endroits.

PIÉMONTITE, $Ca_2(Mn,Fe,Al)_3O(OH)-(Si_2O_7)(SiO_4)$, contient beaucoup de Fe^{+3} et Mn^{+3} à la place de Al^{+3}. N'est trouvée qu'avec des minerais de Mn, comme en Piedmont en Italie, et dans des roches métamorphiques, comme en France, Suède et Japon. On la trouve également dans des porphyres de quartz en Égypte et Adams Co., Pa. A une couleur brun-rouge foncé ou noire. A les caractéristiques cristallines de l'épidote. Sa dureté est de 6,5 et sa densité de 3,40.

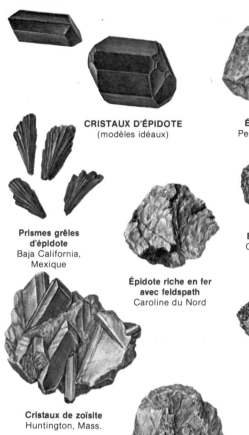

CRISTAUX D'ÉPIDOTE
(modèles idéaux)

Épidote massive
Pershing, Colorado

**Prismes grêles
d'épidote**
Baja California,
Mexique

**Épidote riche en fer
avec feldspath**
Caroline du Nord

Épidote granulaire
Calumet, Colorado

Cristaux de zoïsite
Huntington, Mass.

Zoïsite
Afrique

**Zoïsite sans fer
avec quartz**
Timmins, Ontario

**Zoïsite rose
(thulite)**
Caroline du Nord

**Cristaux de
clinozoïsite**
Guerrero,
Mexique

Clinozoïsite rose
Sonora, Mexique

Piémontite
Madera, Californie

161

LE GROUPE DES GRENATS est réparti en deux séries de minéraux. La série pyralspite tire son nom de ses trois membres: pyrope, almandin et spessartine; la série ugrandite de ses membres: uvarovite, grossulaire et andradite. Une solution solide presque totale (p. 32) existe dans chaque série, chaque membre devenant graduellement un autre de la série, mais non d'une série à l'autre. Les grenats comptent parmi les minéraux les plus communs. Ils cristallisent dans le système cubique, formant souvent des cristaux dodécaédriques et trapézoédriques en combinaisons variées et moins souvent en grains arrondis et masses granulaires. Ils sont cassants mais n'ont pas de clivage net. Ils sont tous durs (6-7,5), ont un éclat vitreux, sont transparents à translucides et n'offrent pas de trait. Leur structure consiste en des tétraèdres de silice indépendants, $(SiO_4)^{-4}$, liés grâce à des ions Ca^{+2}, Fe^{+2}, Mg^{+2} ou Mn^{+2} entourés par huit ions O^{-2} et des ions Al^{+3}, Fe^{+3} ou Cr^{+3} entourés par six ions O^{-2}. On les trouve dans une variété de roches métamorphiques et des granites, surtout les pegmatites; la pression hydrothermale joue un rôle important dans leur formation.

ALMANDIN, $Fe_3Al_2Si_3O_{12}$ (silicate de fer et d'aluminium), est le plus abondant des grenats. A une couleur rouge foncé ou rouge brunâtre. Est trouvé typiquement dans des schistes de régions de métamorphisme régional (p. 12). On en a trouvé de gros spécimens à Gore Mt, N.Y. Dans de rares cas, survient aussi dans une variété de roches ignées et à cause de sa résistance au vieillissement, peut être un important constituant de roches sédimentaires.

PYROPE, $Mg_3Al_2Si_3O_{12}$, (silicate de magnésium et d'aluminium), est rouge profond, noir, rose ou pourpre. Ses variétés transparentes, notamment celles de la Tchécoslovaquie et de la Caroline du Nord, constituent des gemmes. Survient avec d'autres minéraux ferromagnésiens dans des roches pauvres en silice comme dans les cheminées diamantifères (kimberlites) d'Afrique du Sud et dans des roches métamorphiques riches. La rhodolite est un grenat semblable au pyrope.

ANDRADITE, $Ca_3Fe_2Si_3O_{12}$ (silicate de calcium et de fer), est très rouge foncé, jaune, vert, brun ou noir. Trouvée habituellement dans des roches de métamorphisme de contact (p. 12) dans des calcaires impurs, notamment en Suède, RFA, U.R.S.S. et Franklin, N.J. Est trouvée plus rarement dans des roches riches en calcium. Certaines variétés contiennent des quantités appréciables de titane.

GROSSULAIRE, $Ca_3Al_2Si_3O_{12}$ (silicate de calcium et d'aluminium), se distingue par sa couleur jaune pâle ou brune. Peut être vert pâle s'il contient un peu de chrome et quelquefois même rouge. Est trouvé dans des calcaires métamorphiques impurs et des schistes calcaireux, mais seulement si la teneur en aluminium est forte et la teneur en fer faible. Est plus courant dans des gisements de métamorphisme de contact, notamment en Écosse.

SPESSARTINE, $Mn_3Al_2Si_3O_{12}$ (silicate de manganèse et d'aluminium), est rouge foncé, violet ou rouge brunâtre. Est relativement rare et trouvée plus particulièrement dans le Spessart District de Bavière, en RFA, Italie et République malgache. En ces endroits, est associée à des minerais de manganèse d'origines métamorphiques. Peut contenir des quantités importantes de fer.

UVAROVITE, $Ca_3Cr_2Si_3O_{12}$ (silicate de calcium et de chrome), le plus rare des grenats. Est couramment vert émeraude vif et est estimée comme pierre précieuse. Sa couleur verte est caractéristique de l'ion Cr^{+3}. Peut contenir un peu de Al^{+3}. Est trouvée associée avec des minerais de chrome en U.R.S.S., au Québec et en Espagne, et avec des roches ferromagnésiques en Finlande, Norvège et Afrique du Sud. A une origine métamorphique.

Almandin

Andradite

Spessartine

Pyrope

Grossulaire

Uvarovite

CRISTAUX DE GRENATS

Almandin
River Valley,
Ontario

Almandin
Gore Mt, N.Y.

**Pyrope var.
rhodolite**
avec biotite
Caroline du Nord

Andradite
Graham Co.,
Arizona

Andradite
Portland,
Maine

Galets de pyrope
Nouveau-Mexique

**Cristaux de
grossulaire**
Lac Jaco,
Chihuahua, Mexique

**Spessartine
taillée**
Brésil

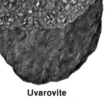

Uvarovite
Molotov, U.R.S.S.

LE GROUPE DES OLIVINES comprend des minéraux dont la structure consiste en des tétraèdres de silice, $(SiO_4)^{-4}$, liés par le magnésium, Mg^{+2}, ou certains autres ions dans des positions octaédriques (p. 156). Toutefois, il n'y a que la moitié des positions octaédriques qui sont occupées par ces ions et seulement le huitième des positions tétraédriques qui sont occupées par des ions Si^{+4}. Les minéraux du groupe cristallisent dans le système orthorhombiques en masses granulaires et grains dispersés, rarement en cristaux. Ils sont cassants avec des cassures quelconques, translucides à transparents, et ont un éclat vitreux ; ils n'offrent pas de trait. Ils sont solubles dans l'acide chlorhydrique. Olivine est le nom donné à n'importe quel des minéraux qui forment une série de solutions solides totales (p. 32) entre la forstérite à une extrémité et la fayalite à l'autre. Les minéraux intermédiaires contiennent diverses proportions de fer, Fe, et de magnésium, Mg, et ont une formule (Fe,-Mg)$_2$SiO$_4$. Les spécimens de l'un ou de l'autre des membres purs des extrémités sont rares mais les olivines intermédiaires sont communes. Les olivines riches en magnésium sont plus communes car le magnésium est plus en abondance que le fer. La série constitue un des groupes constitutifs de roches importants et peut nous aider à comprendre ce qui se passe à l'intérieur de la terre et à mieux comprendre les processus de formation des montagnes. Les roches riches en olivines, appelées dunites et péridotites, sont communes dans les zones de grands efforts de cisaillement sur les flancs de replis dans les chaînes de montagnes fortement plissées. Les roches des cheminées diamantifères d'Afrique du Sud sont des péridotites, avec des olivines fortement altérées en serpentine dans les roches volcaniques les plus vieilles.

FORSTÉRITE, Mg_2SiO_4 (silicate de magnésium), vert pâle à vert foncé, s'altérant rapidement en une couleur brun rougeâtre. A une dureté de 6,5-7 et une densité de 3,27. Est trouvée partout dans le monde en grains dispersés dans des roches basiques (pauvres en silice), en intrusions massives dans les noyaux des montagnes et comme constituants majeurs de roches métamorphiques riches en magnésium. Le péridot, la variété gemme, est vert pâle et transparent.

FAYALITE, Fe_2SiO_4 (silicate de fer), sa couleur varie habituellement de vert foncé à noir. S'altère rapidement en rouille à mesure que le fer s'oxyde. A une dureté de 6,5 et une densité de 4,1. Est très commune dans les sédiments métamorphiques riches en fer, comme à Hartz Mts en RFA. Peut survenir dans des roches intrusives profondes comme au Groenland et en petites quantités dans des roches volcaniques. Est également trouvée en Sicile, Açores, France, Suède, Irlande, Massachusetts, Colorado, Californie et Wyoming. Si elle contient beaucoup de manganèse, on l'appelle igelstromite.

TÉPHROÏTE, Mn_2SiO_4 (silicate de manganèse), est rare et survient en petits cristaux rouges ou gris. A une dureté de 6 et une densité de 4,1. Est trouvée dans des roches riches en manganèse à Franklin, N.J., dans le Vermland, Suède et dans les Pyrénées françaises. Une variété avec du zinc est appelée roepperite. Les spécimens qui contiennent assez de fer pour avoir une composition à peu près comme celle de $FeMnSiO_4$ sont appelés knébélite. Peut contenir des quantités appréciables de magnésium.

MONTICELLITE, $CaMgSiO_4$ (silicate de calcium et de magnésium), survient en petits cristaux prismatiques, en grains arrondis ou masses incolores ou gris. Le rapport Ca:Mg est très près de 1:1 dans tous les cas. Est moins dure que les autres minéraux du groupe (5) et sa densité est de 3,2. Se forme habituellement dans des roches métamorphiques provenant de dolomites siliceuses, SiO_2 et $CaMg(CO_3)_2$, ou dans des conditions inhabituelles dans des roches ignées riches en calcium. Est trouvée en Italie (Vésuve), Australie, Californie et Arkansas.

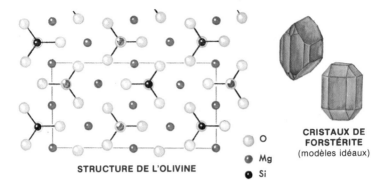

STRUCTURE DE L'OLIVINE

O
Mg
Si

CRISTAUX DE FORSTÉRITE
(modèles idéaux)

Forstérite massive
Jackson Co., N.C.

Forstérite
Crestmore, Californie

Péridot, olivine valable comme gemme
Arizona

Fayalite avec cristobalite
Inyokern, Californie

Téphroïte (tan) avec franklinite
Franklin Furnace, N.J.

Monticellite massive
Crestmore, Californie

Monticellite avec calcite bleue
Crestmore, Californie

165

LES SUBSILICATES sont des silicates à tétraèdres indépendants qui ont dans leur structure des ions d'oxygène en sus de ceux qui constituent les tétraèdres. On écrit donc la formule de façon à pouvoir distinguer les deux genres d'oxygène. Techniquement, tout silicate qui contient l'ion hydroxyle, $(OH)^{-1}$, est un subsilicate mais ils ne sont pas habituellement classés ainsi.

DISTHÈNE, Al_2OSiO_4 (silicate d'aluminium), est trouvé exclusivement dans des roches métamorphiques régionales riches en oxyde d'aluminium où il survient avec des micas (dans les micaschistes), la staurotide, les grenats ou le corindon. Est très commun dans les régions : Piedmont de Caroline du Nord, les Alpes et l'Oural. Se forme habituellement à des températures plus élevées que celles de la staurotide mais plus faibles que celles de la sillimanite. Cristallise dans le système triclinique en longs cristaux lamellaires ou en masses, généralement de couleur bleue distincte. Peut être aussi blanc, gris, vert, brun ou noir. Est cassant avec un clivage en deux directions non à angle droit. A un éclat vitreux, est translucide à transparent et n'offre pas de trait. Sa dureté est de 5-7, variant parfois d'une face à l'autre, et sa densité de 3,53-3,65. À cause de son point de fusion élevé, est utilisé comme réfractaire.

STAUROTIDE, $(Fe,Mg)_2(Al,Fe)_9O_6-(SiO_4)_4(O,OH)_2$ (silicate d'aluminium et de fer magnésique), est communément trouvée avec des grenats, micas et quartz dans les endroits affectés par le métamorphisme régional. Est abondante dans les micaschistes le long des Appalaches de la Nouvelle-Angleterre à la Georgie et à plusieurs autres endroits géologiquement semblables. Sa composition varie, avec de grosses différences dans les rapports Fe : Mg et Al : Fe de divers spécimens ; les staurotides suédoises contiennent beaucoup de Mn. Cristallise dans le système orthorhombique en cristaux prismatiques et aplatis, les macles en croix étant typiques. Est cassante et clive en une direction. Habituellement opaque à cause des impuretés, est brune, noire ou jaune et a un éclat résineux ou vitreux ; peut donner un trait gris pâle. A une dureté de 7-7,5 et une densité de 3,74-3,83.

SILLIMANITE, Al_2OSiO_4 (silicate d'aluminium), a la même composition que le disthène mais une structure et des caractéristiques différentes. Survient dans les roches métamorphiques pauvres en silice, en cristaux, en aiguilles dans le système orthorhombique et en groupements fibreux. Est d'un brun, blanc ou vert vitreux. N'a un clivage que dans une seule direction. Sa dureté est de 6-7 et sa densité de 3,23-3,27.

ANDALOUSITE, Al_2OSiO_4 (silicate d'aluminium), est chimiquement identique au disthène et à la sillimanite mais se forme probablement à plus faible température. Est trouvée dans des régions de métamorphisme, partiellement altérée en disthène. Cristallise dans le système orthorhombique en gros prismes et grosses masses — vitreux, blanc, rouge, gris, brun ou vert. A un clivage en deux directions presque perpendiculaires. A une dureté de 7,5 et une densité de 3,13-3,16.

TOPAZE, $Al_2(SiO_4)(OH,F)_2$ (fluosilicate d'aluminium), n'est pas associé aux autres minéraux mentionnés ici mais a une structure semblable. Survient dans les granites, surtout les pegmatites, est habituellement associé au béryl, à la tourmaline, à la fluorite et à d'autres minéraux de la pegmatite ainsi qu'aux minerais d'étain et de tungstène. Le topaze transparent est souvent utilisé comme pierre précieuse. Il est très durable et a un indice de réfraction élevé. Cristallise dans le système orthorhombique en prismes en forme de colonnes, souvent avec des faces striées, et en masses granulaires. Est cassant et a un clivage parfait en une direction. Est transparent, vitreux, incolore et donne un trait pâle. Sa dureté est de 8 et sa densité de 3,49-3,57. On le trouve en U.R.S.S., RDA, au Nigéria, Japon, Maine, Connecticut, New Hampshire, Texas, en Virginie, Utah, Californie, etc.

Disthène massif
Lincolnton
Caroline du Nord

Microphotographie de la sillimanite
dans la calcite, Inwood Marble,
Pound Ridge, N.Y.

Caroline
du Nord

Minas Gerais,
Brésil

Cristaux lamellaires de disthène

Pierres brutes

Sillimanite
Hill City,
Dakota du Sud

Taillées

Andalousite
Brésil

**Andalousite massive
avec pyrophyllite**
Hemet, Californie

**Andalousite var.
Chiastolite avec
couche de mica**
Madera Co., Californie

Topazes

Topaze
Pitkin,
Colorado

**Topaze
citrine**
Brésil

Topaze
Gunnison,
Colorado

Cristaux de staurotide
Fannin Co., Georgie

Topaze
Villa Rica,
Brésil

Topaze
San Luis Potosi
Mexique

Topaze
Mexique

PYROSILICATES

Les pyrosilicates consistent en des unités $(Si_2O_7)^{-6}$, chacune constituée de deux tétraèdres qui partagent un ion d'oxygène, lequel est saturé. Les autres six ions d'oxygène, portant chacun une charge négative, doivent être équilibrés par les ions positifs qui forment la structure. L'unité $(Si_2O_7)^{-6}$ ayant une forme inhabituelle, les structures sont complexes. Les pyrosilicates sont relativement rares ; ils sont représentés dans cet ouvrage par le groupe mélilite et le groupe épidote (p. 162), ce dernier possédant des unités tétraédriques simples et doubles.

LE GROUPE DES MÉLILITES consiste en une série de solutions solides totales de minéraux (p. 32) entre la gehlénite et l'akermanite, les minéraux intermédiaires étant appelés mélilites. Dans la structure des mélilites, telle que représentée par l'akermanite, les unités sont liées entre elles par des ions Mg^{+2} disposés tétraédriquement en feuilles liées entre elles par des liaisons entre des ions Ca^{+2} et O^{-2}. Un ion Al^{+3} peut remplacer un ion Mg^{+2} si en même temps un Al^{+3} remplace un Si^{+4}. Le résultat de ces substitutions est la gehlénite. Les mélilites sont caractéristiques de calcaires impurs métamorphosés formés à haute température, plus particulièrement dans des zones de contact (p. 12). Le sodium et le fer sont des constituants communs.

GEHLÉNITE, $Ca_2Al(AlSiO_7)$ (silicate de calcium et d'aluminium), se forme dans des roches pauvres en magnésium et riches en aluminium. Est communément trouvée dans des calcaires qui ont été envahis par des matériaux ignés pauvres en silice (basiques) et dans des laves basaltiques.

Cristallise dans le système quadratique en plaques et prismes carrés et en masses. Est blanche, jaune, verte, rouge ou brune et peut offrir un trait pâle. Est opaque à transparente, a un éclat vitreux ou résineux et est soluble dans l'acide chlorhydrique. A un clivage net en une direction. Sa dureté est de 5 et sa densité de 3,04. Est trouvée en Italie, Mexique, Roumanie, Afrique du Sud, Québec, U.R.S.S., Colorado, etc.

AKERMANITE, $Ca_2Mg(Si_2O_7)$ (silicate de calcium et de magnésium), est relativement rare à l'état pur, la plupart des mélilites contenant des quantités importantes de Al. Est souvent trouvée dans des scories industrielles où elle contient alors beaucoup de fer. À faible température, se transforme en monticellite et en wollastonite. Ceci est probablement le résultat de l'instabilité de Mg^{+2} dans des positions tétraédriques. Ses propriétés sont semblables à celles de la gehlénite.

HARDYSTONITE, $Ca_2Zn(Si_2O_7)$ (silicate de calcium et de zinc), est l'analogue au zinc de l'akermanite, avec Zn^{+2} à la place de Mg^{+2}. Une quantité appréciable de manganèse Mn^{+2} est également présente probablement dans des positions de Ca^{+2}. N'a été trouvée que dans les mines de zinc de Franklin, N.J. Ses propriétés ressemblent beaucoup à celles des autres mélilites sauf qu'elle est trouvée en masses granulaires blanches, a une dureté de 3-4 et une densité de 3,4.

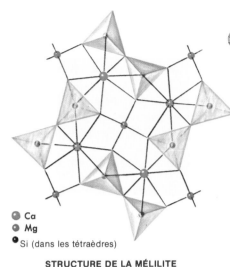

CRISTAUX DE MÉLILITE
(modèles idéaux)

● Ca
◐ Mg
● Si (dans les tétraèdres)

STRUCTURE DE LA MÉLILITE

**Mélilite
var. chrysocolle**
Vésuve, Italie

Mélilite var. fuggérite
Autriche

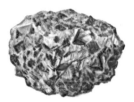

Mélilite var. humboldtilite
Vésuve, Italie

Gehlénite
Autriche

Gehlénite (massive)
Luna Co., Nouveau-Mexique

Akermanite
Trentino, Italie

Hardystonite
Franklin, N.J.

169

SILICATES À STRUCTURE EN ANNEAU

Ces silicates à structure complexe sont des minéraux intéressants. Ils sont relativement rares à cause des conditions chimiques nécessaires à leur croissance ; les silicates à structure en chaîne, semblables chimiquement aux silicates à structure en anneau, se forment plus facilement car ils sont constitués d'éléments plus en abondance et ils sont plus stables chimiquement. Un anneau est formé lorsque chaque tétraèdre de silice partage deux ions d'oxygène avec des tétraèdres adjacents. L'anneau est alors composé d'un nombre d'unités $(SiO_3)^{-2}$. Les anneaux sont liés entre eux par des ions positifs en coordination avec les ions d'oxygène des anneaux. Les liaisons entre ces ions positifs et les ions d'oxygène étant faibles et sensiblement distribuées uniformément dans toutes les directions, ces silicates n'offrent pas de clivage bien distinct. Toutefois, la géométrie de l'anneau est souvent représentée par la forme du cristal.

Les structures en anneau les plus communes comportent six tétraèdres par anneau. Selon la forme de l'anneau, on a une symétrie hexagonale ou trigonale. La tourmaline, le béryl, la cordiérite et l'osumilite, qui est plus rare, sont des silicates de ce type. La bénitoïte a un anneau à trois unités et l'axinite à quatre unités. Nous ne décrirons que les trois premiers de ces silicates.

TOURMALINE, $Na(Mg,Fe,Mn,Li,Al)_3Al_6(Si_6O_{18})(BO_3)_3 \cdot (OH,F)_4$ (borosilicate de sodium et d'aluminium), est couramment utilisée comme pierre précieuse. Est composée d'anneaux de silice à six membres et d'anneaux de borate à trois membres liés entre eux par des ions de sodium, d'aluminium et autres ions positifs. Ses trois principales variétés sont la dravite, tourmaline brune riche en magnésium, le schorl, tourmaline très noire et opaque riche en fer et en manganèse, et l'elbaïte, tourmaline bleue, verte, jaune, rouge, blanche ou incolore, riche en lithium. Certains prismes trigonaux sont recherchés comme pierres précieuses à cause d'un enrubanement coloré causé par des variations de composition lors de la croissance.

Les tourmalines sont souvent des produits de cristallisation de dernière heure de granites, surtout de pegmatites, qui ont été enrichis par des solutions de bore. On les trouve également dans des roches métamorphiques et en grains arrondis dispersés dans des sédiments. On les trouve souvent sous forme de groupements radiés et de cristaux isolés avec le quartz, la muscovite et les feldspaths. Les cristaux sont typiquement des prismes trigonaux à faces rondes et striées.

Cristallise dans le système hexagonal en prismes, agrégats radiés et masses ; le maclage est rare. Est opaque à transparente, a un éclat vitreux et n'offre pas de trait. Est insoluble dans les acides et est pyroélectrique (se charge électriquement lorsque chauffée ou refroidie). A une dureté de 7 et une densité de 3,03-3,25. Les cristaux exceptionnels proviennent de l'U.R.S.S., l'Île d'Elbe, Groenland, RFA, Tchécoslovaquie, Suisse, Angleterre, Sri Lanka, Brésil, Nouvelle-Angleterre (surtout West Paris, Maine), et Californie (région de San Diego).

Modèle d'empilement

Modèle d'empilement

ANNEAU IDÉAL À SIX MEMBRES $(Si_6O_{18})^{-12}$

Modèle tétraédrique

Modèle tétraédrique

ANNEAU IDÉAL À TROIS MEMBRES $(Si_3O_9)^{-6}$

Prisme tronqué

Prisme plat

Prisme élancé

Symétrie de troisième ordre

CRISTAUX DE TOURMALINE

Tourmaline noire (schorl)
Pierrepont, N.Y.

Tourmaline violette
Pala, Californie

Tourmaline dans du feldspath
Caroline du Nord

Tourmaline rubellite en lépidolite
Pala, Californie

Tourmaline verte
Brésil

Tourmaline dans du quartz
Brésil

BÉRYL, $Mg_2Al_4Si_6O_{18}$ (silicate de magnésium et d'aluminium), sa structure est constituée d'anneaux à six membres en feuilles. Les ions de béryllium et d'aluminium entre les feuilles lient les anneaux dans les feuilles et dans des feuilles adjacentes. Les anneaux de diverses feuilles sont alignés pour former des canaux. On trouve souvent dans ces canaux du sodium, du lithium et du césium.

On trouve le béryl associé au quartz, feldspath, tourmaline, muscovite, topaze, lépidolite, spodumène et autres minéraux des pegmatites dans le granite, surtout les pegmatites. Il n'est pas rare de trouver des cristaux énormes bien formés (jusqu'à 200 tonnes). On le trouve également dans les schistes pauvres en silice et dans les marbres. Les variétés claires de béryl comme l'émeraude (vert), l'aigue-marine (vert-bleu) et l'héliodore (jaune) sont très recherchées comme pierres précieuses. Au cours des dernières années, le béryl est devenu la principale source de béryllium et d'oxyde de béryllium, deux matériaux industriels importants. On reconnaît le béryl à sa forme cristalline typique (prisme à six côtés), à sa couleur (habituellement vert pâle ou vert émeraude, quelquefois vert-bleu, jaune, rouge pâle, blanc ou incolore) et à sa dureté (7,5-8).

Cristallise dans le système hexagonal en prismes longs, (souvent striés, rarement maclés), masses granulaires et grosses colonnes. Il est translucide à transparent et a un éclat vitreux. N'offre ni clivage ni trait. Peut contenir des matières alcalines et de l'eau et un peu de magnésium, calcium, chrome (dans les émeraudes) et d'autres éléments. Est distribué en très petites quantités et on le trouve en Nouvelle-Angleterre, les Smoky Mts de Caroline du Nord, Colorado, San Diego Co., Californie, U.R.S.S., Autriche, République malgache, Colombie, etc.

CORDIÉRITE, $Mg_2Al_4Si_5O_{18}$ (alumino-silicate de magnésium), a essentiellement la même structure que le béryl mais sa composition différente déforme les anneaux en une structure orthorhombique normale (on connaît également un type hexagonal de haute température). On la trouve le plus souvent dans des roches métamorphiques se formant à haute température de sédiments porteurs de magnésium et d'aluminium ; est trouvée moins souvent dans des roches volcaniques. Elle ressemble beaucoup au quartz mais est souvent altérée, surtout le long de fractures, en minéraux micacés vert grisâtre. Ayant un faible coefficient de dilatation thermique, elle ne se fracture pas facilement lors d'échauffements ou refroidissements rapides. On a donc fabriqué des matériaux réfractaires en faisant réagir du talc et de la kaolinite pour former de la cordiérite.

Cristallise dans le système orthorhombique, habituellement en masses granulaires, quelquefois en prismes courts, seuls ou maclés. Est grise, bleue ou fumée et n'offre pas de trait. Translucide à transparente, a un éclat vitreux à gras. Est cassante avec un clivage moyen en une direction. Forme une solution solide totale avec la cordiérite de fer ($Fe_2Al_4Si_5O_{18}$), contient un peu de calcium et d'eau et est partiellement décomposée par les acides. A une dureté de 7-7,5 et une densité de 2,52-2,78. Est trouvée surtout en Norvège, Finlande, Groenland, RFA, République malgache, Connecticut et Colorado.

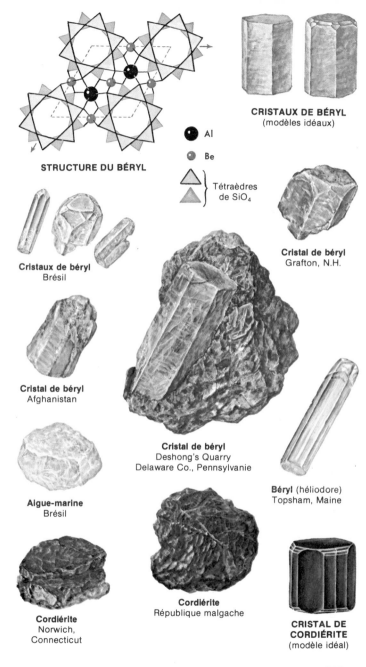

STRUCTURE DU BÉRYL

Al

Be

Tétraèdres
de SiO$_4$

CRISTAUX DE BÉRYL
(modèles idéaux)

Cristaux de béryl
Brésil

Cristal de béryl
Grafton, N.H.

Cristal de béryl
Afghanistan

Aigue-marine
Brésil

Cristal de béryl
Deshong's Quarry
Delaware Co., Pennsylvanie

Béryl (héliodore)
Topsham, Maine

Cordiérite
Norwich,
Connecticut

Cordiérite
République malgache

CRISTAL DE
CORDIÉRITE
(modèle idéal)

173

SILICATES À STRUCTURE EN CHAÎNE SIMPLE

Ces silicates constituent un groupe important de minéraux constitutifs de roches et sont donc d'un intérêt majeur pour le minéralogiste et le pétrologiste. Ils sont constitués de chaînes simples de tétraèdres de silice. Chaque tétraèdre de chaîne partage deux de ses ions d'oxygène avec des tétraèdres adjacents dans la chaîne. Ces ions lient donc les tétraèdres les uns aux autres. Ceci entraîne une réduction d'un oxygène par unité. Il en résulte une série d'unités $(SiO_3)^{-2}$. Les deux charges négatives des unités appartiennent à leurs deux ions d'oxygène non partagés. Dans le cristal, ces charges doivent être équilibrées par des ions positifs — très souvent par Mg^{+2}, Fe^{+2} et Ca^{+2} — placés entre les chaînes. Les liaisons entre les chaînes étant plus faibles que les liaisons silicium-oxygène-silicium dans les chaînes, le clivage survient dans des directions correspondant aux axes longitudinaux des chaînes.

Les chaînes peuvent être empaquetées de plusieurs façons, selon la grosseur et la charge des ions placés entre elles. Il en résulte que les silicates avec structure à chaîne simple sont plus répandus que les silicates à structure en anneau et ont une plus grande gamme de compositions. Même si l'on se représente les chaînes comme étant droites, elles sont plutôt tordues ou en hélice pour pouvoir accommoder des ions de diverses grosseurs entre elles.

LE GROUPE DES PYROXÈNES comprend tous les silicates à structure en chaîne simple; ceux-ci sont appelés pyroxènes. Mg^{+2}, Fe^{+2} et Ca^{+2} étant les ions métalliques qui ont la grosseur la plus appropriée pour occuper des positions entre les chaînes, les pyroxènes contenant des combinaisons de ces éléments sont des minéraux constitutifs de roches des plus importants. Les pyroxènes illustrés dans le diagramme triaxial de la page suivante sont les plus communs. La wollastonite contient peu de Mg^{+2} ou de Fe^{+2} et n'est généralement pas associée aux autres pyroxènes. La diopside et l'hédenbergite forment une série de solutions solides totales (p. 32) dans laquelle la diopside est le membre d'extrémité riche en Mg et l'hédenbergite, l'autre membre d'extrémité riche en Fe. Le membre intermédiaire, l'augite, contient les trois métaux — Mg, Fe et Ca. L'enstatite et la ferrosilite sont les membres d'extrémité d'une autre série de solutions solides totales. Tous contiennent un peu de Ca et le membre intermédiaire, l'hypersthène, contient Mg, Fe et un peu de Ca. La ferrosilite est très rare.

En plus de ces minéraux constitutifs de roches, l'aégirine, $NaFeSi_2^-O_6$, la jadéite, $NaAlSi_2O_6$, et le spodumène, $LiAlSi_2O_6$, sont trouvés en abondance localement et ont une grande importance d'un point de vue géologique. La rhodonite, $MnSiO_3$, et la johannsénite, $Ca(Mn, Fe)Si_2O_6$, sont des pyroxènes intéressants trouvés dans des gisements porteurs de Mn. Plusieurs autres noms ont été utilisés pour décrire les variations de composition des pyroxènes communs.

Plusieurs pyroxènes de compositions diverses sont formés lors de procédés industriels, notamment dans les scories d'aciérage. Un mélange d'enstatite ($MgSiO_3$) et de forstérite (Mg_2SiO_4) est formé lorsque la serpentine — une composante usuelle des revêtements internes des fourneaux — est chauffée.

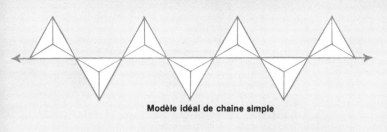

Modèle idéal de chaîne simple

Modèle d'entassement d'une chaîne simple

Chaîne simple — vues des extrémités

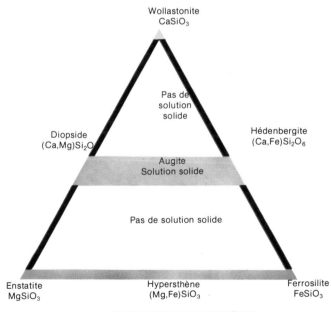

Wollastonite
CaSiO$_3$

Pas de
solution
solide

Diopside
(Ca,Mg)Si$_2$O

Hédenbergite
(Ca,Fe)Si$_2$O$_6$

Augite
Solution solide

Pas de solution solide

Enstatite
MgSiO$_3$

Hypersthène
(Mg,Fe)SiO$_3$

Ferrosilite
FeSiO$_3$

COMPOSITIONS DE PYROXÈNES

DIOPSIDE, CaMgSi$_2$O$_6$ (silicate de calcium et de magnésium), est couramment formée par métamorphisme de dolomite silicieuse, CaMg(Co$_3$)$_2$, à des températures relativement élevées. Le composé pur est blanc mais il contient habituellement de petites quantités de fer qui lui donnent une couleur verdâtre ou jaunâtre. Elle n'est pas commune comme minéral igné (l'augite est le pyroxène igné le plus commun). On la trouve habituellement en petits cristaux arrondis dans des marbres grenus où elle est associée à la phlogopite, à la serpentine et autres silicates magnésiens. Entre autres, ses variétés sont appelées alalite, malacolite, violane, canaanite et lavrovite.

Cristallise dans le système monoclinique en forme de cristaux prismatiques granulaires, grains disséminés, masses et colonnes. Les cristaux multiples et macles sont fréquents. Est blanche, jaunâtre, verte ou bleue ; vitreuse, transparente à translucide et cassante. N'offre pas de trait. Clive en deux directions à 87° l'une de l'autre (ceci la distingue des amphiboles). Est insoluble dans les acides et s'altère rapidement. On la trouve fréquemment dans des régions de métamorphisme de contact dans les Appalaches, Rocheuses, Alpes, l'Oural, en Suède, au Canada, etc.

ENSTATITE, MgSiO$_3$ (silicate de magnésium), est, en composition, le plus simple des pyroxènes. Ne se trouve que dans les roches riches en magnésium contenant peu de calcium ou de fer. Ce qui veut dire les roches ignées profondes pauvres en silice, les laves et les roches métamorphiques d'origine ignée. Les roches ignées à teneur moyenne en silice contiennent des amphiboles ou de la biotite plutôt que des pyroxènes. L'enstatite est difficile à expliquer en termes géologiques car les chaînes de silice de sa structure sont liées entre elles de trois façons différentes, selon les conditions de formation, et parce que le calcium et le fer dans sa structure entraînent des variations de propriétés.

Cristallise dans le système orthorhombique ou monoclinique en grains enchevêtrés ou en cristaux prismatiques. Il est fréquent de trouver des macles parallèles répétées. Le minéral est incolore, gris, jaune, vert ou brun ; est terne, vitreux, nacré ou à éclat bronzé. Est translucide, cassante et insoluble dans les acides. Clive en deux directions à 88° entre elles et a une cassure irrégulière. Peut être difficile à distinguer de l'augite. A une dureté de 5-6 et une densité de 3,2 (plus grande pour une teneur en fer plus forte). Est très répandue dans les roches ignées et commune dans les météorites.

HÉDENBERGITE, CaFeSi$_2$O$_6$ (silicate de calcium et de fer), est rare car les roches à forte teneur en fer contiennent généralement beaucoup de magnésium. Est trouvée dans certains gabbros et autres roches ignées basiques, avec des minerais de plomb et de zinc dans des calcaires de métamorphisme de contact, et comme un produit de métamorphose dans des roches sédimentaires riches en fer. Cristallise dans le système monoclinique en cristaux prismatiques, masses granulaires et agrégats lamellaires. Le maclage est commun. Sa couleur est vert brunâtre, vert foncé ou noir. Clive dans deux directions à 87° entre elles. Contient communément Mg et d'autres éléments et est insoluble dans les acides. Trouvée communément en Suède, Norvège, Sibérie, New York et autres localités disséminées.

CRISTAUX DE DIOPSIDE
(modèles idéaux)

**CLIVAGE DU
PYROXÈNE**
(modèle idéal)

Groupement cristallin

Cristalline

Diopside, Gasconade, Missouri

**Diopside
avec biotite**
Québec

Enstatite
Delaware Co.,
Pennsylvanie

**Enstatite
(altérée en stéatite)**
Brevik, Norvège

Enstatite
Tilly, Foster Mine,
Brewster, N.Y.

Enstatite, variété bronzite
Lancaster Co., Pennsylvanie

Hédenbergite
Silverstar, Montana

177

AUGITE, $(Ca,Mg,Fe,Ti,Al)_2(Si,Al)_2O_6$ (alumino-silicate de calcium, magnésium, fer, titane et d'aluminium), est le pyroxène igné le plus commun. Sa complexité chimique reflète la complexité des masses ignées en fusion. Est formée à haute température tôt dans le processus de cristallisation. Est trouvée communément dans les roches ignées pauvres en silice (basiques), notamment les gabbros et laves basaltiques. Survient en cristaux épars, uniformément distribués dans la roche; certaines roches intrusives basiques ne sont constituées que d'augite. Est rare dans les roches métamorphiques d'origine sédimentaire. Ayant une structure semblable à d'autres pyroxènes foncés, est difficile à distinguer. Il faut faire une analyse chimique pour caractériser la plupart des pyroxènes.

Cristallise dans le système monoclinique en cristaux prismatiques (souvent maclés) et en masses granulaires. Est vitreuse, brune, verte ou noire; translucide à opaque; cassante et insoluble dans les acides. Clive dans deux directions à 87° entre elles; a une cassure quelconque. Sa dureté est de 5,5-6 et sa densité de 3,23-3,52. Survient dans les laves du Vésuve, de Stromboli, d'Hawaï et de Tchécoslovaquie; à Ducktown, Tennessee, et Franklin, N.J.; dans les états de York, Connecticut, Massachusetts, Utah, au Canada et ailleurs.

HYPERSTHÈNE, $(Mg,Fe)SiO_3$ (silicate de magnésium et de fer), survient dans des roches ignées foncées granuleuses et dans certaines météorites. Membre intermédiaire de la série enstatite-ferrosilite, son rapport Mg:Fe varie grandement. Cristallise dans le système orthorhombique en prismes ou en masses tabulaires. Est vert brunâtre foncé ou noir avec un éclat nacré. Est cassante et s'altère facilement. A un meilleur clivage dans une direction que dans l'autre et une cassure quelconque. Sa dureté est de 5-6 et sa densité de 3,40-3,50.

JOHANNSÉNITE, $Ca(Mn,Fe)Si_2O_6$ (silicate de calcium, de manganèse et de fer), est relativement rare. Se trouve dans des calcaires affectés par des solutions riches en Mn au cours de métamorphismes, et dans des filons. Sa teneur en Mn et Fe varie. Cristallise dans le système monoclinique en agrégats de masses fibreuses ou de cristaux prismatiques. Est brune, grisâtre ou verte, souvent avec des taches noires en surface. Clive en deux directions à 87° entre elles. Sa dureté est de 6 et sa densité de 3,44-3,55. Est commune dans les gisements de manganèse en Italie, au Mexique et en Australie.

AÉGIRINE, $NaFeSi_2O_6$ (silicate de sodium et de fer), est commune dans les syénites. Sa composition varie; ses variétés calcium-magnésium sont appelées aégirites-augites. Certaines autres variétés sont appelées acmites. Un minéral rare, est trouvé plus particulièrement à Magnet Cove, Arkansas; Bear Paws Mts, Montana; en Norvège et au Groenland. Cristallise dans le système monoclinique en prismes élancés et en masses fibreuses. Est vitreuse, brun translucide ou verte. Sa dureté est de 6-6,5 et sa densité de 3,40-3,55.

RHODONITE, $MnSiO_3$ (silicate de manganèse) a une couleur distincte rose ou rouge (semblable à celle de la rhodocrosite, $MnCO_3$) à cause de sa forte teneur en manganèse. Contient toujours assez de calcium. Cristallise dans le système triclinique en cristaux tabulaires, masses, et grains dispersés. Des produits d'oxydation bruns ou noirs sont fréquents sur sa surface. Clive en deux directions à 92,5° entre elles. Sa dureté est de 5,5-6,5 et sa densité de 3,57-3,76. Est trouvée dans des gisements de manganèse, comme à Franklin, N.J., et dans des roches métamorphiques.

Cristaux d'augite
Tanzanie

CRISTAUX D'AUGITE
(modèles idéaux)

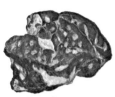

Pyroxène
Sonoma Co., Calif.

Cristal d'augite
Lac à la Loutre,
Qué.

**Pyroxène avec
wollastonite**
Glacial Erratic,
Ohio

Hypersthène
Lac St-Jean,
Qué.

**Johannsénite
avec rhodonite**
Californie

Aégirine
Narsarssuak,
Groenland

**Rhodonite
avec quartz**
Butte, Ontario

**Rhodonite
avec quartz**
Australie

Rhodonite, variété fowlérite
Buckwheat Mine,
Franklin, N.J.

179

JADÉITE, NaAl(SiO$_3$)$_2$ (silicate de sodium et d'aluminium), est un des deux minéraux (l'autre est la saussurite) qui deviennent une pierre ornementale et une pierre précieuse, le jade, lorsque taillés. Est trouvée typiquement sous forme de grosses roches denses, appropriées pour en faire de grosses sculptures. Est notée pour sa résistance et sa forte densité, conséquences de sa formation à forte pression. Trouvée dans des environnements métamorphiques avec d'autres pyroxènes de forte pression et avec l'albite, elle a une composition qui se situe entre celle de l'albite, NaAlSi$_3$O$_8$, et celle de la silice, SiO$_2$.

 Cristallise dans le système monoclinique en masses granulaires ou foliées. Est incolore, teintée en vert ou en noir; sa couleur est due à sa teneur en fer. A un éclat quelque peu vitreux. A un clivage prismatique et une cassure en esquilles. Sa dureté est de 6,5–7 et sa densité de 3,3-3,5. Souvent utilisée par l'homme primitif. Survient surtout dans les régions de métamorphisme de Chine, Birmanie, Sulawési, Guatemala, Mexique, Japon, Californie.

WOLLASTONITE, CaSiO$_3$ (silicate de calcium), n'est formée qu'à haute température en vertu de la réaction entre CaCO$_3$ et SiO$_2$ dans des régions de métamorphisme de contact ou régional. Toutefois, s'il y a beaucoup de fer ou de magnésium dans la région, il se formera des pyroxènes communs, l'augite, la diopside et l'hédenbergite; la formation de wollastonite est donc habituellement restreinte à une réaction entre de grosses masses de CaCO$_3$ (calcaire ou marbre) et des solutions riches en quartz ou en silice.

 Cristallise dans le système monoclinique en cristaux tabulaires ou prismatiques courts ou en masses granulaires. Elle est blanche à grise, jaune, rouge ou brune; vitreuse ou nacrée; translucide et cassante. A un clivage fibreux ou en plaquettes et une cassure quelconque. Sa dureté est de 4-4,5 et sa densité de 2,8-2,9. Est trouvée dans les états de New York, Michigan, Californie, au Québec (Grenville), en Roumanie, au Mexique et en Italie (Vésuve).

SPODUMÈNE, LiAl(SiO$_3$)$_2$ (silicate de lithium et d'aluminium), est la principale source de lithium. Ne cristallise que dans les pegmatites riches en Li, accompagné de quartz, microcline, albite, béryl et des minéraux de lithium, lépidolite et tourmaline rubellite. Est typiquement gris terne ou blanc nacré, mais sa variété vert émeraude, hiddénite, et sa variété lilac, kunzite, sont recherchées comme pierres précieuses. Est cassant et transparent à translucide. Survient en cristaux prismatiques (système monoclinique) ou en masses. Certains cristaux pèsent plusieurs tonnes. Est trouvé dans les Appalaches du Maine à la Caroline du Nord; également dans le Dakota du Sud, en Californie, Suède, Islande, Brésil et en République malgache.

CHRYSOCOLLE, CuSiO$_3$.nH$_2$O (silicate hydraté de cuivre). Est décrit ici à cause de sa composition. Sa structure n'est pas connue mais est probablement amorphe. Est un produit d'altération de minéraux de cuivre. Est habituellement mélangé avec les silicates hydratés de cuivre, bisbééite et shattuckite, dans les étages supérieurs de filons, comme à Cornwall en Angleterre; Province du Kantaga au Congo; au Chili et en Arizona. A un aspect d'opale; les formes enrubannées et botryoïdales sont fréquentes. Est trop mou (2,2-2,4) pour être utilisé comme pierre précieuse. Survient en croûtes ou remplissages massifs de filons opaques à transparents, avec des teintes de bleu, vert, noir ou brun. Possède des inclusions. Son trait est blanc.

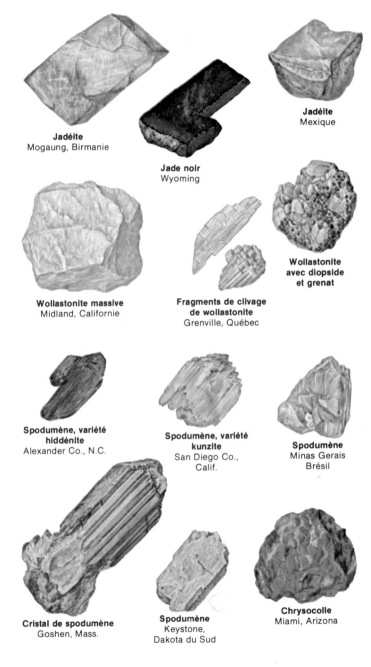

Jadéite
Mogaung, Birmanie

Jade noir
Wyoming

Jadéite
Mexique

Wollastonite massive
Midland, Californie

**Fragments de clivage
de wollastonite**
Grenville, Québec

**Wollastonite
avec diopside
et grenat**

**Spodumène, variété
hiddénite**
Alexander Co., N.C.

**Spodumène, variété
kunzite**
San Diego Co.,
Calif.

Spodumène
Minas Gerais
Brésil

Cristal de spodumène
Goshen, Mass.

Spodumène
Keystone,
Dakota du Sud

Chrysocolle
Miami, Arizona

181

SILICATES À STRUCTURE EN CHAÎNE DOUBLE

L'unité de base de la structure de ces silicates est une chaîne de longueur infinie (p. 159) constituée de deux chaînes simples partageant des ions d'oxygène. La charge résiduelle est donc située aux sommets des tétraèdres et sur les arêtes non partagées. Chacun des trous hexagonaux formés par les liaisons des chaînes simples en chaîne double doit être occupé par un ion hydroxyle, $(OH)^{-1}$, sinon l'unité est instable. L'unité finale, $((Si_4O_{11})OH)^{-7}$, est neutralisée par des ions positifs situés entre les chaînes. Plusieurs ions pouvant être présents et plusieurs substitutions ioniques étant possibles, ces silicates sont d'une variété chimique incroyable. À la page suivante, nous donnons les relations chimiques pour les amphiboles communes.

LE GROUPE DES AMPHIBOLES comprend tous les silicates à structure en chaîne double. Puisqu'elles possèdent de l'eau sous forme d'ions OH dans leur structure, les amphiboles se forment dans les roches ignées à des températures plus faibles que les olivines ou pyroxènes; à plus haute température, elles perdent leur eau et se transforment en pyroxènes et olivines. Elles sont aussi formées dans les roches métamorphiques. On peut trouver diverses combinaisons d'ions dans les positions de structure entre les chaînes: des ions d'aluminium, Al^{+3}, peuvent se substituer à la silice, Si^{+4}, aux positions tétraédriques et le fluor, F^{-1}, peut se substituer à $(OH)^{-1}$. Les cristaux peuvent donc être monocliniques ou orthorhombiques et il est normal d'avoir des solutions solides. Des plus de 30 amphiboles, nous n'en décrirons que quelques-unes des plus communes.

TRÉMOLITE, $Ca_2Mg_5(Si_8O_{22})(OH,F)_2$ (silicate hydraté de calcium et de magnésium), est le membre d'extrémité riche en magnésium d'une série de solutions solides; le membre de l'autre extrémité, l'actinote, est riche en fer. La plupart des membres intermédiaires de la série contiennent du magnésium et du fer et sont appelés trémolite-actinote. Leur origine est métamorphique et est due à l'altération de dolomites silicieuses; on les rencontre donc souvent dans des marbres.

Cristallise dans le système monoclinique en cristaux lamellaires, en masses fibreuses ou granulaires; une variété compacte est appelée néphrite. Est incolore, grise ou brune à noire (devenant plus verte à mesure que la teneur en fer augmente). Est cassante, a un éclat vitreux à terne et est transparente à opaque. A un clivage typique à environ 56° et une cassure quelconque. Sa dureté est de 5-6 et sa densité de 3-3,44. Est trouvée dans plusieurs régions de méta-métamorphisme comme en Nouvelle-Angleterre, Japon, Grande-Bretagne et Nouvelle-Zélande.

ACTINOTE, $CaFe_5(Si_8O_{22})(OH,F)_2$ (silicate hydraté de calcium et de fer), est vert foncé à noire, mais à part ceci, est très semblable à la trémolite. Le jade néphritique est surtout de l'actinote en agrégats massifs, durs et granulaires avec d'autres minéraux métamorphiques. Plusieurs variétés d'asbeste, comme le cuir de montagne, la byssolite et le bois de montagne, sont des minéraux trémolite-actinote à faciès fibreux.

LA COMPOSITION DES AMPHIBOLES est complexe et varie à cause du grand nombre de solutions solides. La formule générale A_{7-8} $(Si,Al)_8O_{22}(OH,F,O)_2$ peut être utilisée. Voici une liste des amphiboles les plus communes avec leurs éléments A.

AMPHIBOLES ORTHORHOMBIQUES
Anthophyllite A = Mg, Fe
Gédrite-ferrogédrite   A = Mg, Fe, Al
Holmquistite   A = Li, Mg, Fe, Al

AMPHIBOLES MONOCLINIQUES
Trémolite-actinote   A = Ca, Mg, Fe
* Hornblende   A = Ca, Na, K, Mg, Fe, Ti
Kaersutite   A = Ca, Na, K, Mg, Fe, Ti
Barkevikite   A = Ca, Na, K, Mg, Fe, Mn
Glaucophane   A = Na, Mg, Al
Riebéckite   A = Na, Fe
Magnésioriebéckite   A = Na, Fe, Mg
Catophorite   A = Na, Ca, Fe, Al
Magnésiocatophorite   A = Na, Ca, Mg, Fe, Al
Eckermannite   A = Na, Ca, Mg, Fe, Al, Li
Arfvedsonite   A = Na, Ca, Fe, Mg, Al

* Il y a d'autres variétés de la hornblende : édénite, ferroédénite, tschermakite, ferrotschermakite et hastingsite.

Fibreuse

Granulaire (grossie)

Trémolite, Balmat, N.Y.

Trémolite brune
St. Lawrence Co., N.Y.

Actinote massive
Cardwell, Montana

Actinote lamellaire
Chester, Vermont

Actinote lamellaire
Delaware Co., Pennsylvanie

HORNBLENDE, $(Ca,Na,K)_{2-3}(Mg,Fe,Al)_5(Si,Al)_8O_{22}(OH,F)_2$ (silicate hydraté de calcium, sodium, potassium, magnésium, fer, aluminium), est l'exemple parfait de la variation chimique trouvée dans les silicates. Il peut également y avoir de petites quantités d'ions autres que ceux mentionnés. La composition des hornblendes varie beaucoup en fonction des éléments présents lors de leur formation et de leur température de formation. Est associée avec les autres minéraux constitutifs de roches importants dans les roches ignées et métamorphiques des régions montagneuses du monde et les laves basaltiques là où on les trouve. Certaines grosses masses de roche ne sont presque constituées que de hornblende.

Cristallise dans le système monoclinique en cristaux prismatiques trapus et fibreux. Est vitreuse, vert noirâtre et habituellement opaque. Clive en deux directions à 56° entre elles et a une cassure quelconque. Sa dureté est de 5-6 et sa densité de 3-3,5, Peut contenir du titane, manganèse et autres éléments.

ANTHOPHYLLITE, $(Mg,Fe)_7(Si_8O_{22})-(OH,F)_2$, (silicate hydraté de magnésium et de fer), forme avec la gédrite une série de solutions solides. Survient dans les environnements métamorphiques où les calcaires sont rares et est communément associée avec la cordiérite (p. 174). Cristallise dans le système orthorhombique en cristaux prismatiques (rares), fibres d'asbeste et masses lamellaires. Est blanche, grise, verte ou brune, selon sa teneur en fer; est translucide à transparente. Clive en deux directions à 54,5° entre elles; sa dureté est de 5,5-6 et sa densité de 2,85-3,57. Il y a des gisements importants en Caroline du Nord, Pennsylvanie, Groenland, Norvège, Autriche et Tchécoslovaquie.

GÉDRITE, $(Mg,Fe)_{5-6}Al_{1-2}(Si,Al)_8-O_{22}(OH,F)_2$ (silicate hydraté de magnésium, fer, aluminium), diffère de l'anthophyllite par le fait que Al est substitué à un peu de Mg, Fe et Si. Est formée dans un environnement analogue mais avec une plus forte teneur en Al. Les membres de la série anthophyllite-gédrite surviennent fréquemment en matière fibreuse fine utilisée dans l'asbeste commercial. Dérive de l'altération métamorphique de roches ultrabasiques (pauvres en silice). A essentiellement la même structure et les mêmes propriétés que l'anthophyllite. Trouvée principalement au Montana, Idaho, Caroline du Nord, U.R.S.S., Japon, Écosse, Finlande et aux Indes.

PARGASITE, $NaCa_2Mg_4(Al,Fe)Si_6Al_2-O_{22}(OH,F)_2$, (silicate hydraté alumineux de sodium, calcium, magnésium), nous l'avons incluse pour illustrer l'utilisation d'appellations pour identifier les variétés chimiques de minéraux complexes. Est une variété de hornblende qui contient environ deux fois plus de sodium et d'aluminium que les variétés communes. Le fait de lui donner un nom différent illustre bien ce fait et aide au géologue à interpréter l'histoire des roches où la variété est trouvée. Sa structure cristalline et ses propriétés sont essentiellement les mêmes que celles de la hornblende commune.

GLAUCOPHANE, $Na_2Mg_3Al_2Si_8O_{22}-(OH,F)_2$, (silicate hydraté de sodium, magnésium et d'aluminium), représente les amphiboles alcalines qui contiennent plus de Na et moins de Ca que les hornblendes. Est formée dans des régions de métamorphisme par l'altération de roches riches en Na ou par l'introduction de Na en solution dans la région de métamorphisme. Est le membre d'extrémité riche en Mg de la série de solutions solides avec la riébeckite, le membre d'extrémité riche en Fe, laquelle est trouvée dans les roches ignées. Les propriétés des minéraux glaucophane-riébeckite sont semblables à celles d'autres amphiboles.

Hornblende
Russell, N.Y.

CRISTAUX DE HORNBLENDE
(modèles idéaux)

Clivages de la hornblende
Kragero, Norvège

Hornblende
Renfrew Co.,
Ontario

Hornblende
Caroline du Nord

Cristaux de hornblende
Gouverneur, N.Y.

Anthophyllite
Kongsberg,
Norvège

Anthophyllite
Cashiers, N.C.

Gédrite
Gèdre, France

Pargasite
Warwick, N.Y.

Cristal de pargasite
Pargas, Finlande

Glaucophane
Marin Co.,
Californie

185

SILICATES À STRUCTURE
EN FEUILLETS

Dans ces silicates, chaque tétraèdre de silice, SiO_4, partage 3 ions d'oxygène, O^{-2}, avec des tétraèdres adjacents (p. 159). On a alors un feuillet de dimensions infinies. Les charges des oxygènes partagés sont neutralisées et l'oxygène non partagé du sommet a une charge -1. Comme dans les silicates à chaîne double, les trous hexagonaux le long des tétraèdres d'un feuillet doivent être occupés par un ion hydroxyle, $(OH)^{-1}$, chacun afin d'assurer la stabilité. Les feuillets empilés sont liés entre eux par des ions positifs qui neutralisent les charges négatives des sommets des tétraèdres des feuillets. À cause du partage des ions oxygènes, la formule de ces silicates comprend des multiples d'unités $(Si_2O_5)^{-2}$.

L'identité chimique des ions positifs situés entre les feuillets et la façon dont ils sont disposés déterminent la composition et la structure du silicate. La structure peut accommoder toute une variété de grosseurs et de charges ioniques. Il s'ensuit que ces silicates, tout comme les silicates à chaîne double, sont diversifiés et complexes et donnent toute une série de solutions solides.

Il y a deux types importants de structures en feuillets : la structure à deux couches et la structure à trois couches. Le feuillet à deux couches est composé d'une couche tétraédrique, avec des ions hydroxyles, et d'une couche octaédrique constituée d'ions d'aluminium ou de magnésium et d'ions hydroxyles. Les ions positifs Al ou Mg neutralisent les charges négatives de la couche tétraédrique. Les ions hydroxyles supplémentaires sont nécessaires pour isoler les ions positifs et pour stabiliser la structure. Les charges des feuillets sont toutes neutralisées et les feuillets sont liés entre eux par de faibles liaisons hydrogènes. Les minéraux kaolinite et serpentine ont ce type de structure en feuillets.

Le feuillet à trois couches est composé de deux couches de tétraèdres de silice avec leurs sommets dirigés l'un vers l'autre. Les charges de couches sont neutralisées par des ions positifs — Mg, Al et Fe surtout. Les oxygènes aux sommets des couches tétraédriques et les ions hydroxyles dans les trous hexagonaux isolent les ions positifs et forment une couche octaédrique. Dans chaque feuillet, les charges sont neutralisées et les feuillets sont liés entre eux par des forces de Van der Waals. Le talc et la pyrophyllite ont cette structure.

Les ions d'aluminium, Al^{+3}, pouvant se substituer aux ions de silice, Si^{+4}, on peut avoir une déficience de charges. Ces charges peuvent être compensées par de gros ions — potassium, K^{+1}, sodium, Na^{+1}, et calcium, Ca^{+1} — situés entre les feuillets à trois couches. Ainsi, on a une attraction électrostatique entre les feuillets. Les micas et montmorillonites ont cette structure. La chlorite est quelque peu semblable.

Les liaisons étant faibles entre les feuillets, ces silicates offrent un clivage parfait en une direction. La faible liaison hydrogène ou de Van der Waals dans la kaolinite, la serpentine, le talc et la pyrophyllite, font que les feuillets peuvent glisser facilement l'un sur l'autre. Ces matériaux ont une texture grasse et des propriétés lubrifiantes. Les liaisons entre les feuillets et les cations intercouches dans les micas sont également faibles ; les feuillets se séparent donc facilement.

COMPOSITION DES SILICATES À STRUCTURE EN FEUILLETS

SILICATES À DEUX COUCHES

Serpentine $Mg_3Si_2O_5(OH)_4$

Septchlorites $(Mg,Al,Fe)_3(Si,Fe)_5(OH)_4$
comprend l'amésite, greenalite, chamosite, cronstedtite.

Kaolinite $Al_2Si_2O_5(OH)_4$
comprend la nacrite, dickite et halloysite.

SILICATES À TROIS COUCHES

Groupe du talc — pas d'ions entre les couches
Talc	$Mg_3Si_4O_{10}(OH)_2$
Pyrophyllite	$Al_2Si_4O_{10}(OH)_2$

Groupe du mica — ions K^+ entre les couches
Muscovite	$KAl_2(Si_3Al)O_{10}(OH)_2$
Séricite	muscovite à grain fin ou « triturée »
Illite	minéral argileux semblable à la muscovite
Annite	$KFe_3(Si_3Al)O_{10}(OH)_2$
Biotite	$K(Mg,Fe)_3(Si_3Al)O_{10}(OH)_2$ où Mg : Fe inférieur à 2 : 1
Phlogopite	$K(Mg,Fe)_3(Si_3Al)O_{10}(OH)_2$ où Mg : Fe supérieur à 2 : 1
Glauconite	minéral argileux à formule complexe semblable à la biotite
Zinnwaldite	$K(Li,Fe,Al)_3(Si,Al)_4O_{10}(OH)_2$
Lépidolite	$K(Li,Al)_3(Si,Al)_4O_{10}(OH)_2$

Micas cassants — Ca^{+2} et Na^{+1} entre les couches
Paragonite	$NaAl_2(Si_3Al)O_{10}(OH)_2$
Margarite	$CaAl_2(Si_2Al_2)O_{10}(OH)_2$
Prehnite	$Ca_2Al(Si_3Al)O_{10}(OH)_2$
Seybertite	$Ca(Mg,Al)_3(Si,Al)_4O_{10}(OH)_2$
Xanthophyllite	semblable à la seybertite

Montmorillonites — groupe de minéraux argileux avec comme formule approximative $(Ca,Na)(Al,Mg,Fe)_4(Si,Al)_8O_2(OH)_4.nH_2O$

Chlorites $(Mg,Al,Fe)_6(Si,Al)_4O_{10}(OH)_8$
comprend la pennine, clinochlore et autres.

Vermiculite $(Mg,Ca)(Mg,Fe,Al)_6(Al,Si)_8O_{20}(OH)_4$

Sépiolite et palygorskite — structures en lattes semblables à la structure en feuillets

LE GROUPE DE LA KAOLINITE, appelé aussi groupe de la kandite, comprend la kaolinite et trois variétés de même composition mais de structures différentes. L'unité de la structure est un feuillet à deux couches constitué d'une couche de tétraèdres de silice (avec ions hydroxyles associés) et une couche d'octaèdres d'aluminium. Les ions d'aluminium sont coordonnés avec les ions oxygènes et hydroxyles de la couche tétraédrique d'un côté, et avec des ions hydroxyles de l'autre côté. Les deux tiers des positions octaédriques étant remplies, on dit que ces minéraux sont dioctaédriques. Les liaisons entre les feuillets adjacents sont très faibles; il y a des liaisons hydrogènes entre les ions hydroxyles d'un feuillet et les ions oxygènes du feuillet adjacent. Ces minéraux perdent de l'eau à température élevée et deviennent réfractaires.

KAOLINITE, $Al_2Si_2O_5(OH)_4$ (silicate hydraté d'aluminium), est utilisée en pharmacie et dans la fabrication des briques, de la porcelaine et est un agent de blanchiment. Survient très souvent comme produit d'altération chimique de feldspaths; le procédé de sédimentation le transporte, le trie et le dépose en lits purs énormes d'où on peut l'extraire et l'utiliser directement sans le raffiner. Survient également comme produit d'altération hydrothermale de silicates dans et à proximité de filons de sulfures, de geysers et de sources thermales. Est trouvée généralement en une argile d'un type très finement grenu; toutefois, on a déjà trouvé de gros monocristaux dans des gisements hydrothermaux.

Cristallise dans le système triclinique en cristaux tabulaires, agrégats ressemblant à des groupes de vers, masses argileuses, et particules disséminées dans des roches sédimentaires. Est habituellement plastique lorsque humide; a une texture grasse et est blanche lorsque pure, sinon colorée. Ses feuillets sont transparents et ses agrégats opaques. Clive parfaitement en une direction, a une dureté de 2-2,5 et une densité de 2,6. Survient en grands lits sous des gîtes frais ou comme résidu d'altération en France, Angleterre, RFA, Chine, Pennsylvanie, Virginie, Caroline du Sud, Georgie et Illinois.

DICKITE, a la même composition que la kaolinite, avec des couches empilées pour donner une symétrie monoclinique (différent de la nacrite). A une origine hydrothermale; on ne sait pas trop pourquoi elle se forme plutôt que la nacrite ou la kaolinite. Sans une analyse aux rayons X, on ne peut la distinguer de la kaolinite.

NACRITE, est essentiellement de la kaolinite mais ses couches sont empilées pour donner une symétrie monoclinique. Semble n'avoir qu'une origine hydrothermale; est trouvée avec le quartz et des sulfures hydrothermaux.

HALLOYSITE, a la composition de la kaolinite, habituellement avec un excès d'eau, probablement entre les couches. Des études au microscope électronique démontrent que certaines halloysites se forment en cristaux tubulaires (comme la serpentine), suggérant que c'est une kaolinite très altérée avec des couches enroulées. Ses propriétés sont comme celles de la kaolinite sauf pour la teneur en eau. La plupart des spécimens sont peu plastiques lorsque mouillés. On connaît mal son processus de formation. Est trouvée en petites quantités dans plusieurs gisements d'argile, en particulier au Mexique, et en masses assez importantes à Bedford, Indiana.

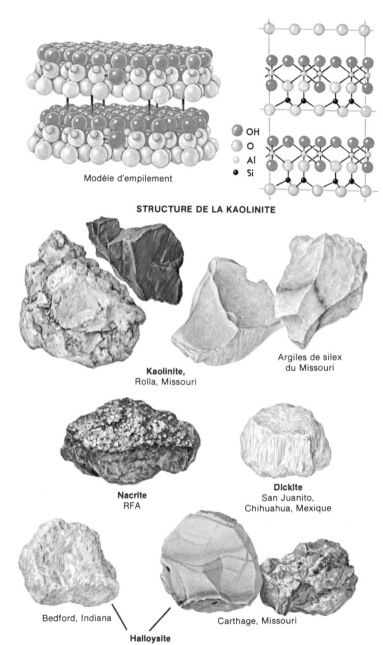

Modèle d'empilement

OH
O
Al
Si

STRUCTURE DE LA KAOLINITE

Kaolinite,
Rolla, Missouri

Argiles de silex
du Missouri

Nacrite
RFA

Dickite
San Juanito,
Chihuahua, Mexique

Bedford, Indiana

Carthage, Missouri

Halloysite

189

LE GROUPE DE LA SERPENTINE est appelé ainsi car ses minéraux sont verts et marbrés comme un serpent. Ils sont chimiquement simples, avec une composition très rapprochée de $Mg_2Si_2O_5(OH)_4$, (silicate hydraté de magnésium), mais sont très complexes du point de vue structure. Démontrant plusieurs faciès différents, les serpentines ont reçu plusieurs noms mais on n'en reconnaît généralement que trois : l'antigorite, la lizardite et le chrysotile. Nous ne les décrirons pas séparément car il est très difficile de les distinguer sans une analyse au microscope et aux rayons X.

La relation entre les structures des diverses serpentines n'a pas encore été vraiment établie. Toutes ont une structure du type kaolinite, mais avec des ions de magnésium plutôt que des ions d'aluminium dans les positions octaédriques. Les positions octaédriques étant toutes occupées, le groupe est appelé trioctaédrique.

L'antigorite semble avoir des ondulations dans les couches de sa structure, peut-être même avec des segments à l'envers par rapport à d'autres. On la trouve habituellement en masses de petits cristaux, mais une variété fibreuse, appelée picrolite, a déjà été trouvée. La lizardite survient en un matériel en plaques à grain fin, communément mélangée avec de la chrysotile. La chrysotile est fibreuse. On la trouve dans des filons avec les fibres (jusqu'à 6 po de longueur) placées transversalement dans le filon. Il y a de fortes chances que les fibres soient tubulaires et constituées de couches enroulées.

On ne sait pas pourquoi les serpentines prennent diverses formes. Les impuretés secondaires, les variations de pression et de température de formation, les différences dans la teneur en eau ou les types de minéraux présents lors de la formation peuvent tous jouer un rôle. Les serpentines sont formées à des températures inférieures à 500° C, en présence de vapeur d'eau, par l'altération métamorphique de roches ultrabasiques contenant des olivines, des amphiboles et des pyroxènes. Elles peuvent être possiblement formées directement d'un magma intrusif de composition correspondante.

Les variétés fibreuses de serpentine, comme celles des amphiboles, sont importantes pour la fabrication de matériels à l'épreuve du feu en asbeste. Les fibres de chrysotile sont les meilleures pour tisser mais résistent moins bien aux acides que les fibres d'amphibole. À haute température, les serpentines perdent de l'eau et se recristallisent en un mélange d'olivine et d'enstatite. Ce mélange est utile pour fabriquer des briques à l'épreuve du feu.

Des études médicales récentes ont démontré que les très petites fibres d'asbeste pouvaient être cancérigènes, entraînant un cancer du poumon chez certaines personnes qui en absorbent pendant de longues périodes.

Cristallise dans le système monoclinique ou orthorhombique en masses fibreuses ou en plaques. Sont vertes, blanches, jaunes, grises ou bleu verdâtre. Ont un éclat soyeux, nacré ou terne et sont opaques à translucides. Offrent un trait blanc, souvent luisant. Sont décomposées par les acides sulfuriques et chlorhydriques. Les variétés en plaques clivent parfaitement en une direction ; les variétés fibreuses se séparent facilement le long des fibres. Leur dureté est de 2,5-3 et leur densité de 2,5-2,6. Sont très répandues en Nouvelle-Angleterre, Texas, Maryland, Arizona, New Jersey, Pennsylvanie, Québec, RFA et RDA, Autriche, Italie, Norvège, Angleterre, Afrique du Sud et Australie.

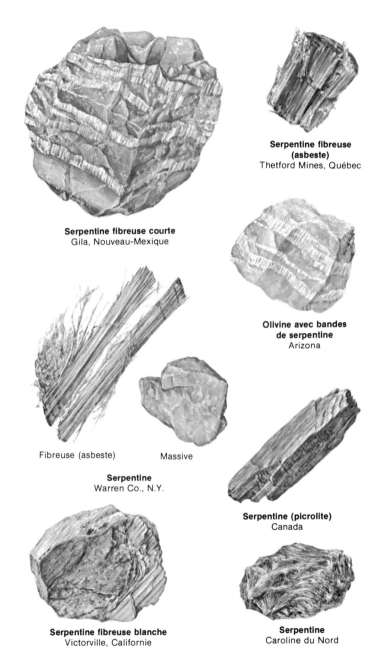

Serpentine fibreuse
(asbeste)
Thetford Mines, Québec

Serpentine fibreuse courte
Gila, Nouveau-Mexique

Olivine avec bandes
de serpentine
Arizona

Fibreuse (asbeste)   Massive

Serpentine
Warren Co., N.Y.

Serpentine (picrolite)
Canada

Serpentine fibreuse blanche
Victorville, Californie

Serpentine
Caroline du Nord

TALC, $Mg_3Si_4O_{10}(OH)_2$ (silicate hydraté de magnésium), a une structure en feuillets à trois couches (p. 186). Une couche octaédrique, dans laquelle les positions octaédriques sont occupées par des ions de Mg (trioctaédrique), est placée entre deux couches à tétraèdres de silice. Les liaisons entre feuillets étant plus faibles que celles de la kaolinite, le talc est un meilleur lubrifiant et est plus gras au toucher. Il est produit par l'altération hydrothermale de roches basiques et par un faible matémorphisme de dolomites riches en silice. On a trouvé des intercroissances de talc et de trémolite, illustrant l'altération de la trémolite en talc. L'impureté de calcium que l'on trouve habituellement dans le talc commercial provient normalement de la trémolite. Le talc pulvérisé donne la poudre de talc ; on l'utilise comme matériel de base dans la fabrication des céramiques et comme isolant. La stéatite et la pierre savon sont des talcs massifs impurs que l'on coupe pour en faire des dessus d'éviers et de comptoirs résistant aux acides dans les laboratoires de chimie.

Cristallise dans le système monoclinique en cristaux tabulaires (rares) et en masses foliées, radiées et compactes. Est blanc, verdâtre, bleuâtre ou brunâtre, avec un trait blanc. Est translucide à transparent, a un éclat nacré en grands feuillets et est gras au toucher. Ses feuillets sont flexibles mais non élastiques comme pour les micas. A un clivage parfait en une direction et une cassure quelconque. Sa dureté est de 1 et sa densité de 2,58-2,83. Contient un peu de fer, calcium et aluminium. Est trouvé dans plusieurs régions de métamorphisme — de la Nouvelle-Angleterre au Québec, en Caroline du Nord, Angleterre, Autriche, RFA, France, Indes et Chine.

PYROPHYLLITE, $Al_2Si_4O_{10}(OH)_2$ (silicate hydraté d'aluminium), a essentiellement la même structure que le talc mais il n'y a que les deux tiers des positions octaédriques qui sont occupées. Ses propriétés physiques sont donc presque identiques à celles du talc. Minéral métamorphique dérivé de l'altération de roches granitiques, on le trouve souvent avec la silice et des minéraux d'alumine comme le disthène. Perd son eau à haute température et se recristallise en mullite et en silice. A été utilisée comme isolant électrique et comme matériel de base dans la fabrication de céramiques, mais est plus rare que la kaolinite et le talc qui servent aux mêmes fins. Est surtout intéressante à cause de la relation entre sa structure et celle des micas (p. 196). Lorsque des ions K^{+1} sont présents aux endroits de formation, ils peuvent être accommodés entre les couches, formant ainsi des micas au lieu de la pyrophyllite. Il s'ensuit que la pyrophyllite est trouvée dans des roches pauvres en K^{+1} ou comme produit d'altération de roches d'où K^{+1} a été enlevé.

Cristallise dans le système monoclinique en agrégats radiés et masses granulaires foliés. Est blanche, verdâtre, jaune, ou grise avec un trait blanc luisant. A un éclat nacré ou terne (variétés massives) et est opaque à transparente. Donne un clivage parfait en une direction et une cassure quelconque. Contient un peu de titane, fer, magnésium, calcium, sodium et potassium. Sa dureté est de 1-2 et sa densité de 2,65-2,90. Est trouvée dans des régions de métamorphisme en Caroline, Georgie, Californie, Pennsylvanie, U.R.S.S., Suisse, Belgique, Suède et Brésil.

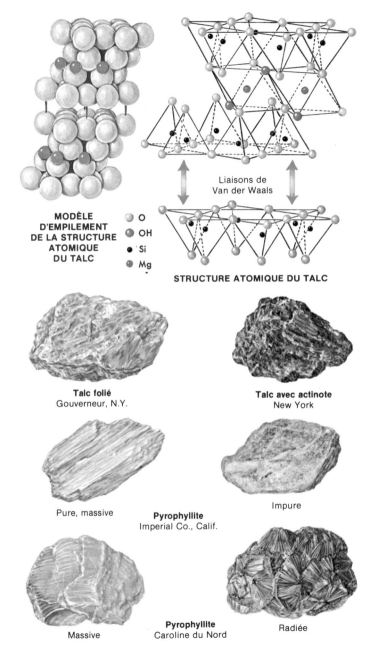

MODÈLE D'EMPILEMENT DE LA STRUCTURE ATOMIQUE DU TALC

- O
- OH
- Si
- Mg

Liaisons de Van der Waals

STRUCTURE ATOMIQUE DU TALC

Talc follé
Gouverneur, N.Y.

Talc avec actinote
New York

Pure, massive

Pyrophyllite
Imperial Co., Calif.

Impure

Massive

Pyrophyllite
Caroline du Nord

Radiée

LE GROUPE DES MICAS comprend des minéraux qui découlent de la structure idéale du talc ou de la pyrophyllite dans des environnements contenant des ions d'aluminium, Al^{+3}, et de potassium, K^{+1}, de sodium, Na^{+1}, ou de calcium, Ca^{+2}. Le Al^{+3} remplace quelques ions de silice, Si^{+4}, dans les positions tétraédriques d'un feuillet. Chaque substitution donne une charge négative au feuillet mais ces nouvelles charges sont compensées par l'addition de K^{+1}, Na^{+1} ou Ca^{+2} entre les feuillets. L'aluminium, le potassium, le sodium et le calcium étant des éléments communs, les micas sont beaucoup plus en abondance que le talc ou la pyrophyllite.

MUSCOVITE, $KAl_2(Si_3Al)O_{10}(OH)_2$ (silicate hydraté de potassium et d'aluminium), est le plus commun des micas. Seuls les feldspaths et le quartz sont plus en abondance dans l'écorce terrestre. Sa structure découle de celle de la pyrophyllite avec le remplacement d'un quart des Si^{+4} tétraédriques par Al^{+3} et l'addition de K^{+1} entre les feuillets pour préserver la neutralité électrique. Les liaisons entre les feuillets sont beaucoup plus faibles que les liaisons dans les feuillets, telles qu'illustrées par le clivage parfait en une direction, mais elles sont encore plus fortes que celles de la pyrophyllite, ce qui explique l'absence de texture grasse et de propriétés de lubrification chez la muscovite. Elle est formée comme minéral igné primaire dans les granites et autres roches riches en silice et toute une variété de roches métamorphiques. Elle est également un constituant majeur des schistes.

 Cristallise dans le système monoclinique en cristaux tabulaires, souvent pseudohexagonaux. Est dispersée dans les roches ignées en livrets, dans les schistes et les gneiss en rubans et dans les roches sédimentaires en argile. A un clivage parfait en une direction, se sépare en feuilles qui se détachent avec une arête en dents de scie ; ses feuilles sont élastiques et fortes. Est incolore, grise, vert pâle, brune, jaune, rose ou violette. Offre un trait blanc, un éclat vitreux ou nacré ; est opaque à translucide mais transparente en feuilles minces. A une dureté de 2,5-3 et une densité de 2,7-3,0. Est trouvée presque partout.

BIOTITE, $K(Fe,Mg)_2(Si_3Al)O_{10}(OH)_2$ (silicate hydraté de potassium, fer, magnésium, aluminium), sa structure découle de celle du talc par la substitution de Al^{+3} pour Si^{+4} et l'addition de K^{+1} entre les feuillets. Contient beaucoup de fer Fe^{+2} aux positions octaédriques. A une composition plus variée que celle de la muscovite. Survient dans des roches ignées, des granites aux gabbros, dans plusieurs laves et dans une grande variété de roches métamorphiques. Certains minéraux de biotite contenant d'autres éléments ont reçu des noms de minéraux. Entre autres, il y a la haughtonite et la sidérophyllite, contenant beaucoup de fer ; la manganophyllite, avec du manganèse ; la wodanite et la titanobiotite, avec beaucoup de titane et la calciobiotite, qui contient beaucoup de calcium.

Cristallise dans le système monoclinique en prismes tabulaires, grains dispersés et écailles, et masses d'écailles. Clive dans une direction, se sépare en feuilles élastiques. Est noire, vert foncé ou brune et offre un trait blanc. A un éclat vitreux et est opaque à transparente. Est blanchie dans l'acide sulfurique. On la trouve partout dans le monde.

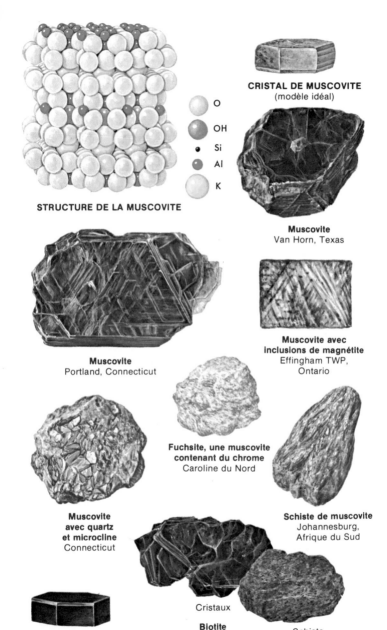

STRUCTURE DE LA MUSCOVITE

O
OH
Si
Al
K

CRISTAL DE MUSCOVITE
(modèle idéal)

Muscovite
Van Horn, Texas

Muscovite
Portland, Connecticut

**Muscovite avec
inclusions de magnétite**
Effingham TWP,
Ontario

**Fuchsite, une muscovite
contenant du chrome**
Caroline du Nord

**Muscovite
avec quartz
et microcline**
Connecticut

Schiste de muscovite
Johannesburg,
Afrique du Sud

CRISTAL DE BIOTITE
(modèle idéal)

Cristaux

Biotite
Madison Co., N.C.

Schiste

PHLOGOPITE, $K(Mg,Fe)_3(Si_3Al)O_{10}(OH)_2$ (silicate hydraté de potassium, magnésium-fer, aluminium), est essentiellement une biotite (p. 194) avec au moins deux fois plus de Mg que de Fe. Survient généralement dans des dolomites silicieuses métamorphiques et certaines roches ultrabasiques. Est commune aux contacts entre roches ignées intrusives et dolomites d'encaissement et comme minéral accessoire dans les marbres de dolomites. Lorsque éclairée, on observe souvent une petite étoile (astérisme).

PARAGONITE, $NaAl_2(Si_3Al)O_{10}(OH)_2$ (silicate hydraté de sodium et d'aluminium), diffère de la muscovite (p. 194) en ayant Na^{+1} au lieu de K^{+1} entre les feuillets. Trouvée dans les régions de métamorphisme, surtout dans des roches enrubannées; dans certains filons de quartz et certains sédiments. Survient en agrégats massifs lamelleux (monoclinique); a un clivage parfait en une direction; est jaune pâle, gris ou vert avec un éclat nacré. Sa dureté est de 2,5 et sa densité de 2,85. Est trouvée notamment dans les Alpes de l'Europe.
Cristallise dans le système monoclinique en cristaux prismatiques et en flocons et feuilles, disséminés ou orientés en bandes. Est jaune, verte, brune, blanche. A un éclat souvent nacré avec des réflections dorées. Ses feuilles sont élastiques et fortes, mais déchirent; elles sont transparentes lorsque minces. A un clivage parfait en une direction, une dureté de 2-2,5 et une densité de 2,76-2,90. Trouvée surtout en Nouvelle-Angleterre, Québec, Italie et en Suisse (Alpes), République malgache, Sri Lanka, Finlande et Suède.

MARGARITE, $CaAl_2(Si_2Al_2)O_{10}(OH)_2$ (silicate hydraté de calcium et d'aluminium), est le « mica cassant » le plus commun. Est plus dure que la muscovite mais ses feuilles sont plus cassantes. Survient avec le corindon en agrégats lamellaires et masses écailleuses (monoclinique) dans les régions de métamorphisme des Appalaches, Alpes européennes, l'Oural, la Grèce et la Turquie. Est grise, blanche, rose ou jaune; a un clivage parfait en une direction. Sa dureté est de 3,5-4,5 et sa densité de 3-3,1.

PREHNITE, $Ca_2Al(AlSi_3)O_{10}(OH)_2$ (silicate hydraté de calcium et d'aluminium), est trouvée dans des cavités et filons de roches volcaniques basiques (associée aux zéolites), des calcaires métamorphiques impurs et certains filons de roches ignées.

Cristallise dans le système orthorhombique en cristaux en forme de barillets, petits groupements radiés et masses globulaires. Est cassante (mica cassant) et a un bon clivage en une direction. Sa couleur — teintes de vert, blanc et gris — pâlit souvent lorsque exposée à l'air. Sa dureté est de 6-6,5 et sa densité de 2,90-2,95. Trouvée dans les Appalaches (Mass., Conn., N.J.), Michigan, Alpes européennes, Écosse, Afrique du Sud et ailleurs.

LÉPIDOLITE, $K_2(Li,Al)_{5-6}(Si_{6-7}Al_{2-1})$-$O_{20}(OH,F)_4$ (silicate hydraté de potassium, lithium-aluminium), a la structure de la muscovite (p. 196) avec Li^{+1} à la place de quelques Al^{+3}. Populaire chez les collectionneurs à cause de ses couleurs roses ou pourpres. Est la source la plus commune de lithium. Ajoutée aux verres et émaux, elle diminue la dilatation thermique et améliore la résistance à la chaleur. Est trouvée exclusivement dans les pegmatites en gros flocons ou grains disséminés, notamment dans le Maine, Connecticut, Caroline du Nord, Californie, U.R.S.S., Tchécoslovaquie, RDA, Italie, République malgache. Est communément associée avec deux autres minéraux de lithium, la tourmaline et le spodumène, et avec les feldspaths potassiques et le quartz.

GLAUCONITE, un silicate de potassium, a une formule du type mica compliquée. Sa composition varie grandement mais le nom est habituellement donné à un minéral verdâtre qui se forme généralement dans un environnement marin. Est un constituant majeur des « sables verts » marins. Trouvée en plusieurs endroits, notamment Bonneterre, Missouri; Otago, Nouvelle-Zélande et en Ukraine; est également trouvée dans les nouveaux sédiments le long des plateaux continentaux.

Phlogopite, Godfrey, Ontario

Schiste de paragonite avec disthène et staurotide
Canton du Tessin, Suisse

avec tourmaline

Lépidolite
Pala, Californie

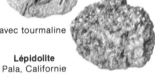

Margarite
Chester, Mass.

Lépidolite
Coolgardie, Australie

Prehnite
Upper Montclair,
N.J.

Prehnite
Duluth, Minnesota

Glauconite
Llano, Texas

197

MINÉRAUX ARGILEUX

Le mot argile est habituellement utilisé pour désigner tout matériel rocheux ou terreux contenant un pourcentage important de très petites particules et ayant un caractère plastique (pouvant être formé lorsque mouillé). La grosseur des particules est de l'ordre de 2 microns ou moins de diamètre (1 micron = 0,001 mm). Une fois cuites, certaines argiles acquièrent des caractéristiques voulues — dureté, imperméabilité, belles couleurs — et constituent d'importants matériaux en céramique. La plupart des sols contiennent des particules argileuses. Elles influencent les possibilités de culture du sol et les caractéristiques associées à la construction de routes, édifices et structures. L'étude des argiles n'en est qu'à ses premiers pas.

LA STRUCTURE ET LA COMPOSITION DES ARGILES étaient inconnues il y a à peine 30 ans, surtout à cause des faibles dimensions des particules constitutives. Le développement de la diffraction aux rayons X pour l'analyse des structures et du microscope électronique pour l'observation directe de petites particules permirent alors de vérifier que les propriétés des argiles résultaient des dimensions et de la structure des particules individuelles. De façon générale, les argiles sont le produit du vieillissement d'anciennes roches. Elles peuvent être restées là où elles ont été formées ou avoir été transportées par l'eau, le vent, et la glace, tout en étant possiblement triées et concentrées en cours. Les minéraux résistants comme le quartz, les minéraux partiellement vieillis comme les feldspaths et les minéraux formés par précipitation dans une solution aqueuse, notamment la calcite, peuvent être présents. Mais c'est surtout la présence de minéraux argileux, formés par une transformation chimique complète d'autres silicates, qui détermine les caractéristiques des argiles.

Les minéraux argileux sont des silicates hydrolysés (contenant des ions hydroxyles) ou des aluminosilicates du type à structure en feuillets. Les plus importants sont décrits aux pages 200–203 et leur classification est donnée à la page suivante avec un résumé de leur utilisation. Les argiles sont très utiles pour nous aider à comprendre des phénomènes géologiques et sont très utilisées dans toutes sortes d'industries.

La composition chimique d'une argile ne dépend pas que du minéral d'origine ; elle dépend également du milieu chimique dans lequel est survenu le vieillissement, lequel dépend surtout du climat. Donc, dans les sols basiques des régions chaudes, le vieillissement tend à extraire les alcalins et la silice et à laisser l'aluminium et le fer ; il en découle une formation de kaolinite et des sols typiquement latéritiques, ou rouges. Dans les sols acides des régions tempérées, le vieillissement tend à extraire tout sauf la silice, abaissant la teneur en minéraux argileux. Si le vieillissement n'est que partiel, comme dans les régions à climat sec, les montmorillonites et chlorites pourront se former et demeurer. L'étude de la composition et de la structure des minéraux argileux des roches et des sols nous donne donc des indices importants sur les conditions chimiques et climatiques de formation de ces roches et sols.

LES UTILISATIONS COMMERCIALES DES ARGILES sont associées à leurs propriétés diverses. La structure de silicates en feuillets et les faibles dimensions des particules des argiles, d'où les grandes superficies par poids unitaire, sont responsables de leur affinité pour l'eau, de leur plasticité et de leur capacité d'absorber certaines molécules organiques. Ces propriétés rendent certaines argiles, notamment les montmorillonites, utiles comme agents de filtration et de nettoyage, comme matériel de remplissage pour les plastiques et caoutchoucs, et comme agents de suspension de particules dans l'eau (par exemple, les boues de forage...).

Lorsqu'elles sont chauffées, les argiles perdent leur eau d'hydrolyse et deviennent résistantes et plus ou moins imperméables. On peut donc les utiliser dans la fabrication des briques, tuiles et objets de poterie. La kaolinite peut résister aux hautes températures sans se déformer et est donc utile pour fabriquer des briques et autres matériaux réfractaires. Grâce à leurs propriétés uniques, il y a encore mille et une façons d'utiliser les argiles ; il serait trop long de toutes les énumérer ici.

CLASSIFICATION DES MINÉRAUX ARGILEUX ET LEUR UTILISATION

Type de structure	Minéral	Utilisation
à 2 couches	Kaolinite Nacrite Dickite Halloysite	Comme matière première dans la fabrication de briques réfractaires ; porcelaine, faïence, tuiles ; comme matière de remplissage dans le papier.
à 3 couches sans dilatation possible	Illite (mica)	Quelque peu comme matière première dans la fabrication de briques décoratives, tuyaux d'égouts ; les variétés gonflables pour l'argile d'ornementation ; pour les sables de moulage.
	Glauconite	Pas assez concentrée ou abondante pour être utile.
	Chlorite	Pas assez concentrée ou abondante pour être utile.
à 3 couches pouvant se dilater	Montmorillonite	Comme matériel de remplissage pour plusieurs matériaux ; comme agent de filtration et agent de suspension.
	Vermiculite	Se dilatant lorsque cuite, est utilisée comme agent de paillage, comme isolant thermique et matériel d'empaquetage.
fibreuse	Sépiolite	Sculptée comme telle (écume de mer) pour faire des pipes et objets décoratifs.
	Palygorskite	Comme agent de suspension pour les lubrifiants de céramique.

MONTMORILLONITE, $(Ca,Na)_{0,35-0,7}(Al,Mg,Fe)_2(Si,Al)_4O_{10}(OH)_{2-}$ nH_2O (silicate hydraté de calcium-sodium, aluminium-magnésium-fer), est le nom général pour un groupe de minéraux argileux à composition très variée. Leur structure est essentiellement la même que celle des micas mais ces minéraux sont différents à plusieurs points de vue. L'eau peut pénétrer dans leur structure et entraîner l'expansion de l'argile. Si on les chauffe ou si on les laisse longtemps à l'air sec, l'eau peut être éliminée de la structure et celle-ci s'affaissera. Ces argiles sont donc sensibles aux variations de teneur en humidité et causent de sérieux problèmes de mécanique des sols là où elles sont présentes. Elles sont le produit du vieillissement ou de l'altération hydrothermale de roches ignées basiques, notamment les cendres volcaniques. Elles sont des constituants communs du sol en plusieurs endroits. Des maintes utilisations possibles de la montmorillonite, une des plus ingénieuses est son utilisation dans le papier carbone sans carbone. Certains composés organiques ayant la propriété de faire bleuir la montmorillonite, on applique une mince couche de montmorillonite sur la deuxième feuille et des bulles microscopiques de gélatine contenant le composé organique à l'endos de la première feuille. En tapant à la machine ou en écrivant, les bulles sont brisées, le composé organique est libéré et la montmorillonite devient bleue; on a alors une copie nette de ce qui a été écrit ou tapé.

Cristallisent dans le système monoclinique en très petites particules empilées en couches massives ou mêlées à d'autres minéraux dans le sol. Les montmorillonites sont molles et plastiques lorsque mouillées et cassantes lorsque sèches. Elles ont une couleur blanche, jaunâtre, verdâtre ou grise. Ont un clivage parfait en une direction. Leur dureté est de 1-2 et leur densité de 2-3. On les appelle parfois smectites. Leurs variétés comprennent la béidellite (riche en Al), la nontronite (riche en Fe), la saponite (riche en Mg), l'hectorite (contenant du Li) et la sauconite (contenant du Zn). De gros gisements sont situés au Wyoming (en lits de benstonite), et en France, RDA, Îles Britanniques et en plusieurs autres endroits. Les propriétés d'absorption de ces minéraux les rendent utiles dans l'industrie.

CHLORITE, $(Mg,Fe,Al)_6(Si,Al)_4O_{10}(OH)_8$ (silicate hydraté de magnésium-fer-aluminium), ressemble aux micas car elle est constituée d'unités à trois couches du genre talc. Mais au lieu d'avoir K^{+1} entre les couches, elle a une couche du type brucite avec quelques Al^{+3} ou Fe^{+3}. Les chlorites de composition variée sont des constituants majeurs des roches métamorphiques appelées chloritoschistes. Elles surviennent également en tant que produits de vieillissement ou d'altération hydrothermale de silicates basiques comme les pyroxènes, les amphiboles et les biotites.

Cristallise dans le système monoclinique en masses tabulaires et écailles disséminées. Est très souvent verte, mais peut être brune, jaune, blanche, rose ou rouge. Lorsque vieillie, il y a oxydation du fer et sa couleur devient celle de la rouille. A un clivage parfait en une direction et ses surfaces de clivage ont un éclat nacré. Est transparente en feuilles minces, n'est pas aussi élastique que les micas et est facilement attaquée par les acides forts. Sa dureté est de 2-3 et sa densité de 2,6-3,3. On la trouve dans plusieurs régions de métamorphisme régional comme une altération tardive de plusieurs roches ignées et également dans plusieurs sédiments. Il y a plusieurs variétés de chlorites, notamment la pennine, le clinochlore et la ripidolite.

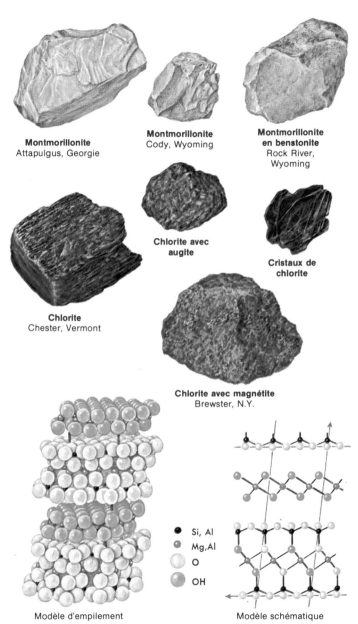

Montmorillonite
Attapulgus, Georgie

Montmorillonite
Cody, Wyoming

Montmorillonite
en benstonite
Rock River,
Wyoming

Chlorite avec
augite

Cristaux de
chlorite

Chlorite
Chester, Vermont

Chlorite avec magnétite
Brewster, N.Y.

Si, Al
Mg, Al
O
OH

Modèle d'empilement

Modèle schématique

STRUCTURE DE LA CHLORITE

SÉPIOLITE, $Mg_9Si_{12}O_{20}(OH)_6 \cdot 1OH_2O$ (silicate hydraté de magnésium), n'est pas strictement un silicate à feuillets mais sa structure ressemble à celle du talc. Elle est constituée d'unités ressemblant à des lattes avec des canaux s'étendant sur tout le cristal en une direction. Dans le minéral tel que trouvé dans les roches, les canaux sont remplis de molécules d'eau. On peut éliminer cette eau en chauffant le minéral ; il devient alors très réactif et très absorbant. L'écume de mer, utilisée pour faire des pipes, est un agrégat léger de sépiolite avec d'autres minéraux.

Est un matériel poudreux blanc. On croit qu'elle cristallise dans le système monoclinique (on voit des cristaux fibreux au microscope électronique). Survient dans les granites et syénites et dans les roches riches en magnésium ; également comme minéral sédimentaire associé aux saumures, en particulier les gisements playas riches en magnésium. A une dureté de 2-2,5 et une densité de 2 environ. Utilisée comme terre de Fuller. Trouvée au Nouveau-Mexique, Pennsylvanie, Utah, Nevada, Turquie, Grèce, Maroc, U.R.S.S., Îles Shetland, Arabie, Espagne.

PALYGORSKITE, $Mg_5Si_8O_{20}(OH)_2 \cdot 8H_2O$ (silicate hydraté de magnésium), a une structure semblable à celle de la sépiolite, mais avec des lattes plus étroites. On ne connaît pas trop bien les relations qui peuvent exister quant à la composition et au milieu associés à ces deux minéraux. Les deux semblent être le résultat de l'altération de la montmorillonite dans des eaux riches en magnésium, la palygorskite correspondant à l'étape d'altération la moins avancée. Elle contient habituellement plus d'aluminium en solution solide, ce qui peut être le facteur prépondérant dans sa structure.

Cristallise dans le système monoclinique en matière argileuse blanche (fibreuse vue au microscope électronique). Il y a peu de données à son sujet. Les gros gisements d'Attapulgus en Georgie sont exploités pour l'industrie de la céramique. Elle est très répandue comme minéral sédimentaire associé à la sépiolite. Il est souvent difficile d'identifier les deux et de les séparer.

LES FILTRES MOLÉCULAIRES sont des matériaux très intéressants dont les propriétés dépendent de l'existence de gros canaux dans la structure, comme dans la sépiolite (voir à la page suivante). Il est connu depuis fort longtemps que les petits atomes, comme l'hydrogène et l'hélium, ont l'habilité de passer au travers de matériaux solides. Tout récemment, on est parvenu à démontrer que des cristaux comme la sépiolite, la palygorskite et quelques-unes des zéolithes (pp. 226-227) peuvent agir comme filtres en permettant aux petites molécules de passer par leurs canaux assez rapidement tout en bloquant les plus grosses. Ces matériaux sont utilisés pour purifier les liquides.

LES TERRES À FOULON ont toujours été utilisées pour débarrasser la laine d'huiles et de saletés ; le fouleur mélangeait de petites quantités de certaines argiles dans l'eau pour avoir un mélange nettoyant. On réalise maintenant que l'action nettoyante est due au fait que certaines argiles, comme la montmorillonite (pp. 200-201), étant très finement grenues, peuvent absorber certaines molécules sur leur surface cristalline. Grâce à une absorption du même genre, on utilise certaines montmorillonites pour éliminer certaines molécules de la bière et des vins.

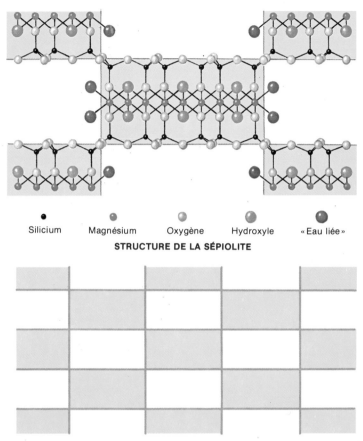

Silicium   Magnésium   Oxygène   Hydroxyle   « Eau liée »

STRUCTURE DE LA SÉPIOLITE

DIAGRAMME MONTRANT PLUSIEURS CELLULES UNITAIRES DE LA SÉPIOLITE AVEC LES CANAUX DE LA STRUCTURE

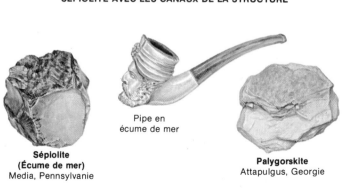

Pipe en
écume de mer

**Sépiolite
(Écume de mer)**
Media, Pennsylvanie

Palygorskite
Attapulgus, Georgie

203

SILICATES À STRUCTURE EN CHARPENTE

Dans ces silicates, contrairement aux autres, les ions d'oxygène aux quatre coins du tétraèdre de silice sont partagés avec les tétraèdres adjacents. Les ions d'oxygène sont donc complètement saturés. Il n'y a pas de charges résiduelles sur le tétraèdre et l'unité structurale s'étend à l'infini dans les trois directions. Les prototypes de ces silicates sont les minéraux de silice ayant la formule SiO_2. Ces minéraux sont le quartz, la tridymite et la cristobalite.

La structure en charpente a deux caractéristiques importantes: (1) elle est nécessairement «ouverte» avec de grands espaces interstitiels, et (2) le nombre d'arrangements possibles est grand. Il est également important de noter que l'ion d'aluminium, Al^{+3}, est stable aux positions tétraédriques. Un oxygène partagé par deux tétraèdres dont l'un est occupé par Al^{+3} au lieu de Si^{+4} ne sera pas saturé mais aura une charge négative nette. Ceci devra être compensé par un autre ion positif dans une position interstitielle adjacente. On peut écrire une formule générale pour décrire ces silicates: $M_x^{+1}Al_xSi_{1-x}O_2$, où M représente des ions dans des positions interstitielles et $Al_xSi_{1-x}O_2$ la configuration tétraédrique. Les positions interstitielles étant vastes, de gros ions comme Na^{+1}, K^{+1}, Rb^{+1}, Cs^{+1}, Ca^{+2}, Sr^{+2}, Ba^{+2} ou Pb^{+2}, peuvent être stables dans une telle structure.

Vu les variations possibles de configuration de charpente et le nombre de gros ions communs, le nombre de silicates à structure en charpente est grand. Les feldspaths (aluminosilicates de sodium, potassium et calcium) et le quartz sont des silicates à structure en charpente communs. Ils sont très abondants sur terre car leurs éléments constitutifs sont en abondance et leur structure en charpente est chimiquement et thermiquement stable.

À cause de la facilité avec laquelle la charpente peut être modifiée pour accommoder des ions de différentes grosseurs sans pour autant changer les types de liaisons, les silicates en charpente forment de nombreuses solutions solides (p. 32). Les feldspaths plagioclases, par exemple, peuvent contenir du calcium et du sodium dans quelque rapport que ce soit. Les liaisons des charpentes pouvant être assez flexibles pour accommoder des molécules d'eau, certains de ces silicates, notamment les zéolithes, contiennent de l'eau dans leur structure.

Les minéralogistes et géochimistes sont très intéressés par la distribution des éléments, surtout des éléments mineurs, parmi les minéraux de types de structures différents. Ceci leur est important car ils peuvent retracer les séquences de cristallisation des minéraux et établir des relations entre les roches différentes. Les silicates à structure en charpente, surtout les feldspaths, à cause de leur habilité à accommoder toute une variété de gros ions métalliques, sont particulièrement intéressants à cet égard. Les feldspaths, constituant le groupe de minéraux le plus en abondance dans la croûte terrestre, fournissent également les matériaux de base pour la production des minéraux argileux par vieillissement chimique. Pour cette raison, les réactions chimiques entre feldspaths et solutions aqueuses, basiques et acides, ont été bien étudiées. Les résultats de ces études ont été d'une importance capitale pour les pétrologistes spécialisés en roches sédimentaires.

SILICATES À STRUCTURE EN CHARPENTE

GROUPE DE LA SILICE, SIO_2

Quartz, tridymite, cristobalite
et une grande variété de quartz.

GROUPE DES FELDSPATHS

Feldspaths potassiques, $K(AlSi_3)O_8$
   Microcline
   Sanidine
   Orthoclase
   Adulaire

Feldspaths plagioclases
   Albite, $Na(AlSi_3)O_8$ en solution solide avec
   Anorthite, $Ca(Al_2Si_2)O_8$

Feldspaths mixtes
   Perthite, $K(AlSi_3)O_8$ et $Na(AlSi_3)O_8$
   Anorthose, $(Na, K)AlSi_3O_8$

Feldspaths divers
   Celsian, $Ba(Al_2Si_2)O_8$
   Strontiofeldspath, $Sr(Al_2Si_2)O_8$ (synthétique)
   Plumbofeldspath, $Pb(Al_2Si_2)O_8$ (synthétique)

FELDSPATHOÏDES [*]

Néphéline, $Na_3K(Al_4Si_4)O_{16}$
Kalsilite, $K(AlSi)O_4$
Eucryptite, $Li(AlSi)O_4$
Pétalite, $Li(AlSi_4)O_{10}$
Cancrinite, $(Na,Ca)_{7-8}(Al_6Si_6)O_{24}(CO_3,SO_4,Cl)_{1,5-2} \cdot 1-5H_2O$
Vishnévite, $(Na,Ca,K)_{6-7}(Al_6Si_6)O_{24}(SO_4,CO_3,Cl)_{1-1,5} \cdot 1-5H_2O$
Sodalite, $Na_8(Al_6Si_6)O_{24}Cl_2$
Noséane, $Na_8(Al_6Si_6)O_{24}SO_4$
Hauyne, $(Na,Ca)_{4-8}(Al_6Si_6)O_{24}(SO_4,S)_{1-2}$
Leucite, $K(AlSi_2)O_6$
Analcime, $Na(AlSi_2)O_6 \cdot H_2O$

[*] Un certain nombre de silicates à structure en charpente pauvres en silice sont ici placés dans le groupe des feldspathoïdes. Ceci n'est pas fait dans la plupart des classifications.

GROUPE DES SCAPOLITES

Marialite, $Na_4(Al_3Si_9)O_{24}Cl$
Méionite, $Ca_4(Al_6Si_6)O_{24}CO_3$
Formule générale, $(Na,Ca,K)_4(Al,Si)_{12}O_{24}(Cl,F,OH,CO_3SO_4)$

GROUPE DES ZÉOLITHES

Formule générale, $(Na_2,K_2,Ca,Ba)(Al,Si)nO_2n \cdot xH_2O$
Il y a au moins 22 minéraux de ce groupe qui ont été décrits et qui ont des noms approuvés.

LE GROUPE DE LA SILICE comprend des minéraux de formule SiO_2. Le silicium, Si, et l'oxygène, O, étant les éléments les plus en abondance dans la croûte terrestre, on rencontre des minéraux du groupe de la silice partout. La silice libre, SiO_2, est trouvée le plus souvent sous forme de quartz, soit en gros cristaux soit en très petits grains (variétés cryptocristallines). La silice non cristalline (amorphe) contenant de l'eau est trouvée dans des gisements de surface. Deux variétés de haute température, la cristobalite et la tridymite, sont trouvées dans les coulées de lave de surface et sur la lune. Les relations entre les trois formes communes de SiO_2 cristallin, en termes des régions de stabilité température-pression, sont très bien connues. Les structures «ouvertes» permettent que d'autres ions aillent se placer à des positions interstitielles; ceci et le fait que Al^{+3} puisse se substituer à Si^{+4} dans les positions tétraédriques entraînent des modifications de structure.

QUARTZ, SiO_2 (oxyde de silicium), est utilisé dans la fabrication de briques réfractaires et comme pierre précieuse (plusieurs variétés), composante électronique, et, le plus souvent, comme principal constituant du verre. Il est un des minéraux les plus étudiés. Sa structure est constituée de tétraèdres de silice partagés en chaque coin; chaque ion de silicium est entouré de quatre ions d'oxygène et chaque ion d'oxygène de deux de silicium. Les charges de chacun étant toutes satisfaites, aucun autre ion est nécessaire.

Les «trous» de la structure peuvent accommoder de plus petits ions, comme le lithium et le zinc et quelques Al^{+3} peuvent occuper des sites tétraédriques. Chauffée, la structure devient plus ouverte; elle se change en une forme de quartz appelée quartz bêta à 573° C. Cette modification ne comporte qu'un changement d'angles de liaisons et aucune modification fondamentale de structure. En refroidissant, le quartz reprend sa structure de quartz alpha mais les dilatations et contractions thermiques aux environs de 573° C sont importantes et le quartz peut se briser si on le refroidit très rapidement.

Presque toutes les roches de surface contiennent du quartz. Certains calcaires, certaines dolomies, les roches ignées et métamorphiques basiques n'en contiennent pas. Les monocristaux de quartz à faces bien développées sont trouvés dans des filons hydrothermaux, dans certaines cavités sédimentaires et en d'autres endroits privilégiés où il peut croître librement.

Cristallise dans le système hexagonal en cristaux prismatiques de longueur variable, souvent maclés. Est trouvé très souvent sous forme de grains irréguliers en intercroissance avec d'autres minéraux dans les roches ignées et métamorphiques; sous forme de grains arrondis dans les grès et en cristaux microscopiques (variétés cryptocristallines). Est incolore s'il est pur et peut prendre presque n'importe quelle couleur s'il ne l'est pas (voir les variétés de gemmes à la page 212). Est transparent sauf s'il est cryptocristallin. N'offre pas de trait. Est soluble dans l'acide fluorhydrique et dans le carbonate de sodium fondu. Sa cassure est conchoïdale et il n'a pas de bon clivage. Sa dureté est de 7 et sa densité de 2,65. Dans les roches ignées, il est associé surtout aux feldspaths potassiques et à la muscovite. On le trouve dans les schistes en très petites particules. Il est répandu partout.

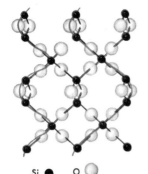

Dextrogyre

Lévogyre

STRUCTURE DU QUARTZ

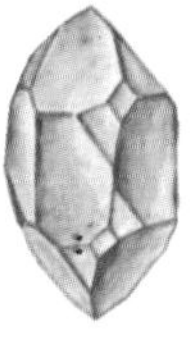

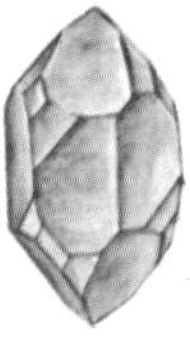

Deux formes de quartz
(modèles idéaux)

Si ●   O ○

VARIÉTÉS COMMUNES DE QUARTZ CRISTALLIN

Cristal gemme
Colorado

Quartz dans une cavité
Tampa Bay, Floride

Améthyste
Minas Gerais,
Brésil

Quartz rose
République malgache

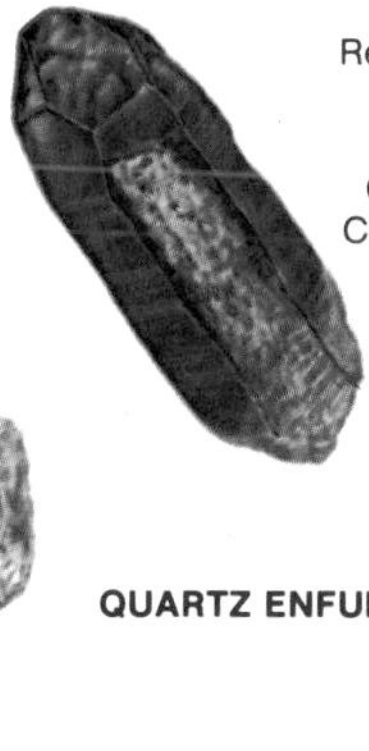

Cristal
Colorado

New York

QUARTZ LAITEUX

QUARTZ ENFUMÉ

Massif
Grafton, N.H.

Colorado

207

LE QUARTZ CRYPTOCRISTALLIN est tout simplement du quartz en cristaux si petits qu'on ne peut les voir qu'au microscope. Il est formé de la silice enlevée des minéraux de silicates par vieillissement chimique. La silice est transportée par l'eau en suspension colloïdale. Ces particules sont déposées sous forme de gelée de silice non cristalline (silice amorphe, p. 210) contenant d'importantes quantités d'eau. Elle perd son eau graduellement et forme de très petits cristaux, même à basse température. Au cours du processus, les conditions chimiques varient lentement. Ceci entraîne souvent des variations de couleur, taux de déposition et texture du précipité. On a alors des enburanements, comme dans les agates. On rencontre souvent divers types de matériels cryptocristallins dans un même spécimen.

Il y a plusieurs variétés de quartz cryptocristallin. Elles ont été nommées selon leur couleur, transparence, enrubanement, et autres caractéristiques physiques observables. On les trouve surtout dans les roches sédimentaires — comme matériel de remplissage entre des grains de sable, comme matériel de remplissage dans des cavités et en bandes et nodules associées aux calcaires et schistes.

Les variétés bien colorées et enrubannées de quartz cryptocristallin sont populaires comme pierres précieuses. Les variétés peuvent toutes être classées comme calcédoine ou chert, selon leur éclat et transparence.

CALCÉDOINE, a un éclat gras, survient en très petits cristaux, et a une densité légèrement inférieure à celle des gros cristaux de quartz. Presque transparente à translucide, casse de façon conchoïdale avec des arêtes vives. Peut être massive, botryoïdale, fibreuse ou encroûtée, et peut être associée à des cristaux de quartz bien formés, surtout dans les géodes. La calcédoine la plus commune est grise, mais elle peut être blanche, brune, noire ou bleue. Certaines variétés sont difficiles à distinguer de l'opale. La seule différence entre la calcédoine et le chert est l'éclat. Le chert est terne (dû aux impuretés) ; la calcédoine est du SiO_2 presque pur. Parmi des variétés, on compte :

CHERT, est plus terne et plus opaque que la calcédoine. Son éclat peut varier de terne à presque vitreux et sa cassure varie de quelconque à conchoïdale. Le chert de couleur tan est le plus commun des quartz cryptocristallins. Peut être blanc, tan, brun, noir ou gris. Les variétés de couleurs plus vives sont généralement appelées jaspes. Le jaspe est habituellement rouge ou brun, mais peut aussi être vert, bleu ou jaune et peut être enrubanné. Le silex est la variété noire du chert. L'aventurine est un chert contenant des écailles brillantes de mica inclus. À cause de sa cassure conchoïdale, le chert est facilement cassé en morceaux avec des arêtes vives, d'où son utilisation pour fabriquer des couteaux et pointes de flèches.

VARIÉTÉS DE GEMMES DE LA CALCÉDOINE

Agate — enrubannée ou avec des inclusions aciculaires (agate mousse). Le bois pétrifié est souvent du bois remplacé par une agate.

Onyx — agate à enrubanement régulier et droit. Les bandes blanches et noires sont fréquentes.

Sardonyx — avec des bandes rouges (carné), blanches, brunes ou noires.

Œil-de-tigre — agrégats fibreux, souvent avec des fibres grasses, en paquet. Enrubanement transversal aux fibres.

Cornaline — claire, rouge-brun.

Chrysoprase — calcédoine verte.

VARIÉTÉS DE CALCÉDOINE

Œil-de-tigre
Afrique du Sud

Œil-de-tigre bleu
Afrique du Sud

Calcédoine
San Bernardino,
Californie

Agate mousse
Nouveau-Mexique

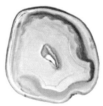

Agate
Mexique

Agate
Minas Gerais, Brésil

VARIÉTÉS DE CHERT

Silex
Dove Cliffs,
Angleterre

Chert
Joplin, Missouri

Aventurine
Indes

Jaspe
Honduras

Jaspe
Colchester, Vermont

Bois pétrifié
Holbrook, Arizona

SILICE AMORPHE, SiO_2 non cristallin survenant sous forme d'opale, un précipité colloïdal avec beaucoup d'eau résiduelle, et sous forme de verre, formé par un refroidissement si rapide de la silice en fusion que la cristallisation n'a pu avoir lieu.

OPALE, gelée précipitée d'une suspension aqueuse; contient beaucoup d'eau. Est moins dense que le quartz. Éventuellement (après des millions d'années), elle perd son eau et cristallise. Son éclat est souvent vitreux ou nacré, mais peut être résineux ou terne. L'opale pure est blanche; impure, elle peut prendre toutes sortes de couleurs. Parmi les diverses variétés d'opale, on compte:

Opale commune — blanche ou de couleurs pâles.

Opale précieuse — comme l'opale commune, mais avec une irisation due aux rubans et fissures internes.

Opale de feu — rouge ou jaune, avec un jeu inhabituel de couleurs.

Opale de bois — bois pétrifié donnant une opale.

VERRE DE SILICE, formé par la fusion de la silice. Est rare à cause du point de fusion élevé de la silice (environ 1 710° C). Aussi appelé léchatéliérite, a été trouvé comme inclusions dans des roches volcaniques et comme tubes (fulgurites) formés lorsque l'éclair frappe le grès de quartz. À Meteor Crater en Arizona, la chaleur engendrée par l'impact d'un météorite a formé du verre de silice.

Tripoli — résidus silicieux de diatomés. La poudre fine blanche est utilisée pour le polissage.

Opale mousse — avec des inclusions aciculaires.

Hyalite — croûtes minces sur les roches.

LES VARIÉTÉS PRÉCIEUSES DE SILICE comprennent le quartz cristallin (p. 207), le quartz cryptocristallin (p. 210) et les opales. La dureté, la résistance chimique, la transparence et l'apparence attrayante du quartz le rendent intéressant comme pierre précieuse. Toutefois, son faible indice de réfraction et son abondance relative lui enlèvent de la valeur. Les variétés précieuses de quartz ont reçu plusieurs noms, certains mal choisis. La topaze enfumée, par exemple, n'est pas une topaze (p. 168) et l'on ferait mieux de l'appeler quartz enfumé. Les variétés peuvent être regroupées en trois catégories: (1) cristaux de quartz, soit clairs ou colorés par des impuretés atomiques ou des désordres cristallins; (2) les cristaux de quartz avec des inclusions d'autres minéraux; et (3) les pseudomorphes de quartz formés par la substitution du quartz pour d'autres minéraux, tout en gardant leur forme.

LES CRISTAUX DE QUARTZ les plus utilisés comme pierres précieuses comprennent:

Le cristal gemme: incolore, transparent, de grosseur et forme quelconques.

L'améthyste: couleur violette ou pourpre, perd sa couleur lorsque chauffée.

Le quartz rose: rose et habituellement massif.

Le quartz enfumé: jaune à brun foncé ou noir; aussi appelé cairngorm s'il est jaune ou brun, et morion s'il est noir.

Le quartz laiteux: blanc, embrouillé, translucide.

Citrine: quartz jaune; aussi appelée «topaze».

LE QUARTZ RUTILÉ comprend des inclusions, habituellement aciculaires, d'oxydes hydratés de fer, de tourmaline, de rutile, de chlorite, d'asbeste et de stibine. Les pierres précieuses avec des inclusions sont du quartz rutilé, avec de fines aiguilles de rutile; l'œil-de-chat, avec des fibres d'asbeste et l'aventurine, avec du mica ou de l'hématite.

LES PSEUDOMORPHES DE QUARTZ peuvent se trouver dans plusieurs minéraux. La variété la plus connue est appelée œil-de-tigre, dans laquelle le quartz a remplacé de l'asbeste tout en gardant sa texture fibreuse. Cette pierre précieuse est illustrée à la page suivante.

Opale de bois
Butte, Montana

Opale mousse
Boise, Idaho

Opale précieuse
Australie

Tripolite
Santa Barbara Co.,
Californie

Hyalite
(opale incrustée)

Quartz rutilé
Brésil

PIERRES PRÉCIEUSES DE SILICE
Taille en huit

Quartz enfumé

Améthyste

Citrine

Rutilé

Taille cabochon

Agate

Cristobalite
en obsidien

Agate

Aventurine

Jaspe tacheté

Quartz rose

Œil-de-tigre

Calcédoine

CRISTOBALITE, SiO_2 (oxyde de silicium) est une forme de silice stable à haute température. Cristallise dans le système cubique et a une structure assez ouverte et assez différente de celle du quartz. Toutefois, à des températures ordinaires, la structure se referme un peu, ce qui donne un cristal quadratique. Le quartz pur se convertit en cristobalite à environ 1025° C lorsqu'on le chauffe sans tension de vapeur d'eau. La conversion étant irréversible, la cristobalite demeure en refroidissant.

Toutefois, si d'autres composés, notamment Na_2O et Al_2O_3, sont présents lors de la cristallisation, il se peut que la cristobalite ne se forme pas. Apparemment, les autres oxydes forment une solution solide avec SiO_2 et peuvent entraîner la formation de quartz ou tridymite sur une grande gamme de températures, compliquant ainsi les relations de stabilité.

La cristobalite fut découverte pour la première fois avec la tridymite dans une lave d'andésine à Cerro San Cristobal, Pachuca, Mexique. **TRIDYMITE**, SiO_2 (oxyde de silicium), a une structure semblable à celle de la cristobalite et ne diffère que dans l'arrangement des couches successives de tétraèdres de silice. Les tridymites naturelles contiennent toutes des oxydes autres que SiO_2; il a été suggéré que la structure est stabilisée par ces oxydes et qu'elle ne peut exister en tant que SiO_2 pur. Est orthorhombique à température ordinaire; sa structure s'ouvre à plus hautes températures et s'approche du réseau hexagonal idéal montré à la page suivante. Elle a été trouvée dans des roches volcaniques riches en silice en plusieurs endroits avec d'autres minéraux de haute température.

L'IMPORTANCE DE LA SILICE DANS LES ROCHES ne peut être exagérée. Non seulement le quartz est-il en abondance, constituant environ le cinquième de la croûte terrestre, dans les roches ignées, sédimentaires et métamorphiques, la silice, SiO_2, est un constituant majeur de tous les minéraux communs constitutifs de roches (silicates), à l'exception de la calcite (comme $CaCO_3$, dans les calcaires). Les feldspaths, micas, amphiboles, pyroxènes, olivines et minéraux argileux contiennent tous de 40% à 70% de SiO_2 combiné à d'autres oxydes communs. Le minéral qui cristallisera dépend de la quantité de SiO_2 disponible par rapport aux quantités des autres oxydes. Les types de minéraux silicates, eux, déterminent les rythmes et produits de vieillissement, donc les types de sols et d'autres matériaux sédimentaires formés. Les teneurs en silice des laves déterminent le degré d'activité volcanique. Les laves basiques, comme le basalte, sont pauvres en silice et cristallisent pour donner des olivines, pyroxènes, etc. Dans le matériel en fusion, le tétraèdre SiO_4 partage peu de ses coins et est libre de bouger. La lave a un faible indice de viscosité et il ne peut y avoir de fortes pressions de gaz. Dans les laves acides comme les rhyolites qui cristallisent pour donner du quartz, des feldspaths, etc., les tétraèdres sont liés, la lave est visqueuse et les pressions de gaz atteignent des valeurs explosives. Les teneurs globales en silice des roches ignées et métamorphiques sur de grandes superficies aident les géologues à déterminer l'histoire de la formation des roches et à comprendre le processus d'évolution planétaire.

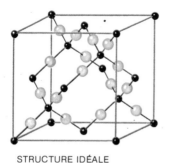

STRUCTURE IDÉALE DE LA CRISTOBALITE À HAUTE TEMPÉRATURE

○ O
● Si **Cristobalite dans un obsidien**
Millard Co., Utah

Tridymite dans de la lave
Eifel, RFA

STRUCTURE IDÉALE DE LA TRIDYMITE À HAUTE TEMPÉRATURE

Grès riche
en quartz

Quartz avec microcline
et mica dans un gneiss
granitique (métamorphique)

Petits filons de
quartz dans une
roche ignée

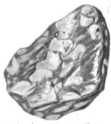

Chert tacheté provenant d'un
lit de sédimentation

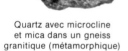

Quartzites
(métamorphique)

213

GROUPE DES FELDSPATHS

S'il n'y avait que l'ion de silicium de stable dans le tétraèdre de l'oxygène, les minéraux de silice seraient les seuls silicates à structure en charpente. Toutefois, l'ion d'aluminium, qui est également très abondant, est aussi stable dans les sites tétraédriques. Si du quart à la moitié des sites tétraédriques sont occupés par des ions Al^{+3} plutôt que des ions Si^{+4}, la neutralité électrique est préservée par d'autres ions positifs situés dans de grands trous parmi les tétraèdres. K^{+1}, Na^{+1} et Ca^{+2} étant abondants et pouvant bien se loger dans des sites interstitiels, les feldspaths $KAlSi_3O_8$, $NaAlSi_3O_8$, $CaAl_2Si_2O_8$ et de leurs solutions solides constituent le groupe de minéraux le plus en abondance, formant près de la moitié de la croûte terrestre.

MICROCLINE, $KAlSi_3O_8$, est le feldspath potassique le plus commun. Il est abondant dans les granites et autres roches ignées riches en silice, dans plusieurs roches métamorphiques et dans les sédiments. La différence entre le microcline et les autres feldspaths potassiques est que dans le microcline, les ions de silice et d'aluminium sont distribués de façon ordonnée parmi les sites tétraédriques; dans la sanidine, la distribution est aléatoire et dans l'orthoclase et l'adulaire, elle est partiellement ordonnée. La plupart des cristaux n'ont pas de belles faces car la cristallisation a eu lieu en présence de quartz et d'autres minéraux. Les cristaux sont habituellement des intercroissances de microcline avec de petites quantités d'albite, $NaAlSi_3O_8$. Les intercroissances ont une apparence rayée et portent le nom de perthite. Le microcline est formé à haute température lors de la cristallisation d'un magma ou par métamorphisme dans les profondeurs de la terre et le réarrangement survient durant le très lent processus de refroidissement.

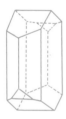
Cristallise dans le système triclinique avec un clivage en trois directions à environ 90°. Sa cassure est quelconque; ses faces cristallines sont rares mais les très gros cristaux en blocs avec des intercroissances de quartz, micas et autres minéraux riches en silice sont communs. Est cassant, blanc, gris, rose, chamois, ou vert. A un éclat vitreux à mat et peut être d'opaque à translucide. A une dureté de 6 et une densité de 2,54 à 2,57 selon sa teneur en Na. Est trouvé dans toutes les roches ignées et métamorphiques riches en silice, comme dans les batholithes granitiques des noyaux des chaînes de montagnes.

SANIDINE, $KAlSi_3O_8$, le feldspath potassique désordonné. Si le feldspath ordonné, microcline, est chauffé à environ 900° C, les ions Al^{+3} et Si^{+4} diffusent de façon aléatoire parmi les sites tétraédriques et il y a formation de sanidine. Si une roche cristallise à haute température et se refroidit rapidement, on observe alors le feldspath désordonné, la sanidine. Ceci survient souvent dans les laves, lesquelles se refroidissent rapidement en surface. La sanidine est monoclinique et on la considère comme étant la forme de haute température du feldspath. Elle a une apparence plus vitreuse que le microcline mais son facies et ses autres propriétés physiques sont très semblables à ce que l'on rencontre chez les autres feldspaths potassiques. Il est impossible de la caractériser complètement sans examen optique et analyse aux rayons X. On la trouve dans des laves riches en silice.

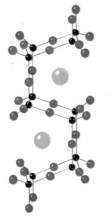

**CHARPENTE SILICIUM —
OXYGÈNE DES FELDSPATHS**

O

Si

K

Agrégat de cristaux de microcline
Crystal Peak, Colorado

Cristaux de microcline,
Crystal Peak, Colorado

Microcline amazonite
Crystal Peak, Colorado

Microcline rose
Parry Sound, Ontario

Microcline rose
Keystone, Dakota du Sud

Microcline blanc
Keystone, Dakota du Sud

Microcline amazonite
Ontario

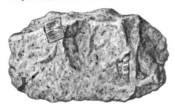

**Sanidine, grands cristaux
dans une lave trachytique**
Drachenfels, RFA

Microcline dans de la syénite
Wausau, Wisconsin

215

ORTHOCLASE ET ADULAIRE, $KAlSi_3O_8$, deux formes de feldspath potassique où il semble y avoir un arrangement partiellement ordonné des ions tétraédriques et non un arrangement très ordonné comme dans le microcline. Découlent de conditions de cristallisation plutôt spéciales, en particulier lorsqu'il y a de l'eau à basse température (25°–440° C). Le nom orthoclase est habituellement assigné aux cristaux monocliniques à faces bien développées, souvent maclés, dans lesquels certaines portions (domaines) sont ordonnées et d'autres pas. Pour pouvoir voir les domaines, il faut utiliser les rayons X. Le nom adulaire est assigné aux cristaux monocliniques ayant une section droite rhombique distincte avec des domaines assez gros pour être vus au microscope.

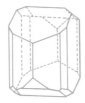 L'orthoclase est trouvée communément dans des roches ignées intrusives peu profondes, en particulier dans les pegmatites, sous forme de précipité de basse température dans les roches sédimentaires et comme précipité de dernière étape dans des filons hydrothermaux. On ne retrouve habituellement l'adulaire que dans des gisements en filons où il y a des veines de quartz et des sulfures. Leurs propriétés physiques sont très semblables à celles du microcline. En l'absence de forme cristalline distincte commune à l'orthoclase et à l'adulaire, il est préférable d'appeler le minéral par son nom de feldspath potassique ou K-spath jusqu'à ce qu'une étude optique ou analyse aux rayons X ait été faite.

PERTHITE, $KAlSi_3O_8$ et $NaAlSi_3O_8$, est une intercroissance de deux minéraux, le microcline et l'anorthite. Aux températures de cristallisation de la plupart des feldspaths, les deux minéraux sont complètement solubles, mais lors du refroidissement, la solubilité diminue et les deux minéraux se dissocient l'un de l'autre en diffusant dans le solide. Les ions Na^{+1} se regrouperont en rubans orientés selon certaines directions cristallographiques et les ions K^{+1} diffuseront de ces rubans. On a alors un cristal avec des rubans de microcline et d'albite qui alternent. Si la plus grande partie du volume cristallin est occupée par des rubans de microcline, on a une perthite. Si c'est le contraire, on a une antiperthite. La majorité des microclines sont perthitiques.

ANORTHOSE, $(K,Na)AlSi_3O_8$, solution solide de feldspath sodique et potassique formée par refroidissement rapide de façon à ce que la perthite ne puisse se former par dissociation. La solution solide demeure indéfiniment à température ordinaire. Ne survient que dans les laves et peut être distinguée de la sanidine sans analyse chimique ou étude aux rayons X. Est trouvée à Obsidian Cliff dans le Parc Yellowstone et en d'autres endroits semblables géologiquement.

CELSIAN, $BaAl_2Si_2O_8$, est une feldspath avec Ba^{+2} dans des positions interstitielles. Le baryum étant un élément rare, le minéral est rare, même si on trouve de petites quantités de Ba^{+2}, Sr^{+2} et Pb^{+2} dans les feldspaths communs. Les feldspaths potassiques qui contiennent des quantités mesurables de Ba^{+2} sont appelés hyalophane.

CRISTAUX D'ORTHOCLASE
(modèles idéaux)

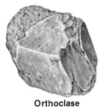

Orthoclase
Ft. Bayard, Nouveau-Mexique

Adulaire
Goscheneralp,
Suisse

CRISTAL D'ADULAIRE
(modèle idéal)

Carlsbad

MACLES D'ORTHOCLASE
(modèles idéaux)

**Perthite (feldspath sodique
séparé en traits)**
Perth Co., Ontario

**Celsian avec sanbornite
et gillespite**
Californie

Anorthose
Larvik, Norvège

Anorthose
Larvik, Norvège

217

LA SÉRIE DES PLAGIOCLASES, $(Na,Ca)(Al,Si)_4O_8$, est une série de solutions solides totales. Les ions Na^{+1} et Ca^{+2} ayant environ la même grosseur, un plagioclase peut avoir une composition quelconque entre l'albite, $NaAlSi_3O_8$, et l'anorthite, $CaAl_2Si_2O_8$. À cause des différences de charges ioniques, le rapport Al/Si varie en fonction du rapport Ca/Na pour préserver la neutralité électrique. La substitution mutuelle de Ca^{+2} et Al^{+3} pour Na^{+1} et Si^{+4}, à cause des légères différences de grosseurs et des distributions de charges différentes, entraîne de légères variations dans les propriétés, notamment des différences de densités et d'angles de clivage. La structure des feldspaths plagioclases est essentiellement la même que celle des feldspaths potassiques.

La série est habituellement divisée arbitrairement en gammes de compositions, telles que montrées à la page suivante. Chaque gamme de composition porte un nom différent. Les propriétés physiques de tous ces feldspaths sont toutes semblables à celles des feldspaths potassiques; toutefois, une de leurs caractéristiques est la formation répétée de macles polysynthétiques. À intervalles rapprochés, l'orientation de croissance du cristal a changé ce qui fait que le cristal a l'air d'une série de couches chimiquement liées de part et d'autre d'interfaces appelées plans de composition. Ces plans ressemblent à des stries sur la surface du cristal et peuvent souvent causer des interférences en lumière réfléchie, créant une lueur bleue appelée chatoyance. Certains spécimens de labrador sont très recherchés pour leur chatoyance.

LA CRISTALLISATION des feldspaths plagioclases d'un mélange de silicates en fusion est moyennement complexe et joue un rôle important en ce qui a trait à l'origine des types de roches ignées. L'anorthite pure, $CaAl_2Si_2O_8$, fond à environ 1 550° C et l'albite pure, $NaAlSi_3O_8$, à environ 1 100° C. Toutefois, un mélange de Na et Ca en fusion cristallise avec précipitation de feldspaths plagioclases de façon à former une série de solutions solides totales. Les premiers cristaux seront beaucoup plus riches en Ca que le liquide même. À mesure que la température diminue, le cristal réagit avec le liquide résiduel — les ions Na^{+1} diffusent dans le cristal — et sa composition devient plus riche en Na. S'il n'y a pas de ségrégation au cours de la cristallisation, les derniers cristaux auront la composition du liquide de départ. S'il y a ségrégation, par la stabilisation des feldspaths riches en Ca, par exemple, avant qu'ils n'aient eu le temps de réagir avec le liquide, une série de feldspaths différents, de feldspaths riches en Ca à des feldspaths riches en Na, sera formée. Si le refroidissement est rapide, comme dans une lave par exemple, le manque de temps de réaction entraînera la formation de cristaux de feldspaths en zones, avec le matériel riche en Ca au centre et des bandes de matériel de plus en plus riche en Na en s'éloignant du centre vers les bouts. La séparation de feldspaths plagioclases de compositions différentes à diverses étapes de refroidissement d'un magma est un des mécanismes qui rend possible la formation de plusieurs types de roches ignées d'un même magma homogène. Tel qu'indiqué par la série des réactions de Bowen (pp. 82-83), des réactions semblables surviennent pour les minéraux ferromagnésiens, avec l'olivine se formant en premier lieu, puis se transformant en pyroxène, puis en amphibole, puis en biotite durant le refroidissement.

SÉRIE DES PLAGIOCLASES

Albite
100-90% NaAlSi$_3$O$_8$
Oligoclase
90-10 à 70-30
Andésine
70-30 à 50-50

Labrador
50-50 à 30570
Bytownite
30-70 à 10-90
Anorthite
90-100% CaAl$_2$Si$_2$O$_8$

CRISTAUX D'ALBITE
(modèles idéaux)

Albite
Bancroft, Ontario

**Albite, Lamelles
maclées (péristérite)**
Cardiff Twp., Ontario

Albite
Keystone,
Dakota du Sud

Oligoclase
Mitchell Co.,
Carol. du N.

**Oligoclase avec
lamelles**
Kragero, Norvège

**Oligoclase
(pierre solaire)
de la pegmatite**
Tvedestrand, Norvège

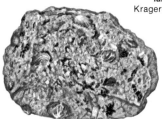

**Andésine dans de la
monzonite**
Judith Basin, Montana

**Plagioclase zonédans
de la trachyte**
Bannockburn Rwp.,
Ontario

219

LES FELDSPATHS PLAGIOCLASES sont trouvés dans toutes les roches ignées à l'exception des plus pauvres en silice, les roches ultrabasiques. Ils sont communs comme minéraux métamorphiques, ayant été formés par des réactions solides dans les schistes à pressions et températures élevées. Ils vieillissent plus rapidement que les feldspaths potassiques et sont donc moins communs dans les roches sédimentaires; on les trouve toutefois dans les grès grauwackes formés à partir de roches ignées et métamorphiques qui ont subi un vieillissement non efficace.

Ils sont difficiles à distinguer des feldspaths potassiques sans une analyse optique ou radiographique poussée. Leur caractéristique la plus frappante est leurs surfaces de clivage striées découlant de leur maclage. Toutefois, il se peut que ces stries soient absentes. Quant à leur composition plagioclastique, le seul indice que l'on peut avoir sans procéder à une analyse est leur association avec d'autres minéraux.

Nous donnons ci-dessous les propriétés des deux membres d'extrémité de la série, l'albite et l'anorthite. Les membres intermédiaires ont des propriétés intermédiaires.

ALBITE, $NaAlSi_3O_8$, est triclinique, avec deux directions de clivage à environ 86° et un mauvais clivage dans la troisième direction. Sa cassure est quelconque. Les cristaux sont souvent petits comme le microcline ou tabulaires et souvent allongés. Est souvent en intercroissance avec du quartz et des micas; les cristaux ont donc des formes irrégulières. Les macles polysynthétiques sont fréquentes. Pure, elle est incolore mais les minéraux peuvent être gris. Son éclat est vitreux et on observe une certaine opalescence (pierre-de-lune). Est transparente à translucide. Sa densité est de 2,63, augmentant avec sa teneur en Ca. Elle fuse en verre incolore et donne une couleur jaune dans une flamme (Na). Vieillit en argile kaolinitique dans des conditions basiques. On la trouve partout dans des roches ignées et métamorphiques riches en silice. Avec le microcline, est un constituant de la perthite. Les plagioclases plus riches en Ca — oligoclase et andésine — peuvent être plus colorés que l'albite à cause des impuretés. L'albite pure est extrêmement rare; elle contient presque toujours quelques % de Ca.

ANORTHITE, $CaAl_2Si_2O_8$, est triclinique, avec deux directions de clivage à environ 86° et un mauvais clivage dans la troisième direction. Sa cassure est quelconque. Les cristaux sont communément prismatiques ou tabulaires; ils forment habituellement des intercroissances avec les amphiboles et les pyroxènes. Les faces cristallines sont donc rares. Les macles polysynthétiques sont fréquentes. Sa dureté est de 6 et la densité de l'anorthite pure est de 2,76, diminuant avec une augmentation de sa teneur en Na. Pure, elle est incolore mais les minéraux peuvent être blancs, gris ou bleuâtres. Son éclat est vitreux, quelquefois nacré. Ses cristaux sont transparents à translucides. Fuse plus difficilement que l'albite. Se décompose rapidement dans l'acide chlorhydrique avec formation de gel de silice. Vieillit rapidement en bauxite et en argiles. On la trouve dans les roches ignées basiques — gabbros et laves basaltiques —, les roches métamorphiques et moins souvent dans des sédiments. On en a trouvé des cristaux au Vésuve en Italie, au Japon, en Islande, Roumanie, dans l'Oural et à Franklin, N.J.

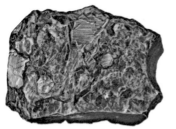

Labrador
Lac St-Jean, Québec

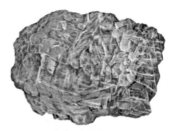

Labrador chatoyant
Nain, Labrador

**Phénocristes de Labrador
dans une dolérite**
Cape Ann, Mass.

Labrador
Essex Co., N.Y.

Bytownite
Crystal Bay, Minnesota

Bytownite
Crystal Bay, Minnesota

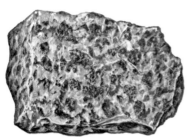

Anorthite
Grass Valley, Californie

**MACLE POLYSYNTHÉTIQUE
DANS L'ALBITE**
(modèle idéal)

221

LE GROUPE DES FELDSPATHOÏDES classique ne comprend que la leucite et la néphéline, mais ici nous utilisons cette appellation pour désigner les silicates à structure en charpente qui contiennent moins de silice que les feldspaths. Les feldspathoïdes se forment dans des milieux pauvres en silice et ne sont pas là où il y a du quartz en abondance. Ils sont associés à des roches pauvres en silice, surtout celles qui sont riches en soude et en potasse comme les syénites et les trachytes.

NÉPHÉLINE, $Na_3KAl_4Si_4O_{16}$, (alumino-silicate de sodium et de potassium), a une structure semblable à celle de la tridymite (p. 212) mais avec Al^{+3} occupant la moitié des sites tétraédriques et les ions alcalins Na^{+1} et K^{+1} dans les espaces libres de la charpente. Cette formule s'approche de la composition des spécimens les plus communs mais certains ont moins de K^{+1} ou n'en ont pas du tout et d'autres ont beaucoup moins que la moitié des Si^{+4} remplacés par Al^{+3}. Si Na^{+1} est absent, le minéral a une formule $KAlSiO_4$ et est appelé kalsilite. La néphéline est très répandue ; on la trouve associée avec les feldspaths alcalins dans des roches pauvres en silice et également dans des laves, surtout les basaltes. Elle est communément associée avec d'autres minéraux feldspathoïdiques. Son éclat gras est typique. Elle est une importante matière première pour l'industrie de la céramique et des émaux.

Cristallise dans le système hexagonal en cristaux prismatiques, grains disséminés et masses. Est cassante, incolore, blanche, ou grise. A un éclat gras ou vitreux. N'a pas de bon clivage et a une cassure subconchoïdale. Contient habituellement un peu de calcium ; est transformée en gel par les acides. Est altérée par l'eau en d'autres feldspathoïdes ou en zéolithes. Sa dureté est de 5,5-6 et sa densité de 2,56-2,67. On la trouve notamment dans le Maine, en Arkansas, Ontario, Groenland, U.R.S.S., Roumanie, Norvège, Italie (dans les laves du Vésuve) et au Japon.

EUCRYPTITE, $LiAlSiO_4$, (silicate de lithium et d'aluminium), est intéressante car, comme la néphéline, a une structure de silice avec Al^{+3} dans la moitié des sites tétraédriques et un ion^{+1} dans des sites interstitiels. Li^{+1} étant plus petit que Na^{+1} ou K^{+1}, l'eucryptite prend la structure du quartz (p. 208) plutôt que celle de la tridymite (p. 214). Un minéral peu commun, elle se forme apparemment par l'altération du spodumène, $LiAlSi_2O_6$, comme à Branchville, Conn. Se forme habituellement dans des produits céramiques contenant du lithium et ayant un faible coefficient de dilatation thermique. Est incolore ou blanche, cristallise dans le système hexagonal et a une densité de 2,67.

CANCRINITE, $(Na,Ca)_{7-8}Al_6Si_6O_{24-}$ $(CO_3,SO_4,Cl)_{1,5-2}.5H_2O$, (alumino-silicate hydraté de sodium-calcium), est un minéral igné formé durant les dernières étapes de cristallisation, probablement par l'altération hydrothermale de la néphéline. Les proportions de carbonate, sulfate, chlorure et eau varient. Cristallise dans le système hexagonal, habituellement en formes massives. Est incolore, blanc, jaune, rougeâtre, bleu ou gris. A un éclat de vitreux à gras. Son clivage est prismatique. A une dureté de 5-6 et une densité de 2,51-2,42. Est effervescent dans l'acide chlorhydrique. On le trouve avec la néphéline et la sodalite dans le Maine, en Ontario, U.R.S.S., et en Norvège.

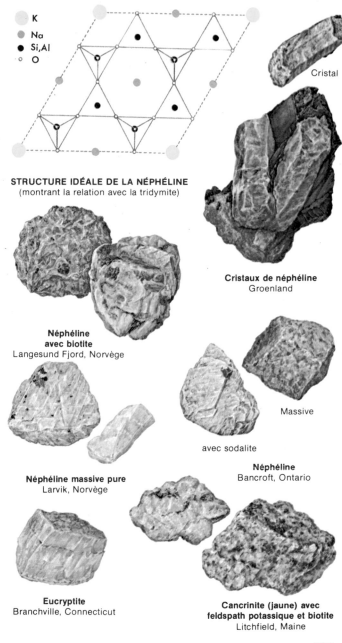

K
Na
Si,Al
O

STRUCTURE IDÉALE DE LA NÉPHÉLINE
(montrant la relation avec la tridymite)

Cristal

Cristaux de néphéline
Groenland

**Néphéline
avec biotite**
Langesund Fjord, Norvège

Massive

avec sodalite

Néphéline
Bancroft, Ontario

Néphéline massive pure
Larvik, Norvège

Eucryptite
Branchville, Connecticut

**Cancrinite (jaune) avec
feldspath potassique et biotite**
Litchfield, Maine

223

SODALITE, $Na_8(Al_6Si_6O_{24})Cl_2$, (alumino-silicate de sodium avec du chlore), est relativement rare ; ne se forme que dans des roches ignées pauvres en silice et riches en soude en présence d'eau contenant du chlore, ou dans certains calcaires de métamorphisme de contact. Est associée avec d'autres minéraux pauvres en silice, notamment la leucite et la néphéline. Comme pour les autres silicates à structure en charpente, sa composition varie énormément et pour bien l'identifier, il faut effectuer une analyse chimique. La sodalite pure est incolore mais les impuretés peuvent la colorer blanche, bleue, verte, rose ou jaune.

Cristallise dans le système cubique en cristaux dodécaédriques en masses et en matériel de remplissage de cavité concentrique. N'a pas de bon clivage, a une dureté de 5,5-6 et une densité plus faible que celle des feldspaths (2,27-2,33) selon sa composition. Plusieurs spécimens sont fluorescents sous l'action de la lumière ultraviolette. A été trouvée en cristaux dans les laves du Vésuve et en petites quantités dans les syénites néphélitiques en plusieurs endroits.

NOSÉANE, $Na_8(Al_6Si_6O_{24})SO_4$, alumino-silicate de sodium avec sulfate), a des propriétés très similaires à celles de la sodalite. Plus rare, survient dans des laves pauvres en silice et des débris volcaniques le long du Bas-Rhin, dans les îles de Cap Verde et à Cornwall, Angleterre. N'a été trouvée dans des roches ignées intrusives que dans le nord de la Chine.

HAUYNE, $(Na,Ca)_{4-8}(Al_6Si_6O_{24-})$-$(SO_4,S)_{1-2}$, (alumino-silicate de sodium-calcium avec sulfate et sulfure), est plus connue comme pierre semi-précieuse bleue appelée lazurite (lapis lazuli). Les cristaux synthétiques sont habituellement appelés «ultramarine». Survient dans des roches ignées pauvres en silice et riches en soude et dans des calcaires métamorphosés. Ses propriétés sont semblables à celles de la sodalite.

LEUCITE, $KAlSi_2O_6$, (alumino-silicate de potassium), a une faible teneur en silice et n'est trouvée que dans des roches ignées riches en potassium soit des laves soit des intrusives peu profondes. Relativement rare, se trouve notamment à Magnet Cove, Ark., Leucite Hills, Wyo., Parc National Yellowstone, Île de Vancouver, C.-B., en Italie et en Europe centrale.

Cristallise dans le système quadratique en cristaux presque trapézoédriques et en grains disséminés. Est blanche à grise, opaque à translucide avec un éclat vitreux. Contient souvent de la magnétite ou des inclusions de verre. A un mauvais clivage, une dureté de 5,5-6 et une densité de 2,47-3,50.

ANALCIME, $NaAlSi_2O_6.H_2O$, (alumino-silicate hydraté de sodium), est semblable à la leucine mais contient de l'eau et survient plus souvent avec des minéraux zéolithiques. Se forme dans des roches ignées soit par cristallisation d'un milieu en fusion soit par précipitation de l'eau de vésicules (bulles) dans la lave. Survient également dans des roches sédimentaires, grès, lits de phos-phates, gisements de charbon, gisements d'argile formés de cendres volcaniques, sources thermales et geysers. Cristallise dans le système cubique en trapézoèdres, cubes et dépôts granulaires massifs. Est habituellement incolore ou blanche, translucide à transparente, à éclat vitreux. A un mauvais clivage, une cassure subconchoïdale. Sa dureté est de 5-5,5 et sa densité de 2,24-2,29.

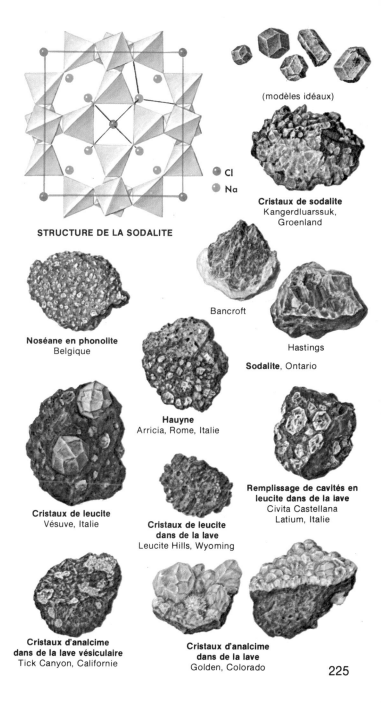

STRUCTURE DE LA SODALITE

Cl
Na

(modèles idéaux)

Cristaux de sodalite
Kangerdluarssuk,
Groenland

Noséane en phonolite
Belgique

Bancroft

Hastings

Sodalite, Ontario

Hauyne
Arricia, Rome, Italie

Cristaux de leucite
Vésuve, Italie

**Cristaux de leucite
dans de la lave**
Leucite Hills, Wyoming

**Remplissage de cavités en
leucite dans de la lave**
Civita Castellana
Latium, Italie

**Cristaux d'analcime
dans de la lave vésiculaire**
Tick Canyon, Californie

**Cristaux d'analcime
dans de la lave**
Golden, Colorado

225

SCAPOLITES, groupe de minéraux dont les compositions forment une série entre la méionite, $Na_4Al_3Si_9O_{24}Cl$, et la marialite, $Ca_4Al_6Si_6-O_{24}CO_3$, ni l'un ni l'autre ayant été trouvé dans la nature. Les scapolites sont communes dans les calcaires métamorphosés, apparaissant sous forme de grains gris distincts avec un éclat vitreux dans le marbre blanc de calcite, et moins communes dans d'autres roches métamorphiques. Se forment à températures et pressions élevées. Appelées également wernérites, sont fréquentes dans des régions de métamorphisme régional comme dans l'État de New York et au New Jersey, dans toute la Scandinavie, et dans plusieurs localités du Québec et de l'Ontario. Une variété jaune trouvée à Madagascar a été utilisée comme pierre précieuse.

Cristallisent dans le système quadratique, généralement en inclusions granulaires ou agrégats massifs dans les marbres, rarement en cristaux pyramidaux en blocs. Clivage prismatique visible et éclat caractéristique vitreux ou nacré. Dureté de 5-6 et densité de 2,50-2,78 (selon la composition). Les noms mizzonite, dipyre et passonite ont été utilisés pour désigner des scapolites.

LE GROUPE DES ZÉOLITES comprend 22 espèces bien définies, desquelles nous décrirons trois minéraux communs. Ce sont des alumino-silicates hydratés qui peuvent être déshydratés et réhydratés sans affecter leur structure. Si ces minéraux sont entourés d'eau, leur sodium peut être remplacé par du calcium ou leur calcium par du sodium s'il y a assez de sodium et de calcium dans l'eau.

STILBITE, $(Ca,Na_2,K_2)Al_2Si_7O_{18}.7H_2O$, (alumino-silicate hydraté de calcium, sodium, potassium), survient comme matériel de remplissage de cavités dans des laves basaltiques et de crevasses dans plusieurs autres roches. Est surtout trouvée en groupes radiés distincts et en agrégats semblables à des feuilles.

Cristallise dans le système monoclinique et a un clivage parfait en une direction. Est généralement blanche, moins souvent jaune, rouge ou brune. Sa dureté est de 3,5-4 et sa densité de 2,1-2,2. On la trouve surtout à Paterson, N.J. et en Nouvelle-Écosse, Islande, Écosse, et en Inde.

CHABASITE, $CaAl_2Si_4O_{12}.6H_2O$ (alumino-silicate hydraté de calcium), est trouvée remplissant des crevasses et vésicules dans des laves basaltiques et autres. Ses propriétés sont semblables à celles des autres zéolites mais elle cristallise dans le système rhomboédrique en cristaux blancs, souvent en macles d'interprétation. Sa composition est très variable, comme pour la plupart des zéolites.

HEULANDITE, $(Ca,Na_2)Al_2Si_7O_{18}.6H_2O$ (alumino-silicate hydraté de calcium-sodium), est semblable à la stilbite mais survient en cristaux globulaires ou granulaires dans les cavités des laves. Est aussi trouvée comme produit de dévitrification et d'hydratation du verre volcanique. Survient en grands lits en Nouvelle-Zélande et en petites quantités en d'autres endroits.

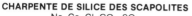

CHARPENTE DE SILICE DES SCAPOLITES
Na, Ca, Cl, CO$_3$, SO$_4$
occupent des positions dans les trous

CRISTAL DE SCAPOLITE
(modèle idéal)

Scapolite verte
Lac à la Loutre, Québec

Scapolite massive
Homesteadville, N.Y.

**Scapolite typique de
remplissage de cavité**

Cristaux de stilbite
Nouvelle-Écosse

Chabasite
Wassons Bluff,
Nouvelle-Écosse

Cristaux de chabasite
Melbourne, Australie

Heulandite
San Juan Co., Colorado

Cristaux de chabasite
West Paterson, N.J.

Écosse

New Jersey

Cristaux d'heulandite

227

CARBONATES

Le bioxyde de carbone de l'air se dissout dans l'eau et forme de l'acide carbonique, constitué d'ions hydrogène, H^{+1}, et d'ions bicarbonate, $(HCO_3)^{-1}$ en solution. Dans certaines conditions de température, pression et concentration, des ions métalliques se combineront aux ions bicarbonate pour former des carbonates, des sels inorganiques de l'acide carbonique. La structure des carbonates est constituée d'ions triangulaires, $(CO_3)^{-2}$, liés entre eux par des ions métalliques. Des 70 minéraux carbonates environ, la calcite et la dolomite sont les seules espèces que l'on retrouve en grande abondance.

LE GROUPE DE LA CALCITE comprend des minéraux qui ont une structure semblable à celle de la halite (p. 120), avec les ions $(CO_3)^{-2}$ aux positions Cl^{-1}, les ions Ca^{+2} aux positions Na^{+1} et la structure cubique comprimée le long d'un axe. Chaque ion Ca^{+2} est entouré de 6 atomes d'oxygène du groupe CO_3. La relation entre la structure et le clivage est indiquée à la page suivante. Comme NaCl, la calcite a un clivage parfait en trois directions, mais non à angles droits. Il existe plusieurs solutions solides (p. 32) parmi les membres du groupe.

CALCITE, $CaCO_3$, (carbonate de calcium), étant le principal constituant du calcaire, est un des minéraux les plus communs. Est formée à partir de l'acide carbonique (de la solution de CO_2 atmosphérique) et d'ions Ca^{+2} (dissous de roches continentales). Ces ions sont extraits de l'eau par plusieurs organismes, notamment les algues et invertébrés, et sont constitués en squelettes de carbonate de calcium. Les squelettes plus le carbonate de calcium précipité directement de l'eau forment des coraux et lits de calcaires associés. On trouve le plus souvent la calcite en petits cristaux cimentés pour constituer des calcaires massifs. La chaleur et la pression peuvent entraîner la recristallisation et la croissance de grains, comme dans les roches métamorphiques, le marbre. Les gros cristaux croissent également de solutions dans des cavités, comme dans les filons hydrothermaux et les cavernes. Les surfaces de clivage ne correspondent pas à des faces cristallines habituelles.

Cristallise dans le système rhomboédrique. Les cristaux dog-tooth-spar sont fréquents mais on trouve aussi d'autres formes. La calcite est molle (dureté de 3) et sa densité est de 2,71. Dans le calcaire, la calcite est blanche ou grise, finement grenue et massive, mais les cristaux peuvent être incolores ou en teintes de jaune, bleu, vert ou rose. Même en petites quantités, on peut la déceler en utilisant de l'acide chlorhydrique, elle devient effervescente.

SIDÉRITE, $FeCO_3$ (carbonate de fer), a la structure de la calcite, avec Fe^{+2} plutôt que Ca^{+2} aux positions métalliques. Est trouvé dans les filons sédimentaires de minerais de fer et en filons avec d'autres minerais de métaux. Est un important minéral de minerai de fer dans les argiles ferreuses d'Angleterre et de plusieurs autres endroits. Est plus dure (3,5-4,5) et plus dense (3,48-3,96) que la calcite. Survient généralement en teintes de brun, mais peut être verte, grise ou noire. S'oxyde et s'hydrolyse facilement pour former de la limonite.

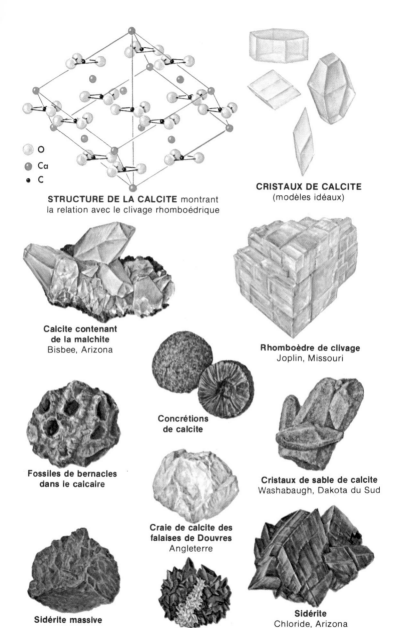

O

Ca

C

STRUCTURE DE LA CALCITE montrant
la relation avec le clivage rhomboédrique

CRISTAUX DE CALCITE
(modèles idéaux)

**Calcite contenant
de la malchite**
Bisbee, Arizona

Rhomboèdre de clivage
Joplin, Missouri

**Concrétions
de calcite**

**Fossiles de bernacles
dans le calcaire**

**Craie de calcite des
falaises de Douvres**
Angleterre

Cristaux de sable de calcite
Washabaugh, Dakota du Sud

Sidérite massive

Sidérite
Allevard, France

Sidérite
Chloride, Arizona

DOLOMITE, CaMg(CO$_3$)$_2$ (carbonate de calcium et de magnésium), a une structure semblable à celle de la calcite mais avec Mg^{+2} et Ca^{+2} qui alternent dans les positions métalliques. Pour cette raison, on la met souvent dans un autre groupe. Elle peut précipiter directement de solutions ou être formée par l'action de solutions riches en Mg sur la calcite. On trouve des roches de dolomite en plusieurs endroits sous forme de couches sédimentaires et comme produit d'un métamorphisme régional de roches de carbonate ailleurs. En apparence, est très difficile à distinguer de la calcite mais elle est moins soluble dans l'acide chlorhydrique et crée peu d'effervescence. Ses cristaux se forment dans des filons hydrothermaux avec d'autres minéraux de Mg. Elle est utilisée comme pierre ornementale et dans la fabrication du ciment et de certains oxydes de magnésium pour matériaux réfractaires. À cause de la différence de grosseur entre les ions Ca^{+2} et Mg^{+2}, il n'y a pas de solution solide totale avec la calcite.

Cristallise dans le système rhomboédrique en cristaux semblables à ceux de la calcite mais également avec des faces incurvées et des croissances complexes. A un clivage parfait en 3 directions. Son éclat est vitreux ou nacré et elle peut être blanche, jaune, brune, rouge, verte, grise ou noire. La couleur de la dolomite massive varie de blanc à gris. Ses propriétés sont semblables à celle de la calcite. On la trouve souvent dans des gisements de marbre grossier dans les régions de métamorphisme régional.

MAGNÉSITE, MgCO$_3$ (carbonate de magnésium), se forme par l'action de solutions riches en Mg sur les roches, l'altération de la calcite ou de la dolomite ou par la carbonatation de roches de silicates. A des propriétés semblables à celles de la calcite mais elle est plus dure (3,75-4,25) et plus dense (environ 3,48). Est effervescente dans l'acide chlorhydrique chaud (pas froid). Les principaux gisements sont trouvés dans les régions montagneuses de l'Europe et de l'ouest des USA et sur l'île d'Euboa en Grèce. Est une source de MgO pour l'industrie.

ANKÉRITE, Ca(Mg,Fe,Mn)(Co$_3$)$_2$ (carbonate de calcium et de magnésium-fer-manganèse), a déjà été désignée comme ferrocarbonate de calcium mais le matériel naturel contient beaucoup de magnésium et de manganèse. Ses propriétés sont semblables à celles de la dolomite et elle se trouve souvent aux mêmes endroits; en fait, elle n'est rien de plus qu'une variation chimique de la dolomite. Trouvée avec d'autres minéraux de fer en Autriche et d'autres régions des Alpes, au Mexique à Guanajuato, dans l'État de New York, en Nouvelle-Écosse et ailleurs.

RHODOCHROSITE, MnCO$_3$ (carbonate de manganèse) est appréciée des collectionneurs de minéraux à cause de sa couleur rouge rosé. Est trop molle pour être utilisée comme pierre précieuse. A des propriétés semblables à celles de la sidérite et survient à peu près aux mêmes endroits (p. 228); forme plusieurs solutions solides avec la sidérite. Peut être jaune, brune, grise ou rouge foncé selon sa composition. Est relativement rare; les spécimens purs sont trouvés comme gangue dans des filons avec d'autres minéraux de Mn.

SMITHSONITE, ZnCO$_3$ (carbonate de zinc), est formée par l'action de l'eau carbonatée sur le sulfure de zinc ou par l'altération de roches carbonatées par des solutions de zinc. Est souvent associée avec l'hémimorphite (calamine) et des gisements de plomb-zinc. Ses variétés poreuses sont appelées minerais dry-bone. Survient en croûtes, stalactites ou masses botryoïdales dans des filons ou lits. Est beaucoup plus dure (5,5) que la calcite et beaucoup plus dense (4,30-4,45). Habituellement blanche, peut être grise, verte, brune ou bleue. A un éclat vitreux ou nacré.

Cristaux de dolomite
Ossining, N.Y.

**Dolomite
(marbre de magnésie)**
Ossining, N.Y.

Dolomite, macle
Grisons, Suisse

Magnésite (massive)
Chewelah, Washington

**Cristaux de dolomite
avec pyrite**
Joplin, Missouri

Rhodochrosite
Colorado

Magnésite
Grèce

**Cristal de magnésite
(var. breunnérite)**
Pfitsch, Arizona

Rhodochrosite
Argentine

Cristaux d'ankérite
Marlboro, Vermont

Smithsonite
Chihuahua, Mexique

Smithsonite
Leadville, Colorado

Ankérite et quartz
Phoenixville, Pennsylvanie

Cristaux de smithsonite
Tsumeb, Afrique du Sud-Ouest

231

LE GROUPE DE L'ARAGONITE comprend des minéraux dont la structure diffère de celle des minéraux du groupe de la calcite (p. 228) ; les ions métalliques sont isolés par 9 ions d'oxygène au lieu de 6. Ce surplus d'isolation est rendu nécessaire par les gros ions baryum, strontium et plomb; c'est pourquoi les carbonates de ces ions ne peuvent avoir que la structure de l'aragonite. Toutefois, le carbonate de calcium, avec son ion de calcium plus petit, peut cristalliser soit comme calcite (dans des conditions normales) soit comme aragonite. La disposition des ions Ca^{+2} et $(CO_3)^{-2}$ est presque hexagonale et les cristaux sont souvent pseudohexagonaux.

ARAGONITE, $CaCO_3$ (carbonate de calcium), ne peut se former que dans certaines conditions peu connues, comme gisements dans des cavernes. À température et pression ordinaires, elle est instable et se transforme en calcite sur des périodes d'heures ou d'années. Plusieurs des organismes qui se construisent des coquilles en carbonate de calcium peuvent former de l'aragonite; de fait, certains ont des coquilles dont une partie est de l'aragonite et l'autre de la calcite. Lorsqu'un organisme se débarrasse d'une telle coquille, l'aragonite se transforme habituellement en calcite mais sa structure aciculaire caractéristique demeure dans la forme cristalline. On peut convertir l'aragonite en calcite à des températures ordinaires en la broyant en une poudre très fine.

Cristallise dans le système orthorhombique mais forme des macles cycliques à section hexagonale. A deux directions de clivage et un éclat vitreux. Survient en groupements de cristaux radiés ou en gisements massifs. Est souvent trouvée en gisements dans les cavernes, sources thermales et cavités de coulées de lave, et en précipités associés avec des lits de gypse. Est habituellement blanche mais certaines de ses variétés sont grises, vertes, jaunes, ou violettes. A une dureté de 3,5-4 et une densité de 2,94-2,95.

WITHÉRITE, $BaCO_3$ (carbonate de baryum), est associée à la barite, l'autre minéral important et plus commun de baryum, dans des filons hydrothermaux de basse température où la galène est le minerai majeur. Peut être altérée en barite sous l'action d'eaux sulfatées et la barite peut être altérée en withérite sous l'action d'eaux carbonatées. Cristallise dans le système orthorhombique en agrégats massifs, agrégats en colonnes et cristaux maclés presque hexagonaux. Est blanche, rarement grise ou jaune; a un éclat vitreux et est translucide à transparente. Clive dans deux directions. A une dureté de 3,5 et une densité de 4,3. Est trouvée au Kentucky, Montana, Illinois, Californie, Arizona, Ontario, Autriche, France, RFA, Tchécoslovaquie, U.R.S.S., Angleterre et Japon.

STRONTIANITE, $SrCO_3$ (carbonate de strontium) est l'analogue au strontium de la withérite. Est associée à la célestine (sulfate de strontium) dans des filons ou sans célestine dans des filons dans des calcaires. Ses propriétés sont semblables à celles de la withérite mais elle est plus souvent vert pâle (moins souvent blanche, grise, jaune ou brune) et a une densité de 3,72.

CÉRUSITE, $PbCO_3$ (carbonate de plomb), appelée minerai de plomb blanc, a des propriétés presque identiques à celles de la withérite mais est la plus dense de tous les carbonates (6,5). Est formée comme produit d'altération de l'anglésite (sulfate de plomb) et comme précipité de solutions de plomb. S'altère en hydrocérusite, $Pb_3(CO_3)_2(OH)_2$, carbonate de plomb basique, et on la confond avec celle-ci. Est effervescente dans l'acide.

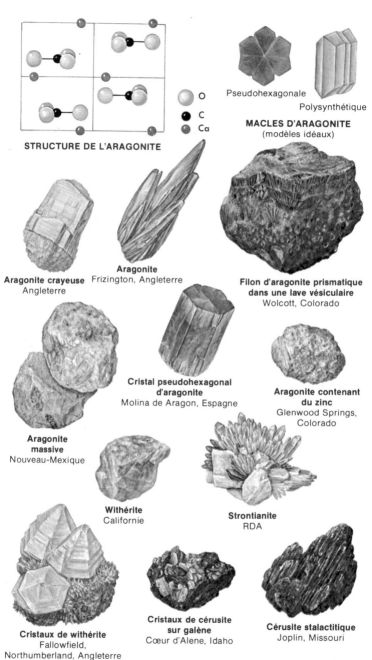

STRUCTURE DE L'ARAGONITE

O
C
Ca

Pseudohexagonale

Polysynthétique

MACLES D'ARAGONITE
(modèles idéaux)

Aragonite crayeuse
Angleterre

Aragonite
Frizington, Angleterre

**Filon d'aragonite prismatique
dans une lave vésiculaire**
Wolcott, Colorado

**Cristal pseudohexagonal
d'aragonite**
Molina de Aragon, Espagne

**Aragonite contenant
du zinc**
Glenwood Springs,
Colorado

**Aragonite
massive**
Nouveau-Mexique

Withérite
Californie

Strontianite
RDA

Cristaux de withérite
Fallowfield,
Northumberland, Angleterre

**Cristaux de cérusite
sur galène**
Cœur d'Alene, Idaho

Cérusite stalactitique
Joplin, Missouri

233

CARBONATES DIVERS

AZURITE, $Cu_3(CO_3)_2(OH)_2$ (carbonate de cuivre hydraté), nommée ainsi à cause de sa couleur bleue, ce qui la rend également populaire chez les collectionneurs. Sa couleur est caractéristique même si les teintes de bleu varient d'un spécimen à l'autre. N'est trouvée que dans les portions oxydées des filons de minerais de cuivre. Est formée par l'action du bioxyde de carbone et de l'eau sur les sulfures de cuivre ou par l'action de solutions de cuivre sur la calcite. A déjà été une importante source de cuivre mais les zones oxydées de surface où on la trouve ont été minées et on utilise maintenant les minerais de sulfure de cuivre plus profonds.

Cristallise dans le système monoclinique en cristaux tabulaires ou équidimensionnels transparents de couleur bleu pur et à éclat adamantin. Les beaux cristaux sont relativement rares. On la trouve plus comme matériel terreux associé de près à la malachite. A un clivage complexe et une densité de 3,77–3,89. Sa dureté est de 3,5-4. Elle est trop molle et clive trop facilement pour constituer une bonne pierre précieuse.

MALACHITE, $Cu_2CO_3(OH)_2$ (carbonate de cuivre hydraté), est plus abondante que l'azurite avec laquelle on la trouve. Comme elle, elle est un produit d'altération de sulfures de cuivre ou de la calcite. Elle a une couleur verte distincte. (Le produit d'altération vert qui se forme sur les toitures de cuivre des gros édifices est une sorte de malachite.) On la trouve dans les régions des mines de cuivre; en certains endroits, comme dans l'Oural en U.R.S.S., on a extrait des masses de malachite pesant plusieurs centaines de tonnes.

Cristallise dans le système monoclinique en gisements ou croûtes massifs; en masses botryoïdales, fibreuses ou stalactitiques ou en agrégats de minces cristaux en forme d'aiguilles. De plus, les agrégats terreux de malachite et d'azurite sont fréquents. Sauf pour sa couleur verte, elle a des propriétés très semblables à celles de l'azurite.

NATRON, $Na_2CO_3.10H_2O$ (carbonate de sodium hydraté), minéral soluble dans l'eau trouvé seulement comme dépôt laissé par l'évaporation de l'eau de lacs non drainés peu profonds de régions arides comme en Californie, au Nevada et au Moyen-Orient. Est toujours trouvé avec d'autres composés de soude, notamment le trona. À 34,5° C, perd beaucoup de son eau et s'y dissout. Cristallise dans le système monoclinique et est trouvé en revêtements ou croûtes granulaires. Est très mou (1–1,5) et léger (1,478).

TRONA, $Na_3H(CO)_2,2H_2O$ (carbonate acide de sodium hydraté), un autre carbonate monoclinique soluble dans l'eau. Est formé par l'évaporation de l'eau des lacs de «soude» de Californie, du Nevada, Égypte et Vénézuéla. Est appelé carbonate «acide» à cause de l'ion H[+1].

HYDROZINCITE, $Zn_5(CO_3)_2(OH)_6$ (carbonate de zinc hydraté), est un minéral secondaire formé par l'action d'eau carbonatée sur des minerais de zinc. A une structure monoclinique et est trouvé en croûtes terreuses massives.

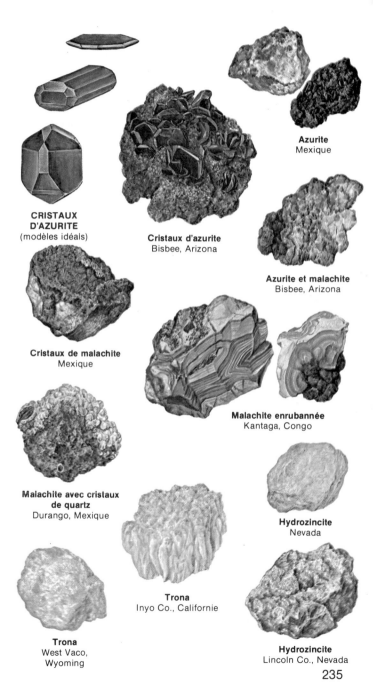

CRISTAUX D'AZURITE
(modèles idéals)

Cristaux d'azurite
Bisbee, Arizona

Azurite
Mexique

Azurite et malachite
Bisbee, Arizona

Cristaux de malachite
Mexique

Malachite enrubannée
Kantaga, Congo

Malachite avec cristaux de quartz
Durango, Mexique

Trona
Inyo Co., Californie

Hydrozincite
Nevada

Trona
West Vaco, Wyoming

Hydrozincite
Lincoln Co., Nevada

235

NITRATES

L'ion nitrate, NO_3^{-1}, a la même structure que l'ion carbonate, CO_3^{-2} mais avec une charge en moins. Cet ion complexe triangulaire se lie donc aux ions monovalents de terres alcalins pour former des cristaux ayant la structure de la calcite, comme pour la nitratite, et la structure de l'aragonite, comme pour le nitre. Étant tous solubles dans l'eau, les nitrates ne sont pas très répandus géologiquement mais sont importants dans la fabrication de deux produits anti-thétiques très utilisés: les engrais et les explosifs. On trouve 10 espèces de nitrates dans la nature mais seulement deux en quantités importantes: le nitre et la nitratite. Parmi les autres, on a la nitrammite, NH_4-NO_3, la nitrobarite, $Ba(NO_3)_2$, la nitrocalcite, $Ca(NO_3).4h_2O$, la nitromagnésite, $Mg(NO_3)_2.6H_2O$, la gerhardtite et la buttgenbachite, des nitrates complexes de cuivre, et la darapskite, un sulfato-nitrate de sodium hydraté. Ces nitrates ne sont pas importants d'un point de vue minéralogique.

NITRE, KNO_3 (nitrate de potassium), est trouvé en petites quantités en efflorescences dans les régions arides et avec de la nitratite et autres sels solubles en gisements de nitrates au Chili et dans d'autres régions désertiques. Est communément associé avec des matières organiques; l'action bactérienne sur les résidus de plantes et d'animaux forme des nitrates et le potassium est extrait d'argiles micacées. Le nitre a également été trouvé dans des cavernes de calcaire, associé avec le guano de chauve-souris, notamment au Kentucky, Tennessee et dans la vallée du Mississippi. Ces nitrates ont constitué une importante source utilisée pour la fabrication d'explosifs par les troupes confédérées américaines lorsque les troupes unionistes empêchèrent les livraisons de nitrate du Chili. Le nitre est également appelé salpêtre.

A une structure orthorhombique et forme des cristaux en aiguilles, des croûtes et des agrégats terreux ou massifs. Est gris ou blanc mais peut être mêlé à des impuretés colorantes. Est très soluble dans l'eau et a un goût salé rafraîchissant. Sa dureté est de 2 et sa densité de 2,1. À 129° C, sa structure devient orthorhombique comme celle de la calcite.

NITRATITE, $NaNO_3$ (nitrate de sodium), est trouvée avec le nitre, le gypse, la halite, les iodates et d'autres minéraux dans une ceinture de 700 km le long de la côte nord du Chili, une région où il y a peu de pluie. Cette ceinture varie en épaisseur de quelques centimètres à quelques mètres et est couverte d'un petit peu de roches et de sable. Avant la première guerre mondiale, presque tous les nitrates provenaient du Chili. Par la suite, on a développé des procédés pour fabriquer les nitrates à partir de l'azote de l'atmosphère.

À une structure rhomboédrique et survient souvent en agrégats massifs ou en croûtes sur des surfaces. Est incolore ou blanche en agrégats et souvent mélangée avec plusieurs autres minéraux. A une dureté de 1,5-2 et une densité de 2,25 lorsque pure. Est très soluble dans l'eau et a une saveur rafraîchissante. Trouvée en petites quantités en Nevada, Californie, Bolivie, Pérou, Afrique du Nord, Indes et U.R.S.S.

Nitratite (mouillée)
Tarapaca, Chili

Nitratite
La Noria, Chili

Nitratite
Tarapaca, Chili

UTILISATION DES NITRATES

LES EXPLOSIFS ont été fabriqués à partir de nitrates depuis l'avènement de la poudre à canon, fabriquée à partir de nitre, carbone et soufre au Moyen Âge. L'azote peut se combiner chimiquement à d'autres substances pour former toute une variété de composés instables. Il suffit de chaleur, d'un courant ou même d'un choc pour les dissocier ou les enflammer et produire un gaz occupant un volume beaucoup plus important que le solide ou liquide de départ. La nitroglycérine, $C_3H_5(NO_3)_3$, fabriquée en traitant la glycérine avec un mélange d'acides nitrique et sulfurique, a mené au développement de la dynamite, TNT, et d'autres explosifs qui ont changé la face du monde dans des guerres et en vertu d'utilisations pacifiques dans le domaine de la construction. L'ingrédient essentiel, l'acide nitrique, n'était fabriqué qu'à partir de minéraux de nitrate et de nitrates de déchets d'animaux avant le développement des méthodes d'extraction de l'azote de l'atmosphère.

LES ENGRAIS sont essentiels pour produire les grandes quantités de nourriture nécessaires pour supporter une population mondiale toujours croissante. La plupart des éléments nutritifs sont accessibles aux plantes sous une forme directement utilisable ; on les trouve dans l'air, l'eau, et le sol. Toutefois, l'azote, le potassium et le phosphore peuvent disparaître rapidement du sol et doivent être remplacés. Ces éléments compte pour plus de 80% de l'atmosphère, il n'y a que peu de plantes qui peuvent l'en extraire et la convertir en une forme organique utilisable. Les minéraux de nitrate solubles dans l'eau, notamment le nitre et la nitratite (aussi appelée salpêtre et salpêtre du Chili), constituaient des ressources importantes jusqu'à récemment. De nos jours, grâce au procédé Haber, on peut extraire l'azote de l'atmosphère pour l'utiliser à des fins industrielles et agricoles.

SULFATES

Les sulfates sont des composés d'oxygène et de soufre avec un ou plusieurs métaux. L'oxygène (O) et le soufre (S) forment l'ion sulfate, SO_4^{-2}, dans lequel un atome S est entouré de 4 atomes O situés aux coins d'un tétraèdre. Les deux charges négatives en excès sont distribuées uniformément parmi les atomes O. Les sulfates sont des minéraux complexes car les cations peuvent être accommodés de plusieurs façons parmi les ions SO_4^{-2} de la structure cristalline. On en a dénombré plus de 150. Plusieurs sont fortement hydratés et d'autres sont rares. Nous n'en décrirons que quelques-uns très importants. Certains sulfates moins importants ont été inclus pour illustrer leur diversité et pour montrer certaines similarités.

GYPSE, $CaSO_4.2H_2O$ (sulfate de calcium hydraté), est le sulfate le plus commun. Est trouvé en couches massives dans des roches sédimentaires avec du calcaire, des schistes, du grès et des argiles. Il peut être associé à des gisements de sulfures et de sel gemme. Survient en gypse commun et en trois variétés ayant des faciès distincts : albâtre, massive ; sélénite, transparente et foliée ; et spath satiné, fibreux, avec un éclat soyeux ou nacré. Il est de loin le plus important des sulfates à cause de son utilisation dans la fabrication du plâtre de Paris. Pour ce faire, le gypse est chauffé et perd 75% de son eau. La bassanite (plâtre de Paris) résultante peut absorber facilement l'eau et se reconvertir en gypse. Ce faisant, ses particules se recristallisent et deviennent fermement cimentées ensemble.

Cristallise dans le système monoclinique en cristaux prismatiques ou lamellaires et en matériel de remplissage de crevasses fibreux, agrégats radiés, groupements sur les murs des cavernes et couches massives constitutives de roches. Est habituellement blanc ou gris, mais peut être incolore en gros cristaux, rose en albâtre, ou brun et jaune en couches massives. A une dureté de 2 et une densité de 2,30. Est trouvé en quantités commerciales dans les États de New York, Michigan, Iowa, Kansas, Nouveau-Mexique, Colorado, Utah et au Canada, et dans divers pays européens.

ANHYDRITE, $CaSO_4$ (sulfate de calcium), est moins abondante que le gypse car elle absorbe facilement l'eau et se convertit en gypse. Est déposée par l'eau de mer et est donc trouvée dans des roches sédimentaires associées avec des lits de sel. Se trouve en plus petites quantités dans certains filons, dans des caliches (couches de nitrates) et dépôts de fumérolles. Cristallise dans le système orthorhombique en dépôts massifs habituellement. Ses cristaux sont rares. Est incolore lorsque pure et colorée lorsque impure. A une dureté de 3,5 et une densité de 3. A souvent un éclat nacré.

EPSOMITE, $MgSO_4.7H_2O$ (sulfate de magnésium hydraté), plus connue sous le nom de sel d'Epsom. Est un des nombreux sulfates très hydratés solubles dans l'eau. Trouvée dans des eaux minérales d'où elle se dépose, dans des régions de lacs salés, et comme efflorescences dans les cavernes et les mines. Cristallise dans le système orthorhombique en cristaux, croûtes granulaires ou agrégats fibreux, et en stalactites et masses botryoïdales. Contient souvent des quantités appréciables de nickel, manganèse, zinc et cobalt.

238

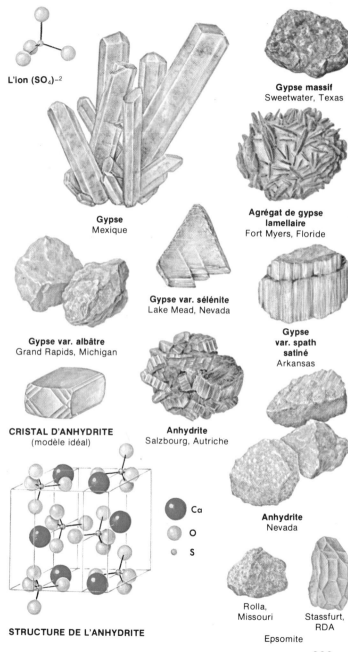

L'ion $(SO_4)^{-2}$

Gypse massif
Sweetwater, Texas

Gypse
Mexique

Agrégat de gypse lamellaire
Fort Myers, Floride

Gypse var. sélénite
Lake Mead, Nevada

Gypse var. albâtre
Grand Rapids, Michigan

Gypse var. spath satiné
Arkansas

CRISTAL D'ANHYDRITE
(modèle idéal)

Anhydrite
Salzbourg, Autriche

Ca
O
S

Anhydrite
Nevada

STRUCTURE DE L'ANHYDRITE

Rolla,
Missouri

Stassfurt,
RDA

Epsomite

239

LE GROUPE DE LA BARITE comprend la barite, la célestine et l'anglésite. Avec ces minéraux, on peut vraiment voir comment la structure peut être affectée par la grosseur des ions (voir à la page suivante). Les gros ions Ba^{+2}, Sr^{+2} et Pb^{+2} sont placés parmi les ions sulfate de façon à être entourés chacun par 10 ions oxygène. Les ions de baryum, de strontium et de plomb ont sensiblement la même grosseur et se combinent chimiquement à l'ion sulfate pour former des cristaux ayant la même structure. Il est donc possible d'avoir une solution solide totale (p. 32) parmi ces trois minéraux ; elle a été observée.

BARITE, $BaSO_4$ (sulfate de baryum), survient comme minéral de gangue commun, surtout dans des filons de plomb-zinc chez les calcaires comme à Joplin, Missouri. Est aussi répandue comme filons, matériel de remplissage de cavité et précipité inter-granulaire dans les calcaires et autres roches sédimentaires. On l'a trouvé dans des gisements de sources thermales et avec certains minerais d'hématite. Entre assez bien en solution solide avec la célestine et ses propriétés varient en conséquence ; les solutions solides avec l'anglésite sont moins communes. Elle est utilisée comme pigments dans les peintures et le papier ; en poudre fine, elle est mélangée à la boue de forage pour pouvoir contrôler sa densité durant le forage de puits de pétrole.

 Cristallise dans le système orthorhombique. Les cristaux tabulaires sont communs, moins les cristaux prisma-tiques. On la trouve également en agrégats massifs de cristaux, en concrétions globulaires et en variétés fibreuses. Les roses de barite, des groupements de cristaux radiés, souvent teintées par l'oxyde de fer, sont recherchées par les collectionneurs. Elle est habituel-lement incolore ou blanche mais peut être jaune ou brune ou peut être pigmentée par des inclusions. Sa dureté est de 3-3,5 et sa densité de 4,50.

ANGLÉSITE, $PbSO_4$ (sulfate de plomb), est l'analogue au plomb de la barite et de la célestine et a la même structure. Toutefois, son origine géo-logique est très différente. Elle n'est exclusivement qu'un produit d'alté-ration de la galène, PbS, et est trouvée dans des filons hydrothermaux. La cérusite, le carbonate de plomb, se forme habituellement simultanément et se mélange avec l'anglésite. Cris-tallise dans le système orthorhom-bique en cristaux prismatiques ou tabulaires bien formés. Elle est aussi massive, granulaire, nodulaire ou stalactitique. Les spécimens de galène altérés en surface en anglésite sont fréquents. Est incolore, blanche ou grise ; moins souvent jaune, verte ou bleue. Peut être transparente à opaque selon la grosseur des parti-cules et des inclusions de cérusite. A une dureté de 2,5-3 et une densité de 6,36.

CÉLESTINE, $SrSO_4$ (sulfate de stron-tium), nommée ainsi à cause de sa couleur bleue pâle distincte dans plusieurs spécimens bien cristallisés. Survient surtout dans les roches sédimentaires avec le gypse, l'anhy-drite et le sel gemme. On la trouve moins souvent comme gangue dans des filons et roches volcaniques. Cristallise dans le système ortho-rhombique, en cristaux tabulaires ou allongés bien développés, et a un clivage en trois dimensions. Est aussi trouvée comme petits filons fibreux, agrégats radiés, gisements finement grenus, fibreux, massifs. Sa couleur habituelle varie de blanc à bleu pâle mais peut être teintée en rouge, brun ou vert. A un éclat vitreux. Ses variétés terreuses sont mélangées avec de l'argile. A une dureté de 3-3,5 et une densité de 3,97 qui varie avec sa teneur en baryum et en calcium. On la trouve partout dans le monde en petites quantités.

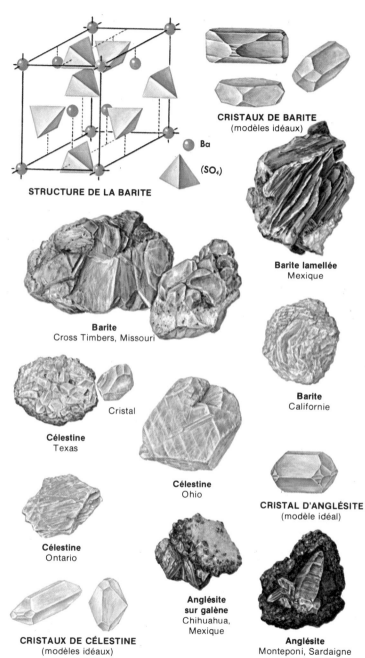

STRUCTURE DE LA BARITE

Ba

(SO₄)

CRISTAUX DE BARITE
(modèles idéaux)

Barite lamellée
Mexique

Barite
Cross Timbers, Missouri

Barite
Californie

Célestine
Texas

Cristal

Célestine
Ohio

CRISTAL D'ANGLÉSITE
(modèle idéal)

Célestine
Ontario

**Anglésite
sur galène**
Chihuahua,
Mexique

CRISTAUX DE CÉLESTINE
(modèles idéaux)

Anglésite
Monteponi, Sardaigne

241

BROCHANTITE, $Cu_4(SO_4)(OH)_6$ (sulfate de cuivre hydraté), est un minéral secondaire formé par l'oxydation des minerais de sulfures de cuivre ; on la trouve surtout dans des régions arides. Même si les sulfures sont habituellement stables aux températures et pressions régnant à proximité de la surface terrestre, la présence d'eau, d'oxygène et d'acides crée un environnement chimique dans lequel ils ne peuvent exister. L'oxydation des minerais de sulfures est donc analogue au vieillissement chimique des roches ignées ou métamorphiques. La couleur verte est caractéristique et est typique des ions Cu^{+2} dans la structure cristalline.

 Cristallise dans le système monoclinique en cristaux prismatiques courts, agrégats de cristaux en aiguilles, masses granulaires et croûtes. A un clivage parfait en une direction et une cassure quelconque. Prend diverses teintes de vert, a un éclat vitreux, est translucide à transparente et soluble dans les acides. A une dureté de 3,5-4 (trop molle pour être utilisée comme pierre précieuse) et une densité de 4,09. Est trouvée dans plusieurs régions minières de cuivre des USA (Ariz., Color., Utah, N.-Mex., Idaho, Calif.), d'Europe, d'Australie, d'Afrique et d'Amérique du Sud.

ANTLÉRITE, $Cu_3(SO_4)(OH)_4$ (sulfate de cuivre hydraté), est trouvée avec la brochantite et se forme de la même façon, mais a plus de sulfates par rapport au cuivre. Se forme à des concentrations de sulfates plus élevées, la brochantite à des concentrations plus faibles. Cristallise dans le système orthorhombique en cristaux tabulaires en et agrégats fibreux, petits filons ou masses granulaires. Ses propriétés ressemblent beaucoup à celles de la bronchantite. On l'identifie en étudiant ses formes cristallines. Est trouvée dans plusieurs régions où on mine le cuivre.

GLAUBÉRITE, $Na_2Ca(SO_4)_2$ (sulfate de sodium et de calcium), est un sel double intéressant. Est stable à l'air sec mais dans l'eau se sépare en Na_2SO_4 (mirabilite) et $CaSO_4.2H_2O$ (gypse). On ne la trouve donc que dans les régions très arides, comme dans les gisements de nitrate du Chili, les lacs asséchés de Californie et d'anciens gisements de sel des USA, d'Europe, d'URSS et des Indes. Cristallise dans le système monoclinique en cristaux tabulaires ou prismatiques pris dans des gisements de sel et dans des cavités de laves basiques. Est habituellement grise ou jaune, mais dans les cristaux inaltérés, est incolore et transparente. Sa dureté est de 2,5-3 et sa densité de 2,81.

LE GROUPE DES ALUNS est vaste et comprend des produits chimiques ayant la formule générale $M^{+1}M^{+3}(SO_4)_2.12H_2O$, où M^{+1} est un gros ion comme K^{+1}, $NH_4)^{+1}$, Rb^{+1} ou Cs^{+1} et M^{+3} un petit ion comme Al^{+3} ou F^+. Les aluns naturels sont constitués de combinaisons de ces ions avec l'ion sulfate. De plus, on a synthétisé un nombre d'aluns avec l'ion séléniate, (SeO_4^{-2}), au lieu de l'ion sulfate. Les aluns ont tous la même structure et des solutions solides sont possibes entre eux. Trois aluns ont été décrits comme minéraux : l'alun potassique, $KAl(SO_4)_2.12H_2O$, alun commercial utilisé dans le crayon styptique, la tschermigite, $NH_4Al(SO_4)_2.12H_2O$ et la mendozite, $NaAl(SO_4)_2.12H_2O$, qui diffère en structure des autres espèces. L'alun forme des cristaux cubiques, surtout en efflorescences dans des roches argileuses ou des gisements de charbon, en gisements provenant de vapeurs sulfureuses dans des régions de sources thermales ou de volcans et dans certaines cavernes. Ils sont tous solubles dans l'eau, ont un goût astringent et perdent rapidement de l'eau lorsqu'on les chauffe. Les aluns commerciaux sont fabriqués à partir de l'alunite, $KAl_3(SO_4)_2.(OH)_6$. Lorsque purs, ils sont blancs.

CRISTAL DE BROCHANTITE
(modèle idéal)

Brochantite
Tsumeb, Afrique du Sud-Ouest

CRISTAUX D'ANTLÉRITE
(modèles idéaux)

Brochantite
Chuquicamata, Chili

GLAUBÉRITE
(modèle idéal)

Kalinite (alun potassique)
Tonapah, Nevada

Glaubérite
Ciempozuelos, Espagne

Tschermigite (alun d'ammonium)
Wamsutter, Wyoming

243

PHOSPHATES, ARSÉNIATES ET VANADATES

Les unités de base de ces minéraux — l'ion phosphate, $(PO_4)^{-3}$, l'ion arséniate, $(AsO_4)^{-3}$, et l'ion vanadate, $(VO_4)^{-3}$, sont tétraédriques, comme l'ion sulfate (p. 238). Les trois charges négatives de chacun des ions, distribuées uniformément sur les quatre atomes d'oxygène, sont neutralisées par des ions métalliques, formant ainsi des cristaux relativement denses. Il y a plus de 240 espèces reconnues de minéraux de ce genre, la plupart étant rares. Nous ne décrirons que quelques espèces communes. Les phosphates sont des minéraux abondants et sont importants comme engrais. Les arséniates et vanadates sont beaucoup plus rares mais sont d'importantes sources d'éléments rares, notamment l'uranium.

TURQUOISE, $CuAl_6(PO_4)_4(OH)_8.4H_2O$ (phosphate basique hydraté d'aluminium avec du cuivre), est une pierre précieuse populaire à cause de sa couleur bleue et de ses fines veines. Est formée par l'altération de roches de surface contenant de l'aluminium, avec le cuivre provenant du vieillissement de sulfures de cuivre et les phosphates probablement dissous de l'apatite. Est presque toujours finement grenue ; une de ses variétés riche en fer, la chalcosidérite, se forme en croûtes de petits cristaux. La turquoise est trouvée en association avec la limonite, la kaolinite et la calcédoine dans des filons étroits et des plaques dans la lave et dans certaines pegmatites. Certains spécimens de turquoise naturelle sont teints artificiellement lorsque leur couleur n'est pas bonne. On n'a pas encore réussi à produire la turquoise de façon synthétique. On vend souvent des mélanges de phosphates d'aluminium et de cuivre ayant la même couleur que la turquoise ; on les fait passer pour des turquoises.

Cristallise dans le système triclinique, habituellement en masses denses, croûtes et petits filons. Est bleu pâle, vert-bleu et verte. Les très petits cristaux sont rares et sont d'un bleu profond transparent. D'autres minéraux surviennent dans des petites veines des meilleures turquoises. Sa dureté est de 5-6 et sa densité de 2,6-2,8. Les beaux spécimens sont trouvés en Arizona, Californie, Colorado, Nouveau-Mexique, Virginie, Iran, Sibérie, France et RFA.

LAZULITE, $(Mg,Fe)Al_2(PO_4)_2(OH)_2$ (alumino-phosphate basique de magnésium et de fer), ne doit pas être confondue avec la lazurite, ou lapis lazuli. Contrairement à la turquoise, elle est formée à haute température dans des roches métamorphiques, des filons de quartz dans ces roches et dans les pegmatites granitiques. Certains cristaux transparents constituent de belles pierres précieuses. De plus, elle est dure (5,5-6) et résiste au clivage. Néanmoins, elle est populaire comme pierre précieuse à cause de sa variété de couleurs bleues inhabituelles et de son éclat vitreux.

Cristallise dans le système monoclinique en cristaux prismatiques et tabulaires et en masses granulaires. Est bleu azur, bleu pâle, bleu foncé ou vert-bleu. Son trait est blanc. Son état est vitreux. Sa densité est de 3,08-3,38 selon sa teneur en fer. Les variétés riches en fer sont appelées scorzalite. Les bons spécimens viennent de Georgie, Caroline du Nord, Vermont, Californie, Nouveau-Mexique, Suisse, Autriche, Suède, Madagascar, Brésil. La couleur varie avec le rapport Mg:Fe.

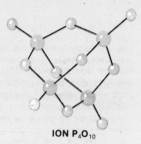

ION PO₄

P O

ION P₄O₆

ION P₄O₁₀

Turquoise avec quartz
Arizona

Turquoise
Taillée en cabochon

Turquoise
près de Cerrillos,
Nouveau-Mexique

Turquoise (toile d'araignée)
Nouveau-Mexique

Cristal de lazulite
Graces Mts,
Lincoln Co., N.C.

Cristaux de lazulite
Salsbourg, Autriche

Cristaux de lazulite
Graves Mts, Georgie

APATITE, $Ca_5(PO_4)_3(OH,F,Cl)$ (phosphate de calcium avec hydroxyle, fluor et chlore), est le phosphate le plus commun. Survient comme minéral accessoire dans les roches ignées (surtout les pegmatites granitiques) et les roches métamorphiques et sédimentaires. Si elle est riche en OH, on l'appelle hydroxyapatite ; en F, fluorapatite ; en Cl, chlorapatite. Elle est le principal constituant des dents et des os chez les mammifères. La fluor-apatite étant très résistante à l'attaque des acides, l'incorporation de fluor dans les dents durant la croissance aide à prévenir la carie. Pouvant se substituer facilement au calcium, le strontium radioactif et le plomb toxique de l'environnement sont absorbés par les os humains. Des gisements de phosphate provenant surtout de fossiles d'os et de coquillages sont trouvés dans le sud-est des USA et ailleurs ; ils constituent la principale source d'engrais au phosphate.

Cristallise dans le système hexagonal. Survient en cristaux prismatiques ou tabulaires transparents et vitreux ou en agrégats granulaires ou fibreux ternes. Lorsque pure, est blanche ; elle est plus souvent verte, brune, jaune ou bleue. À un trait blanc. Son clivage est mauvais et sa cassure est conchoïdale. Sa densité est de 3,1-3,4 et sa dureté de 5. Trouvée en petites quantités partout dans le monde.

MONAZITE, $(Ce,La,Th)PO_4$ (phosphate de cérium, lanthane et thorium), peut aussi contenir de l'uranium en plus de Ce, La et Th et être donc la principale source de ces matériaux de base de plus en plus importants. Est trouvée comme minéral accessoire en petites quantités dans les roches ignées granitiques ; à cause de sa grande densité, 5,0-5,3, subit souvent une ségrégation par l'action de cours d'eau et est concentrée dans des sables de rivières et de plages comme gisements de placers. Des gisements commerciaux existent au Brésil, Inde, Malaisie, N.-Zélande et sud-est des U.S.A. Les spécimens qui contiennent de l'uranium et du thorium sont utilisés pour évaluer l'âge des roches ignées par analyse isotopique. Cristallise dans le système monoclinique. Survient en petits cristaux allongés ou équidimensionnels avec des faces bien développées, distribués de façon éparse dans les granites et en gros cristaux dans certaines pegmatites. Les sables de monazite sont constitués de grains fins, de cristaux arrondis. Est habituellement translucide lorsque en cristaux. Sa couleur est rouge ou brune, son éclat résineux, son clivage en une dimension et sa cassure conchoïdale ou quelconque. Sa dureté est de 5-5,5. Contient également souvent de l'yttrium, du néodyme et d'autres lanthanures.

ÉRYTHRITE, $(CO,Ni)_3(AsO_4)_2.8H_2$ (arséniate hydraté de cobalt et de nickel), est semblable à la vivianite en structure, en mode de formation et en emplacements géologiques. Ceci illustre la similarité chimique entre les phosphates et arséniates. Contient plus de Co que de Ni ; l'annabergite est le même minéral mais avec plus de Ni que de Co. Sa couleur est rougeâtre.

VIVIANITE, $Fe_3(PO_4)_2.8H_2O$ (phosphate hydraté de fer), phosphate secondaire formé par l'altération de gisements de minerai près de la surface ou phosphates primaires dans les pegmatites. Survient en petits cristaux prismatiques (système monoclinique) ou en masses et croûtes globulaires. Peut être incolore, bleue ou verte.

VARISCITE, $(Al,Fe)PO_4.2H_2O$ (phosphate hydraté de fer et d'aluminium) est formée par dépôt direct d'eau contenant des phosphates qui a réagi avec des roches riches en Al dans un milieu près de la surface. Survient en masses finement grenues en nodules, matériel de remplissage de cavités et croûtes. Orthorhombique, vitreuse, blanche à verdâtre. Sa variété riche en Fe est la strengite. Forme des solutions solides totales.

CRISTAUX D'APATITE
(modèles idéaux)

Cristaux d'apatite
Durango, Mexique

Apatite massive
Wilberforce, Ontario

Apatite avec biotite
Caroline du Nord

Cristaux d'apatite
Renfrew, Ontario

Arendal

Iveland

Cristaux de monazite
Norvège

Vivianite
Victoria, Australie

Érythrite
Cobalt, Ontario

Sable de monazite
Travancore, Inde

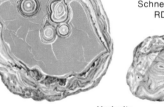

Érythrite
Schneeberg,
RDA

Monazite
San Miguel Co.,
Nouveau-Mexique

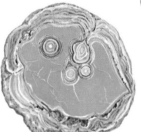

Variscite
Lewiston, Utah

247

CARNOTITE, $K_2(UO_2)_2(VO_4)_2.nH_2O$ (vanadate de potassium et d'uranium), est le principal minerai d'uranium. L'uranium joue un rôle important en énergie nucléaire. Chimiquement, est très semblable aux phosphates et vanadates. Elle est le résultat de l'altération de minéraux contenant du vanadium et de l'uranium par l'eau près de la surface. Survient en croûtes ou comme matériel de remplissage de cavités de couleur jaune ou jaune verdâtre très caractéristique ; on la trouve également incorporée à du bois pétrifié. Des gisements majeurs existent dans la région du plateau du Colorado des U.S.A. (Colorado, Utah, Nouveau-Mexique et Arizona), surtout en matériel intergranulaire dans du grès et du bois pétrifié, à Radium Hill, Australie du Sud, dans la province du Katanga au Congo, et au Canada. L'uraninite, UO_2, extraite de la pechblende où elle survient avec le radium, est également une source majeure d'uranium.

Cristallise probablement dans le système orthorhombique, (sa structure n'a jamais été bien définie). Est très finement cristallisée et survient toujours en agrégats mous. Sa teneur en eau varie avec l'humidité. Ses cristaux semblent avoir le clivage en plaques dans une direction. Son éclat est habituellement terne ou terreux mais les gros cristaux semblent nacrés. Sa densité est près de 5. Survient avec la tuyuamunite et plusieurs autres minéraux vanadates.

TYUYAMUNITE, $Ca(UO_2)_2(VO_4)_2.nH_2O$ (vanadate de calcium et d'uranium), semble avoir une structure différente de celle de la carnotite mais est chimiquement semblable, dans son clivage net en plaques et ses teintes de jaune. Comme la carnotite, est formée par l'action de l'eau sur des minéraux contenant du vanadium et de l'uranium, mais contient du calcium au lieu de potassium. Que la carnotite ou la tuyuamunite se forme dans de telles conditions dépend de la teneur en calcium ou en potassium des roches où les dépôts se forment. Si les deux sont présents, les deux minéraux se forment, comme dans le plateau du Colorado ; si le potassium est absent, seule la tuyuamunite se forme, comme à Tuyua Muyun, une butte dans le Turkistan en URSS d'où elle tire son nom et où elle survient dans des cavités et cavernes dans le calcaire ($CaCO_3$). Cristallise dans le système orthorhombique en agrégats radiés ou de plaquettes. Ses propriétés varient selon sa teneur en eau laquelle varie avec l'humidité. Sa dureté est environ 2 et sa densité entre 3,3 et 4,4. Ses surfaces de clivage ont un éclat nacré. Ses cristaux peuvent être translucides à opaques. Elle est aussi trouvée comme minéral de substitution dans le bois pétrifié.

AMBLYGONITE, $(Li,Na)Al(PO_4)(F,OH)$, (fluophosphate d'aluminium, lithium et sodium), est formée directement par précipitation dans les dernières étapes de formation du granite dans les pegmatites ; est associée avec d'autres minéraux de lithium et de l'apatite. Survient aussi dans des filons de haute température d'étain avec la cassitérite et le topaze. Si elle est riche en Na, s'appelle *natromontébrasite* ; elle est toujours riche en Li. Les compositions intermédiaires sont appelées *montébrasite*. Cristallise dans le système triclinique, est cassante, et a trois directions de clivage bien développées. Est habituellement blanche, mais peut être vert pâle, rose ou bleue. A une dureté de 5,5-6 et une densité de 3-3,1. A un éclat vitreux ou nacré.

TRIPHYLITE, $LiFePO_4$ (phosphate de lithium et de fer), comme l'amblygonite, est précipitée directement dans les pegmatites granitiques en plusieurs localités. Si elle contient du Mn au lieu de Fe, on l'appelle lithiophilite. Cristallise dans le système orthorhombique en agrégats massifs ou moins souvent en cristaux prismatiques. Est bleuâtre ou gris verdâtre, jaune, brune ou saumon ; ses surfaces sont complètement altérées en noir. Sa dureté est de 4-5 et sa densité de 3,3-3,6 selon sa teneur en Mn.

Carnotite
Montrose Co., Colorado

Carnotite
Naturita, Colorado

Tyuyamunite
Valencia Co.,
Nouveau-Mexique

Amblygonite rose
Keystone,
Dakota du Sud

Amblygonite
Pala, Californie

Tyuyamunite
Fergana, URSS

Triphylite
New Hampshire

Triphylite
Peru, Maine

PYROMORPHITE, $Pb_3(PO_4,AsO_4)_3Cl$ (chlorophosphate-arséniate de plomb), comme plusieurs phosphates, elle survient dans des zones de vieillissement de filons contenant du plomb en association avec d'autres phosphates, carbonates et sulfates. Est formée par l'oxydation des minéraux des minerais, de la gangue et des roches des murs par l'eau. Comme c'est le cas pour plusieurs produits d'altération, elle est pseudomorphe — c'est-à-dire que ses cristaux prennent la forme des minéraux, galène et cérusite, qu'elle remplace. Ici, il y a plus de phosphate que d'arséniate; dans la mimétite, l'arséniate domine. Les deux minéraux sont trouvés dans plusieurs régions productrices de plomb du monde.

Cristallise dans le système hexagonal en cristaux prismatiques ou tabulaires (habituellement transparents), en agrégats globulaires ou en petits grains. Peut être verte, jaune, brune, orange, rouge, blanche ou incolore, selon sa composition. A un éclat résineux et un trait blanc. N'a pas de clivage bien développé et sa cassure est quelconque. Sa dureté est de 3,5-4 et sa densité de 7,0-7,3.

VANADINITE, $Pb_5(VO_4)_3Cl$ (chlorovanadate de plomb), comme la pyromorphite, est un minéral secondaire formé par l'altération de minerai de plomb par l'eau. Leur similitude chimique et possiblement structurale illustre l'étroite relation entre les phosphates, arséniates et vanadates. De fait, les spécimens naturels de vanadinite contiennent souvent des quantités de phosphates et d'arséniates qui remplacent le vanadate ainsi que du calcium qui se substitue au plomb. Il n'y a pas de minéral primaire de vanadium; on a plutôt du vanadium (V) distribué en petites concentrations en solution solide dans les minéraux primaires. L'action des eaux près de la surface sert à concentrer le vanadium en déposant les vanadates (VO_4). Cette concentration est la cause des gisements de vanadium d'importance commerciale. La vanadinite cristallise dans le système hexagonal en cristaux prismatiques (souvent des squelettes) et en agrégats aciculaires ou globulaires. Peut être rouge, orange, jaune ou brune avec un éclat adamantin ou quelque peu résineux. A une cassure conchoïdale ou quelconque. N'a pas de clivage. Sa dureté est de 2,75-3 et sa densité de 6,5-7,1. Survient notamment dans l'ouest des U.S.A., au Mexique, Argentine, URSS, Autriche, Écosse, Congo et en Afrique du Nord.

TORBERNITE, $Cu(UO_2)_2(PO_4)_2.nH_2O$ (phosphate hydraté de cuivre et d'uranium), minéral secondaire formé par l'altération de l'uraninite. Est trouvée en intercroissances avec l'autunite. notamment dans la province de Katanga au Congo, les Alpes, la région de Cornwall en Angleterre, les Flinders Range en Australie du Sud et aux U.S.A., dans les régions d'uranium du sud-ouest et dans certaines pegmatites des Appalaches. Cristallise dans le système quadratique en cristaux tabulaires et en agrégats parallèles ou micacés. A un éclat vitreux et est habituellement vert vif. A une dureté de 2-2,5 et une densité de 3,22. A un clivage parfait en une direction. Sa dureté est de 2-2,5 et sa densité de 3,1-3,2.

AUTUNITE, $Ca(UO_2)_2(PO_4)_2.nH_2O$ (phosphate hydraté de calcium et d'uranium), est comme la torbernite en structure, du point de vue chimique et comme mode de formation. Les deux surviennent ensemble mais il y a peu de solutions solides entre eux. Est plus commune dans les pegmatites, comme à Smoky Mts en Caroline du Nord. Survient en cristaux tabulaires minces et en agrégats de flocons ou en croûtes. Est jaune à jaune verdâtre, a un éclat vitreux et est transparente en feuilles minces. Est très fluorescente à la lumière ultraviolette. A un clivage parfait en une direction. Sa dureté est de 2-2,5 et sa densité de 3,1-3,2.

Pyromorphite
Panamint Mts, Californie

**CRISTAUX DE
PYROMORPHITE**
(modèles idéaux)

CRISTAUX DE VANADINITE
(modèles idéaux)

Torbernite
Mine Old Gunnis Lake,
Cornwall, Angleterre

Vanadinite
Apache Mine, Globe,
Arizona

Autunite
Caroline du Nord

Vanadinite
Shafter, Texas

Autunite
Grafton Center, N.H.

251

CHROMATES

Comme c'est le cas pour les métaux de transition en général, le chrome, Cr, se combine chimiquement à l'oxygène, O, selon plusieurs degrés d'oxydation. La crocoïte et la tarapacaïte sont typiques des chromates communs, avec Cr dans le degré d'oxydation +6. La lopézite est plus rare et a Cr dans le degré d'oxydation +5. L'ion chromate, $(CrO_4)^{-2}$, est un tétraèdre comme l'ion sulfate, $(SO_4)^{-2}$. Les charges négatives nettes des ions chromates sont compensées par des ions de métal placés dans le tétraèdre et liant la structure. La grosseur de ces ions et leur disposition dans les tétraèdres déterminent le type de structure. Les chromates sont une source de chrome, lequel est utilisé dans l'électroplaquage de l'acier, comme pour les pare-chocs et les garnitures d'automobiles, et pour être allié à du fer pour faire des aciers inoxydables. Le chromite, $FeCr_2O_4$ (p. 140), en est la source principale.

CROCOÏTE, $PbCrO_4$ (chromate de plomb), est populaire chez les collectionneurs à cause de sa couleur frappante orange, rouge ou jaune et ses beaux cristaux prismatiques à faces adamantines et bien lisses. Est un minéral secondaire formé par l'altération de minerais de plomb et associé avec du carbonate de plomb et des tungstates, vanadates, et molybdates. Est trouvée notamment au Brésil, Philippines, Tasmanie et Rhodésie. Aux U.S.A., elle est trouvée avec des tungstates dans les mines des comtés Inyo et Riverside en Californie et des comtés Maricopa et Pinal en Arizona. Les relations entre sa structure et sa composition sont très complexes. Sa grande densité et son insolubilité dans l'eau le distinguent d'autres chromates orangés.

Cristallise dans le système monoclinique en cristaux prismatiques bien développés ou en forme massive ou granulaire. A un bon plan de clivage. Sa dureté est de 2,5-3 et sa densité est d'environ 6. A un éclat vitreux à adamantin. Offre un trait orangé. Les bons cristaux sont transparents. Est très stable dans l'air et insoluble dans l'eau.

TARAPACAÏTE, K_2CrO_4 (chromate de potassium), est soluble dans l'eau et trouvée avec la lopézite dans des gisements chiliens de nitrates dans les provinces d'Atacama, Tarapaca et Antofagasta. Le fait que la lopézite et la tarapacaïte surviennent ensemble est intéressant car elles ont des degrés d'oxydation de chrome différents et du fait qu'elles dépendent de la composition de l'eau dans laquelle survient la précipitation. Elle cristallise dans le système orthorhombique en cristaux tabulaires transparents jaunes. Est molle et cassante. A une densité de 2,74.

LOPÉZITE, $K_2Cr_2O_7$ (bichromate de potassium), est trouvée en petits agrégats dans les gisements chiliens de nitrates avec la tarapacaïte. Est intéressante à cause du degré de réduction du chrome. Le composé a été bien étudié sous forme de cristaux synthétiques mais il est rare à l'état naturel à cause de sa solubilité dans l'eau. Le matériel synthétique est triclinique avec des cristaux bien formés ayant de bons clivages en trois directions. Sa dureté est de 2,5 et sa densité de 2,7. A une couleur rouge orangé; les cristaux bien développés sont transparents.

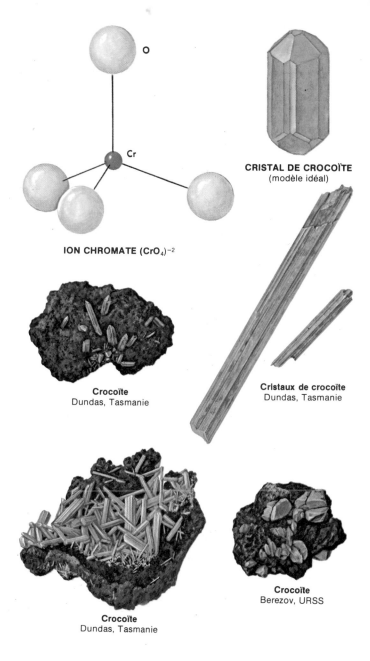

O

Cr

ION CHROMATE $(CrO_4)^{-2}$

CRISTAL DE CROCOÏTE
(modèle idéal)

Crocoïte
Dundas, Tasmanie

Cristaux de crocoïte
Dundas, Tasmanie

Crocoïte
Dundas, Tasmanie

Crocoïte
Berezov, URSS

253

TUNGSTATES ET MOLYBDATES

L'ion tungstate, $(WO_4)^{-2}$, et l'ion molybdate, $(MoO_4)^{-2}$, sont tellement semblables chimiquement que les tungstates et molybdates sont toujours trouvés en association avec des solutions solides entre eux, comme c'est le cas dans le groupe de la wulfénite (p. 256). Les anions sont des tétraèdres déformés avec l'atome de tungstène W ou l'atome de molybdène Mo lié à 4 atomes d'oxygène par des liaisons covalentes. Les tungstates ont une importance industrielle; le tungstène allié à du fer donne un acier très fort et très résistant à la corrosion. Le tungstène est presque utilisé exclusivement pour faire des filaments d'ampoules électriques, de tubes électroniques et de tubes à rayons X. Puisqu'il s'oxyde rapidement et brûle à haute température dans l'air, ces ampoules et tubes doivent être mis sous vide. Avec le développement de réacteurs nucléaires pour la production d'électricité, le tungstène, le molybdène et le tantale, tous des métaux réfractaires, ont pris de l'importance. On les utilise pour faire des gaines pour les tiges de carburant, mélanges d'oxydes d'uranium et de plutonium, car ils sont non réactifs, ont un point de fusion élevé et conduisent bien la chaleur.

LE GROUPE DE LA WOLFRAMITE est une série de solutions solides entre la hubnérite, $MnWO_4$, et la ferbérite, $FeWO_4$, avec Mn et Fe dans le degré d'oxydation +2. On trouve rarement des membres d'extrémité presque purs et le nom wolframite s'applique aux compositions intermédiaires. Les minéraux de ce groupe sont des minerais majeurs de tungstène.

WOLFRAMITE, $(Fe,Mn)WO_4$ (tungstate de fer et de manganèse), désigne une série de minéraux primaires de haute température trouvés dans des filons de sulfures et dans des pegmatites. Survient dans plusieurs localités, les plus gros gisements étant dans la chaîne de montagnes Nanling dans le sud de la Chine. Il y a d'autres gisements commerciaux dans l'ouest des U.S.A., à Cornwall en Angleterre, dans la péninsule malaisienne, en Australie, Portugal, Birmanie et Bolivie. Cette série illustre bien les variations de propriétés avec la composition. Par exemple, la densité de l'hubnérite naturelle est de 7,12; elle augmente linéairement avec la teneur en fer jusqu'à 7,51 pour la ferbérite naturelle. De la même façon, les propriétés de structure, optiques et physiques varient linéairement avec la composition.

Cristallise dans le système monoclinique (presque orthorhombique) en cristaux prismatiques ou tabulaires bien développés avec un plan de clivage, en groupements de cristaux en lames, en groupements massifs granulaires, ou en intercroissances de cristaux en aiguilles. Est cassante, a une cassure quelconque et une dureté de 4-4,5. Son éclat est submétallique ou adamantin. L'hubnérite est transparente, ses spécimens riches en fer sont opaques. La couleur varie avec le rapport Mn : Fe; elle peut être brune, jaune, grise ou noire, souvent avec des rubans colorés. Le trait varie également. La ferbérite est quelque peu magnétique. Ces minéraux sont très stables dans l'air.

Wolframite
Bohemia Region,
Tchécoslovaquie

Hubnérite
Bonita Mt,
Silverton, Colorado

Hubnérite
Tupiza, Bolivie

WOLFRAMITE, FERBÉRITE

Dans du schiste avec du quartz

Minerai massif noir

Massive avec quartz

WOLFRAMITE, HUBNÉRITE

Dans du quartz
San Juan, Colorado

Avec quartz
Missouri

Avec quartz
Pima Co., Arizona

LE GROUPE DE LA SCHÉÉLITE est une série de solutions solides incomplète entre la schéélite, $CaWO_4$, et la powellite, $CaMoO_4$. Les minéraux près de l'extrémité schéélite de la série, $Ca(WO_4, MoO_4)$, sont plus communs et sont appelées généralement shéélites. La structure du groupe (page suivante) est constituée d'ions $(WO_4)^{-2}$ et $(MoO_4)^{-2}$ en forme de tétraèdres plats avec des ions Ca^{+2} placés entre eux.

SCHÉÉLITE, $Ca(WO_4, MoO_4)$ (tungstate-molybdate de calcium), représente une série de minéraux primaires de haute température, comme la wolframite. Est trouvée dans des gisements de métamorphisme de contact, des filons hydrothermaux avec du quartz près de masses granitiques et dans des pegmatites. Elle est très répandue et lorsque abondante, constitue un important minerai de tungstène. Certains des plus importants gisements sont situés dans le nord-est du Brésil ; près de Mill City, Nevada et dans les comtés d'Inyo, San Bernardino et Kern de Californie. La substitution de $(MoO_4)^{-2}$ pour $(WO_4)^{-2}$ a été évaluée dans certains minéraux jusqu'à un rapport Mo:W de 1:1,38. Quelques Mg^{+2} se substituent à Ca^{+2}. La substitution de $(WO_4)^{-2}$ pour $(MoO_4)^{-2}$ dans la powellite peut s'élever jusqu'à un rapport Mo:W d'environ 9:1.

Cristallise dans le système quadratique en cristaux pyramidaux avec un bon plan de clivage, et en agrégats massifs, granulaires ou en colonnes. Sa dureté est de 3,5-5 et sa densité de 4,2-6,1, selon sa composition. Peut être blanche, jaune, brune, bleue, grise ou verte. A un éclat vitreux et les monocristaux sont transparents. La powellite et la schéélite sont fluorescentes à la lumière ultraviolette.

LE GROUPE DE LA WULFÉNITE, contrairement aux groupes de la wolframite et de la schéélite, comprend des minéraux secondaires formés par l'altération de minerais de plomb contenant un peu de Mo ou W. Ces minéraux ont la même structure que les minéraux du groupe de la schéélite.

WULFÉNITE, $Pb(MoO_4, WO_4)$, série de solutions solides entre la wulfénite, $Pb(MoO_4)$, et la solzite, $Pb(WO_4)$, même si on n'a pas trouvé de solution solide totale chez des spécimens naturels. Est trouvée dans plusieurs localités en association avec des minerais de plomb qui l'ont formée en subissant l'action d'eau près de la surface. Plusieurs spécimens ont beaucoup de Ca^{+2} à la place de Pb^{+2}. Contrairement aux autres composés de plomb, sa couleur varie beaucoup, prenant des teintes de jaune, gris, vert, brun, orange et rouge. La variation de couleur est fonction de la composition, non seulement en termes du rapport Mo:W mais également en termes de substitutions d'autres ions pour Pb^{+2}.

Cristallise dans le système quadratique en cristaux prismatiques ou tabulaires ou en agrégats massifs ou granulaires. A une dureté de 2,5-3 et une densité de 6,5-8,4 (selon sa composition). Les monocristaux sont transparents et ont un éclat résineux.

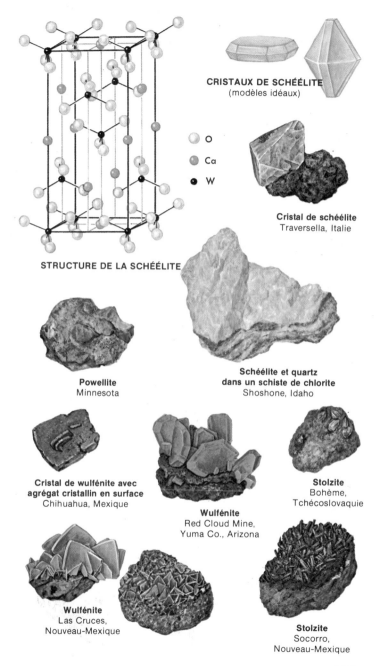

CRISTAUX DE SCHÉÉLITE
(modèles idéaux)

O
Ca
W

Cristal de schéélite
Traversella, Italie

STRUCTURE DE LA SCHÉÉLITE

Powellite
Minnesota

Schéélite et quartz
dans un schiste de chlorite
Shoshone, Idaho

Cristal de wulfénite avec
agrégat cristallin en surface
Chihuahua, Mexique

Wulfénite
Red Cloud Mine,
Yuma Co., Arizona

Stolzite
Bohème,
Tchécoslovaquie

Wulfénite
Las Cruces,
Nouveau-Mexique

Stolzite
Socorro,
Nouveau-Mexique

COLLECTIONS DE MINÉRAUX

Les collections de minéraux sont d'une grande utilité aussi bien pour l'amateur que pour le géologue. Les divers spécimens nous permettent de devenir familiers avec l'apparence et les caractéristiques physiques des minéraux. Il est préférable d'avoir plusieurs spécimens d'un même minéral car la couleur, la forme cristalline et autres caractéristiques varient d'un spécimen à l'autre. En montant une collection, on devient vite capable d'identifier les minéraux. Les collections sont alors des moyens de comparaison que l'on peut utiliser avec de nouveaux minéraux obtenus. Plus le collectionneur étudie les minéraux, plus il reconnaît la beauté et la complexité du monde minéral. Mais pour le collectionneur, la plus grande satisfaction est peut-être encore de découvrir de nouveaux spécimens.

Monter une grosse collection demande des efforts, des déplacements, du temps et de l'argent. En général, le collectionneur ne peut aller quérir lui-même tous les spécimens sur place car ceux-ci sont trop disséminés dans le monde. Néanmoins, toute personne qui peut faire des randonnées à des endroits différents peut trouver une variété surprenante de minéraux.

Il est probable que vous puissiez trouver plusieurs minéraux différents près de chez vous. En général, les lits de roches des régions sont assez uniformes et contiennent un nombre limité de variétés de minéraux. Mais des minéraux ont été introduits d'autres régions. Les vallées des grands cours d'eau sont intéressantes à cet égard car leurs lits contiennent souvent des minéraux provenant de loin où la roche est différente.

Des minéraux peuvent avoir été transportés par des glaciers. Ces couches de glace recouvraient autrefois de grandes parties du continent nord-américain; elles ont agi sur les régions ignées et métamorphiques complexes du Nord et transporté d'énormes quantités de minéraux dans le Sud. La partie nord des U.S.A. et la plus grande partie de l'Europe sont couvertes de débris de ce genre. En fouillant dans les dépôts de gravier, surtout dans les lits de rivières, on peut trouver une grande variété de minéraux constitutifs de roches communs et même certains minéraux moins communs.

S'il y a un monument près de chez vous, il serait peut-être bon d'aller le voir. Les résidus de plaques de granite et de marbre sont souvent assez bons pour faire partie d'une collection et la variété de pierres utilisées dans la fabrication des monuments est assez grande pour être intéressante.

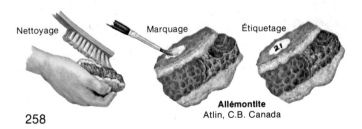

Nettoyage   Marquage   Étiquetage

Allémontite
Atlin, C.B. Canada

LES CARTES GÉOLOGIQUES ET TOPOGRAPHIQUES peuvent être utiles au collectionneur. En les utilisant, il peut juger du terrain et des types de roches d'une région et des possibilités qu'elle offre. On y montre souvent les mines, carrières et autres caractéristiques du même genre.

L'ACHAT DE SPÉCIMENS de firmes spécialisées dans la vente de minéraux, roches, fossiles et autre matériel aux écoles, collectionneurs et professionnels est une façon de compléter des collections personnelles. Plusieurs de ces firmes engagent des personnes qui ramassent des spécimens partout dans le monde. Elles peuvent presque fournir n'importe quel spécimen demandé. Ces firmes font de la publicité dans des périodiques de minéralogie. Ces mêmes périodiques sont très en vogue chez les minéralogistes amateurs et publient les annonces de personnes qui veulent acheter, vendre ou échanger des minéraux.

CERTAINS OUTILS sont très utiles au collectionneur de minéraux. Il est utile d'avoir une petite masse pour séparer les minéraux des roches et pour briser les spécimens en morceaux qui peuvent être transportés facilement. Un plus petit marteau, de préférence un marteau de géologue avec une tête en pointe ou un ciseau, peut être utilisé pour toutes les roches à l'exception des grosses. On devrait toujours utiliser des lunettes de protection pour éviter d'être blessé par les éclats de roche. Plusieurs ciseaux, larges pour fendre les roches et étroits pour creuser, sont essentiels. Pour séparer les petits fragments de spécimens de prix, il est utile d'avoir des aiguilles et des forceps.

Une petite bouteille de verre ou de plastique (ce qui est encore mieux) munie d'un bouchon qui visse ou un bouchon de liège est toujours utile pour transporter de petits cristaux que l'on pourrait perdre. Pour fins d'identification, une petite loupe de puissance 10 est utile; avec une chaîne ou une corde, on peut la porter autour du cou. Un gros havresac en toile est l'article idéal pour transporter les spécimens lorsqu'on en ramasse plusieurs.

Ces outils et tout un assortiment d'étuis et de sacs à outils sont disponibles chez des firmes spécialisées dans ce type d'équipement. Le collectionneur peut également faire preuve d'imagination et fabriquer ses propres outils.

Le collectionneur peut également emporter d'autres articles utiles avec lui: une tige de métal pour séparer les roches, des journaux pour emballer les spécimens, un carnet et un crayon, de gros gants et peut-être une boussole. Pour creuser dans le gravier et le sol, on peut utiliser une petite truelle de jardinier.

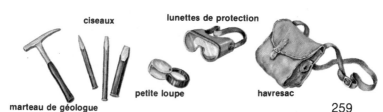

ciseaux

lunettes de protection

petite loupe

havresac

marteau de géologue

LE CATALOGAGE DES MINÉRAUX n'est pas difficile mais demande un système bien pensé. Les spécimens peuvent être numérotés dans l'ordre de leur collection. Cette méthode est la plus pratique car l'acquisition de nouveaux spécimens ne signifie pas une réorganisation de la collection. La tenue des dossiers peut être facile si on utilise un carnet bien à jour ou des fiches. Les minéraux sont classés en ordre numérique et on note le nom, la formule chimique, les données cristallographiques, l'endroit d'origine de chacun ainsi que tout autre renseignement pertinent.

Le collectionneur peur référer aux minéraux de la façon qui lui convient. Il peut les grouper par groupes chimiques, par localité, par type de roche et ainsi de suite. S'il veut trouver un sulfate, par exemple, il regarde dans le groupe des sulfates pour avoir les numéros des spécimens qu'il possède. En retournant à la fiche principale, dressée en ordre numérique, il peut avoir les données sur n'importe quel des spécimens.

On peut affirmer sans craindre de se tromper que la majorité des collections sont placées dans des boîtes de carton et des tiroirs, dans un ordre quelconque sans protection contre l'abrasion et les coups. Ceci est malheureux car une bonne collection n'a pas de prix. Des boîtes destinées au remisage des minéraux peuvent être achetées à bas prix; il y a également un choix de grandeurs. À mesure que la collection grossit et prend de la valeur, il est préférable d'acheter des armoires spéciales prévues à cet effet. Même si elles sont chères, on y regagne en ayant un accès plus facile aux minéraux et en les protégeant mieux.

UN SÉRIEUX INTÉRÊT DANS LES MINÉRAUX découle automatiquement de tout processus sérieux de collection de minéraux. Comme c'est le cas pour les timbres et les pièces de monnaie, on peut en avoir assez de collectionner des minéraux si on n'a pas de nouveaux horizons. Le fait de collectionner des timbres et des pièces de monnaie peut apporter un intérêt en histoire et en géographie; de la même façon, le fait de collectionner des minéraux peut apporter un intérêt en chimie et en géologie. Ce cheminement est tout naturel; collectionner des minéraux pour en collectionner n'amène rien de neuf et n'aide personne à mieux comprendre la nature.

Cet ouvrage donne des renseignements fondamentaux concernant des minéraux communs et leurs caractéristiques. Les premières 69 pages ne donnent qu'une vague idée des domaines fascinants de la minéralogie, la géologie et la chimie. Pour en savoir plus sur les origines, les caractéristiques et le comportement des minéraux, le lecteur devra consulter des ouvrages plus spécialisés.

Altaïte
Organ Mts, Dona Ana Co.,
Nouveau-Mexique

LA PRÉPARATION DES SPÉCIMENS est une opération toute aussi importante que celle de les trouver. La grosseur et la forme des minéraux collectés sont en premier lieu dictées par les minéraux eux-mêmes. Les monocristaux et les agrégats de cristaux varient énormément en grosseur. Il faut éviter de briser des cristaux ou de tenter de séparer des groupements de cristaux. En conservant les minéraux tels qu'on les a trouvés sur place, on arrive à avoir des spécimens plus beaux et plus intéressants.

Plusieurs minéraux surviennent comme constituants mineurs de roches massives desquelles il est difficile de les séparer. Les roches ignées granulaires sont habituellement compactes et le feldspath qu'elles contiennent est bien entremêlé avec du quartz et d'autres minéraux. Dans de tels cas, il est préférable de prendre un spécimen de roche avec toutes ses composantes essentielles plutôt que d'essayer de les séparer. Le spécimen de roche a plus d'importance que les grains individuels.

La plupart des roches sont finement grenues et un morceau cubique de 2 pouces environ d'arête est suffisant pour montrer la minéralogie et la texture. Les roches à plus gros grain, comme les pegmatites, peuvent posséder des cristaux plus gros qu'un cube de 2 pouces d'arête. Ces échantillons de roches doivent donc être plus gros pour bien montrer la minéralogie complète. Il est possible de séparer des cristaux de minéraux des roches à gros grain mais on devrait également ramasser des échantillons de la roche elle-même.

L'IDENTIFICATION d'un spécimen devrait être faite, dans la mesure du possible, lorsqu'on le ramasse. L'endroit où on le ramasse, le type de roche d'où il vient et d'autres données géologiques pertinentes devraient être notés dans un petit calepin de poche, semblable à celui qu'utilisent les arpenteurs. Le spécimen devrait être numéroté et son numéro noté dans ce calepin. Pour l'étiqueter, on peut utiliser un morceau de ruban adhésif que l'on place tout autour du spécimen. Une meilleure façon serait de placer chaque spécimen dans un petit sac muni d'une étiquette sur laquelle on inscrit le numéro du spécimen et les données pertinentes.

L'EMBALLAGE des spécimens est important si on ne veut pas qu'ils se brisent. Chaque spécimen devrait être emballé dans plusieurs feuilles de papier journal. Pour les spécimens très fragiles, il est préférable d'utiliser du papier mouchoir ou même du coton.

LE NETTOYAGE est la première opération à entreprendre une fois le minéral rendu à la maison. Au besoin, il vaut peut-être mieux de l'identifier en le marquant de façon permanente. La meilleure façon de le faire est de prendre un peu de peinture et d'en appliquer un peu (sur un diamètre d'environ 1 cm) sur le spécimen. Il faut faire attention de marquer le spécimen de façon à ne pas cacher certaines de ses caractéristiques. Une fois la peinture sèche, on note à cet endroit un numéro d'identification en utilisant de l'encre de Chine. Ces numéros sont ensuite notés au fichier et dans le calepin de catalogage.

ÉLÉMENTS CHIMIQUES

Dans cet ouvrage, pour désigner les éléments chimiques, nous avons utilisé les symboles chimiques reconnus internationalement; ces symboles sont constitués d'une ou deux lettres, par exemple: C pour carbone et Mg pour magnésium. Dans le tableau suivant, on donne le nom des divers éléments dans l'*ordre alphabétique* du symbole reconnu pour chaque élément, son numéro atomique (nombre de protons dans le noyau et d'électrons autour du noyau de l'atome neutre) et son poids atomique (le poids en grammes d'une mole ou $6,02 \times 10^{23}$ atomes). Les poids atomiques qui sont donnés sont les moyennes des poids des isotopes constituant les éléments dans la nature. Les poids atomiques donnés entre parenthèses sont les poids des isotopes les plus communs d'éléments qui ne surviennent que comme isotopes instables. Avant 1966, les poids atomiques étaient basés sur la supposition que l'atome d'oxygène avait un poids atomique de 16,000. En 1966, les poids furent réévalués en utilisant l'isotope carbone-12 comme référence; il y a donc des différences dans les poids atomiques que l'on trouve dans diverses sources de référence.

TABLEAU DES ÉLÉMENTS CHIMIQUES TERRESTRES

Nom	Symbole	Numéro atomique	Poids atomique
Actinium	Ac	89	(227)
Argent	Ag	47	107,868
Aluminium	Al	13	26,9815
Américium	Am	95	(243)
Argon	Ar	18	39,948
Arsenic	As	33	74,9216
Astate	At	85	(210)
Or	Au	79	196,967
Bore	B	5	10,811
Baryum	Ba	56	137,34
Béryllium	Be	4	9,0122
Bismuth	Bi	83	208,980
Berkélium	Bk	97	(247)
Brome	Br	35	79,90
Carbone	C	6	12,01115
Calcium	Ca	20	40,08
Cadmium	Cd	48	112,40
Cérium	Ce	58	140,12
Californium	Cf	98	(251)
Chlore	Cl	17	35,453
Curium	Cm	96	(247)
Cobalt	Co	27	58,9632
Chrome	Cr	24	51,996

Nom	Symbole	Numéro atomique	Poids atomique
Césium	Cs	55	132,905
Cuivre	Cu	29	63,546
Dysprosium	Dy	66	162,50
Erbium	Er	68	167,26
Einsteinium	Es	99	(254)
Europium	Eu	63	151,96
Fluor	F	9	18,9984
Fer	Fe	26	55,847
Fermium	Fm	100	(257)
Francium	Fr	87	(223)
Gallium	Ga	31	69,72
Gadolinium	Gd	64	157,25
Germanium	Ge	32	72,59
Hydrogène	H	1	1,00797
Hélium	He	2	4,0026
Hafnium	Hf	72	178,49
Mercure	Hg	80	200,59
Holmium	Ho	67	164,930
Indium	In	49	114,82
Iridium	Ir	77	192,2
Iode	I	53	126,9044
Potassium	K	19	39,102
Krypton	Kr	36	83,30
Lanthane	La	57	138,91
Lithium	Li	3	6,939
Lutécium	Lu	71	174,97
Lawrencium	Lr	103	(257)
Magnésium	Mg	12	24,312
Manganèse	Mn	25	54,9380
Molybdène	Mo	42	95,94
Mendélévium	Md	101	(256)
Azote	N	7	14,0067
Sodium	Na	11	22,9898
Niobium	Nb	41	92,906
Néodyme	Nd	60	144,24
Néon	Ne	10	20,183
Nickel	Ni	28	58,71
Nobélium	No	102	(254)
Neptunium	Np	93	(237)
Oxygène	O	8	15,9994
Osmium	Os	76	190,2
Phosphore	P	15	30,9738
Protactinium	Pa	91	(231)
Plomb	Pb	82	207,19
Palladium	Pd	46	106,4
Prométhium	Pm	61	(145)
Polonium	Po	84	(209)
Praséodyme	Pr	59	140,907

Nom	Symbole	Numéro atomique	Poids atomique
Platine	Pt	78	195,09
Plutonium	Pu	94	(244)
Radium	Ra	88	(226)
Rubidium	Rb	37	85,47
Rhénium	Re	75	186,2
Rhodium	Rh	45	102,905
Radon	Rn	86	(222)
Ruthénium	Ru	44	101,07
Soufre	S	16	32,064
Antimoine	Sb	51	121,75
Scandium	Sc	21	44,956
Sélénium	Se	34	78,96
Silicium	Si	14	28,086
Samarium	Sm	62	150,35
Étain	Sn	50	118,69
Strontium	Sr	38	87,62
Tantale	Ta	73	180,948
Terbium	Tb	65	158,924
Technétium	Tc	43	(97)
Tellure	Te	52	127,60
Thorium	Th	90	232,038
Titane	Ti	22	47,90
Thallium	Tl	81	204,37
Thulium	Tm	69	168,934
Uranium	U	92	238,03
Vanadium	V	23	50,942
Tungstène	W	74	183,85
Xénon	Xe	54	131,30
Yttrium	Y	39	88,905
Ytterbium	Yb	70	173,04
Zinc	Zn	30	65,37
Zirconium	Zr	40	91,22

INDEX

Achevé d'imprimer
sur les presses

 IMPRIMERIE
POLYFORME INC.

Alma (Québec)